找到你的
真北

［美］比尔·乔治 (Bill George)　著

施红慧　译

桂林　专业审订

中国科学技术出版社
·北　京·

本书简体中文版通过 **Grand China Publishing House**（**中资出版社**）授权中国科学技术出版社有限公司在中国大陆地区出版并独家发行。未经出版者书面许可，不得以任何方式抄袭、节录或翻印本书的任何部分。

北京版权保护中心引进书版权合同登记号　图字：01-2022-6057

图书在版编目（CIP）数据

找到你的真北 /（美）比尔·乔治（Bill George）
著；施红慧译 . -- 北京：中国科学技术出版社，2025.
6. -- ISBN 978-7-5236-1030-5
　Ⅰ . F272.91
中国国家版本馆 CIP 数据核字第 20244GB381 号

执行策划	黄 河　桂 林	
责任编辑	申永刚	
策划编辑	申永刚	
特约编辑	张 可	
封面设计	东合社·安宁	
版式设计	东合社	
责任印制	李晓霖	

出　　版	中国科学技术出版社	
发　　行	中国科学技术出版社有限公司	
地　　址	北京市海淀区中关村南大街 16 号	
邮　　编	100081	
发行电话	010-62173865	
传　　真	010-62173081	
网　　址	http://www.cspbooks.com.cn	

开　　本	880mm×1230mm　1/32	
字　　数	265 千字	
印　　张	13	
版　　次	2025 年 6 月第 1 版	
印　　次	2025 年 6 月第 1 次印刷	
印　　刷	深圳市精彩印联合印务有限公司	
书　　号	ISBN 978-7-5236-1030-5/F·1316	
定　　价	98.00 元	

真 北

一个人基于其内心深处的信念、价值观
和原则所形成的独特内在指南针，指引
其在领导过程中拥有清晰的目标，并保
持正确的前进方向。

真诚领导者

真诚被视为衡量领导力的黄金准则。真诚领导者能够用一个共同的目标将身边的人聚集到一起，授予他们足够的权力来担负起领导职责，并最终为所有的利益相关者创造价值。

出品人推荐

深圳市中资海派文化传播有限公司　创始人
中资海派图书　首席推荐官

桂林

扰根深圳这座"全球全民阅读典范城市"二十余载，中资海派为读者提供了近 2 000 种优质图书，其中不乏出版界的现象级作品。作为创始人，我始终坚信，书籍是时代精神的载体，是连接思想与实践的桥梁。我怀着对时代的感恩、对读者的敬意，郑重推荐这本与中资海派使命高度共鸣的领导力经典——《找到你的真北》。

在当今不确定性加剧的商业环境中，领导力的本质正经历深刻重构——从权威驱动转向价值共鸣，从短期逐利转向使命引领。本书提出的"真诚领导力"理念，与我们倡导的以"趋势洞察、敏捷行动、向善理念"为行动指南不谋而合：真正的领导者，需以内在的"真北"（个人使命、价值观与同理心的统一）为指针，赋能团队、服务社会。这种对人性本质的探索，恰是中资海派出版哲学的核心。

本书自 2007 年首版以来，长期位列"全球 25 本最佳领导力书籍"，被哈佛商学院、《财富》100 强企业奉为圭臬。而在 ESG（Environmental, Social and Governance，环境、社会和公司治理）成为全球焦点的今天，新时代的领导者已经准备好迎接重大的领导机遇，他们拥有多元化的经历和背景，重视工作和个人生活的综合价值，具备激情和远见，希望把热情、同理心和勇气带入领导层，以共同的目标领导他人。

本书的新版也与时俱进，《找到你的真北》新增 47 位领袖案例，覆盖全球化、代际交流、技术发展等前沿议题。这不仅是一部领导力经典，更是一份"让世界更美好"的行动宣言。书中所倡导的发展全球智慧（GQ）、提升领导情商（EQ）、"使命驱动而非利润至上"等理念，也与中资海派"关联、互动、衍生"的生态逻辑共振，为企业与个人的可持续发展注入思想动力。

中资海派始终站在巨人的肩膀之上，让思想之光穿透时代迷雾。我们深信，本书将继续引领未来数十年的领导者，以初心与勇气，在复杂世界中锚定方向，为社会的进步贡献力量。

一书一世界，一步一征程。愿我们与所有读者、作者携手，共同书写下一个奇迹。

戴维·格根

四届美国总统顾问、哈佛大学肯尼迪政府学院公共领导力中心主任

这部作品必定成为经典之作,与彼得·德鲁克的《卓有成效的管理者》和沃伦·本尼斯的《成为领导者》比肩。我非常自豪地称比尔为挚友和值得信赖的顾问,并对他完成这部优秀作品表示敬意。

丹尼尔·戈尔曼

哈佛大学心理学博士、畅销书《情商》作者

比尔·乔治运用自己的天赋找到了生命中的道德灯塔。《找到你的真北》中实用的技巧和睿智的洞见会让每一位阅读此书的领导者受益匪浅。

艾伦·穆拉利
福特公司总裁兼 CEO

比尔·乔治在《找到你的真北》中抓住了真诚领导者的关键，提供了实用的技巧和实践方法，提出了令人信服的愿景。这是新时代所有领导者的必读书！谢谢你，比尔！

阿里安娜·赫芬顿
《赫芬顿邮报》创始人

不管年龄几何，对于任何一个想习得真诚领导力精髓的人来说，本书都是他们的黄金标准。比尔的实践练习为我们提供了可用的工具，让我们能够定义并发展自己的领导素质。

保罗·波尔曼
联合利华 CEO

每一个层级都需要鼓舞人心的真诚领导者。在这个以诚信和真诚作为领导者衡量标准的世界里，要想发挥正面影响力，就必须读一读《找到你的真北》。

卢英德
百事公司 CEO

比尔·乔治将领导者的故事凝结成一个理念：除非你锚定了自己的价值观，否则你将无法传递任何价值。比尔用这本巨作告诉每一个踏上领导征程的人，如何才能发现真北。

单 仁

央视财经、凤凰卫视特约评论员、畅销书《全网生态营销》作者

《找到你的真北》不是一本普通的商业著作，而是一面镜子，照见企业家对初心的坚守；《全网生态营销》亦非单纯的方法论，而是一把钥匙，开启数字化时代的无限可能。当两者相遇，我们看到的是一条清晰的路径：以使命为锚，以生态为翼，中小企业完全可以在创造社会价值中实现指数级增长。这条路，我们已探索十九年；未来，我们期待与更多同行者并肩，让商业真正成为推动社会进步的温暖力量。

邓 斌

华为公司原中国区规划咨询总监、书享界创始人

百术不如一诚！升级版经典畅销作品《找到你的真北》，以100多位杰出领袖的真诚领导实例，揭示一个深刻的道理：在 AI 时代，若想保持卓越的领导力，软技能的重要性远超硬技能。阅读先行者的精彩人生，从容找到你的真北！

王 成

KeyLogic 凯洛格咨询、华成战投董事长

大道相通，比尔·乔治的《找到你的真北》和中国古典哲学非常相似，《大学》讲"修身、正心、诚意"，《中庸》讲"君子诚之为贵"，一言以蔽之，真诚应该是领导旅程中永不偏离的真北。

汤姆·拉思
百万级畅销书《盖洛普优势识别器 2.0》作者

　　该书是我此阶段阅读的领导力图书中最全面、最实用的一本。比尔·乔治是这个时代最受尊崇的领导者之一，他将毕生的智慧凝聚在这本书中，令人叹服。

周　昊
企业战略管理专家、财经作家

　　《找到你的真北》中囊括了 172 位全球知名领袖的求索之道，不仅指出了形成自我领导风格的核心和发展道路，对还未坐上管理岗位的人也有很大的积极意义。每个人心中都应有关于"真诚"的指北针，始终忠于自己的信念，成功就会不期而至。

杨思卓
领导力专家、中商国际管理研究院院长

　　新经济颠覆了以往的规则，这是个找不着"北"的年代。那么怎么样才能找到北？要用到我们的价值观。这部《找到你的真北》就是这样的导航仪。

引领未来商业：
在真北使命与生态营销中寻找增长新坐标

央视财经、凤凰卫视评论员

江西财经大学深圳研究院客座教授

畅销书《全网生态营销》作者

单仁博士

在这个充满不确定性的时代，企业家们正面临双重挑战：一边是资本市场对短期利益的狂热追逐，一边是消费者对品牌价值观的空前关注。如何在股东价值与社会责任之间找到平衡？如何在红海市场中开辟属于自己的蓝海？《找到你的真北》给出了答案"企业的终极使命是创造共享价值"。而这一理念，与我的作品《全网生态营销》中倡导的"生态化经营"不谋而合。作为深耕中小企业培训领域近二十年的实践者，我深切感受到：唯有将使命驱动与数字化能力深度融合，企业才能真正实现可持续发展。

超越股东价值的商业觉醒

书中提到，数字化咨询服务全球领军者 Infosys 科技公司的创始人纳拉亚纳·穆尔蒂的四个原则直指商业本质：创造就业、公平竞争、激发动力、政府赋能。这让我想起 20 世纪 80 年代的中国供销体系——层层加价的流通环节本质上是价值的损耗，而非创造。正如我在《全网生态营销》自序中所言，互联网的诞生彻底打破了这一僵局：从工厂到消费者的直连模式，让"去中间化"不再是幻想，而是可落地的效率革命。

然而，效率提升仅是第一步。真正的商业觉醒在于，企业能否像联合利华前 CEO 保罗·波尔曼所说，"成为解决方案的一部分"。我们服务的一家机械制造企业正是如此：他们不仅通过我们的全网营销体系将产品销往全球，更将生产流程中的碳排放数据透明化，以视频内容传递绿色制造理念。结果？订单量增长的同时，品牌在海外市场获得了"责任标杆"的美誉。这正是"共享价值"的生动体现——商业成功与社会价值的共生，从来不是零和博弈。

数字化时代的生存法则

本书尖锐指出，许多企业陷入"短期主义"泥潭，根源在于未能构建与利益相关者的深度连接。反观当下，互联网已从工具演变为生态。在视播时代，用户不再被动接受信息，而是通过算法推荐与品牌高频互动。正如书中所言，**"品牌形象由员工、客户、行业领袖共同塑造"**，这与我们提出的**"生态营销"**内核完全一致——**企业必须将整个社会视为有机体，用内容构建信任链。**

以我们服务的某铁塔制造企业为例。过去，他们依赖关系营销艰难维系大客户；如今，通过短视频全平台布局，以"5G 基站建设全流程揭秘"系列内容触达行业决策者，辅以 AI 生成的个性化解决方案报告，订单转化率提升 300%。这一案例印证了迈克尔·波特的"创造共享价值"理论：当企业用主业能力解决社会问题（如通信基建），商业回报自然水到渠成。

中小企业的破局之道

许多企业陷入"什么都想做，什么都做不精"的困境。**对此，我们提出"一公分宽度，一公里深度"**——聚焦细分领域，用生态营销放大专业势能。**

一家专注工业视觉检测的"小巨人"企业正是典型。他们通过我们的"视播矩阵系统"，将晦涩的技术参数转化为"一分钟看懂质检黑科技"系列短视频，在社交媒体同步分发，吸引头部企业主动询盘。更关键的是，他们以内容为纽带，与行业协会、科研机构共建"智能质检生态圈"，既提升了行业话语权，又反哺了技术创新。这种"专精特新 + 生态"的模式，正是对书中"持久价值"的最佳诠释——企业的生命力，源于对社会需求的深刻响应。

让使命照亮增长之路

十九年来，单仁牛商始终秉持"赋能中小企业数字化进化"的初心。从邮件营销时代的拓荒，到视播时代的全域布局，我们陪伴近 19 万家企业走出迷茫，其中数十家已登陆资本市场。如果说《找到你的真北》是灯塔，指明"为什么而出发"，那么我们的"全网生态营销系统"就是罗盘，解决"如何到达彼岸"。

2024 年，我们全新升级"专业营销 AI 文思子牙"，通过智能脚本生成、多平台一键分发、数据实时追踪，帮助企业将内容生产效率提升 10 倍。更重要的是，我们始终倡导"价值观先行"——在每场培训中嵌入 ESG（环境、社会、公司治理）模块，引导企业从营销战略设计阶段便注入社会责任基因。正如书中所说："真正的领导者，必须用使命黏合组织。"我们坚信，唯有将真北使命融入经营血脉，企业才能在生态化竞争中基业长青。

《找到你的真北》不是一本普通的商业著作，而是一面镜子，照见企业家对初心的坚守；《全网生态营销》亦非单纯的方法论，而是一把钥匙，开启数字化时代的无限可能。当两者相遇，我们看到的是一条清晰的路径：**以使命为锚，以生态为翼，中小企业完全可以在创造社会价值中实现指数级增长**。这条路，我们已探索十九年；未来，我们期待与更多同行者并肩，让商业真正成为推动社会进步的温暖力量。

危机中诞生的领导力经典

四届美国总统顾问
哈佛大学肯尼迪政府学院
公共领导力中心主任
戴维·格根

彼得·德鲁克生前，CEO 们漂洋过海到加利福尼亚争相拜访，向他咨询领导和管理方法。德鲁克是商界泰斗、管理学之父，他毕生著有三十余部作品，对现代跨国企业的管理形成了意义深远的影响。我有幸在德鲁克晚年与他相识。

德鲁克逝世时，人们都在问："谁将接任彼得的工作？"答案呼之欲出，多数人都将目光集中在了沃伦·本尼斯身上。然后，人们再一次长途跋涉到加利福尼亚悄悄拜访这位美国大学里最令人喜爱、最聪明的领导力学者之一。本尼斯用他二十余部作品把领导力的精髓教给了领导者，成了他们最好的导师和朋友。

2014年本尼斯去世时，人们不禁又问："好吧，现在谁能接沃伦的棒呢？"随着《找到你的真北》的出版，候选人的名字也越来越明朗——比尔·乔治，这是他的第6部也是最重要的作品。然而比尔本人非常谦虚，认为德鲁克和本尼斯都是毕生潜心研究理论的学者，而自己在成为一位思想领导者之前只是一名成功的大型企业CEO。但无论比尔怎样谦虚，他与本尼斯、德鲁克都是塑造领导力和践行管理的旗帜性人物。

2001年，我参加了瑞士达沃斯世界经济论坛，沃伦在晚宴上将我介绍给比尔和诺华制药的魏思乐。当时比尔刚卸任美敦力公司CEO，准备将他多年来积累的领导经验和思想总结起来，分享给年轻的商业领导者。

比尔的第一部作品《诚信领导》一经面世就迅速登上畅销书榜，他成了公认的领导力导师。那时他本人还没有意识到自己已经开启了一段全新的职业旅程。阅读这本《找到你的真北》，你将会发现这不仅是比尔领导思想的升华，更独一无二地为你展示了全球多样化领导者的内心世界，以及他们在寻找真北的旅程中学到了什么。

这部作品将成为传世经典，与彼得·德鲁克的《卓有成效的管理者》和沃伦·本尼斯的《成为领导者》比肩。我称比尔为挚友和值得信赖的顾问，并对他完成了这部优秀作品表示钦佩与敬意。

我想强调几点：**实际经验表明了比尔的思想不仅在高层管理中行之有效，也普遍适用于所有人，无论是领导者还是普通人抑或公共部门人员，都能从中受益。**大部分学术作品都是专门针对某一类学者，知识的进步也得益于此，但非专业学者可能会担忧这类知识是否适用于自己。

比尔的作品与本尼斯和德鲁克的作品一样，有意将学术和实践两个领域连接起来。他通过创作领导力类作品、在商学院教授领导力课程，以及到各大企业为高管进行培训，来帮助领导者们改善领导力，进而改善他们的组织。目前，有 20 余位知名国际企业的CEO 都会定期拜访比尔，向他寻求建议，聆听他的指导。

事实上，世界各地的领导者都渴望找到自己的真北，让真北成为自己前行的指引。比尔最初在欧洲国际管理发展研究所和耶鲁大学管理学院任职，随后受邀前往哈佛商学院出任管理学教授。2005年，他将"真诚领导力"课程引入了二年级选修课程表。学生对这门课程的热情与日俱增，后来成了哈佛商学院最受欢迎的课程，吸引了越来越多的管理人员参加教学。

当比尔不再担任 MBA 教学工作后，他转而在哈佛商学院资深教授斯科特·斯努克（Scott Snook）、汤姆·德隆（Tom DeLong）、院长尼廷·罗利亚（Nitin Nohria）等人在内的许多教职人员的协助下，侧重行政教学，帮助 CEO 和高管改进他们的领导力。

很幸运，比尔不久之后将课堂移到了哈佛大学肯尼迪学院，而我正在那里担任公共领导力中心的教授和联合主任。丹娜·博恩（Dana Born），退役空军女将军，唯一一名在役时获得了将官军衔的女性，也开始接触这门课程的教学工作。肯尼迪学院的学生也报以同样的热情。此外，比尔还向肯尼迪学院针对世界经济论坛青年领袖所设计的年代培训计划介绍了他的课程，计划的制订者表示了高度认同，尤其是每天早餐过后的深入挖掘和小组讨论。

仅在哈佛，就有近 6 000 名男性和女性接受了比尔关于真诚领导力的培训。虽然就比尔如何影响了他人生活和领导力的纵向研究难以实施，但是有足够的证据证明他给人带来的影响是正面积极的。

有一组学生长期关注着比尔的课程和他的作品，他们兼修了哈佛商学院和肯尼迪学院的学位，并在第三年获得了比尔和彭妮·乔治颁发的奖学金。这些"比尔团"成员们当时刚刚 20 出头，驻扎在公共领导力中心，我时常看到他们伴随在比尔和彭妮的左右。

比尔很慷慨地教导他们，并在他们毕业多年后依旧与他们保持密切的联系。算起来，目前为止"比尔团"成员已经有 100 名左右了。诚然，许多人在成为"比尔团"成员之前就已经具备了强化领导力的转变性经验，但即便如此，他们最近所取得的成就依然令人印象深刻。

我随便提几个依然在接受教育的成员，相信他们都会让你目瞪口呆。奈特·菲克（Nate Fick），曾是新美国安全中心的 CEO，现接任了 Endgame 公司的 CEO；拉伊·巴库（Rye Barcott），在北卡罗来纳州运营了专为太阳能装置设立的创业基金，是达沃斯全球青年领导者，并著有《发生在奔赴战场的途中》（*It Happened On the Way to War*）；约翰·科尔曼（John Coleman），出任亚特兰大景顺集团的董事之职；斯蒂芬·陈（Stephen Chan），担任了波士顿基金会办公室主任；彼得·布鲁克斯（Peter Brooks），在一家水利技术公司工作，是战士学者项目（Warrior-Scholar Project）的指导员；乔纳森·凯利，在新加坡经营一家私人资本公司；另外，克劳德·伯顿（Claude Burton）则在巴西一家快速发展的信息技术公司担任销售指导。

看完这些，你还会怀疑比尔的思想是否适用于来自不同生活层面和跨国界的新兴领导者吗？在本书的出版筹备阶段，整个世界正在领导力危机中越陷越深。对任何人来说，生活都变得越来越不稳定和不可预测。在这种情况下，许多领导者尚且不能坚定掌握内心的方向，也就更无法带领组织在风暴中驶向安全的港湾。

世界经济论坛 2015 年发表的一项调查显示，76% 的人认为我们在领导力上正经历着巨大损失。尽管 2008—2009 年，商业领导者已经挽回了些许损失，但是他们依旧仅略胜于政客。这本书能帮我们找到自己的真北。如果个别领导者能够意识到自己已经偏离了真北，并及时修正错误，那么正如比尔·乔治所言，国家亦可如此。当然，与真诚领导力相比，我们现在所拥有的一切根本不值一提。

致敬世代领导者的北极星
——沃伦·本尼斯

沃伦·本尼斯是伟大的领导力先驱之一。他的身形虽称不上健硕，但他的智慧、心灵和精神都堪称伟岸。正如彼得·德鲁克被誉为现代管理学之父一样，本尼斯是当之无愧的领导力之父。

本尼斯颠覆了我们对领导者的认知。敢于直言领导力并非天生之才，而是源于毕生的自我发现。他是领导力学者中的第一人。他否定了领导者生来就有某些特征的说法，揭示真正的领导力就在每个人的心里。他写道：

最危险的观点就是把领导力看成与生俱来的天赋。事实正好相反：真正的领导者不是天生的，而是后天造就的。

他还展示了生活如何塑造了真正的领导者，残酷的经历如何磨炼了他们，让他们变得更强，足以承担起领导的所有职责。他表示：

> 领导力角色不是一个肤浅的风格问题，而是关系到我们作为人的身份以及那些塑造了我们的力量。成为一名领导者，从某种意义上来说，与成为一个完整的人是一样的。

本尼斯早年加入安提亚克学院（Antioch College）协会和在麻省理工学院与《企业的人性面》（*The Human Side of Enterprise*）的作者道格拉斯·麦克雷戈共事的经历，对他产生了深远的影响。在剑桥时，亚伯拉罕·马斯洛（Abraham Maslow）、彼得·德鲁克、保罗·萨缪尔森（Paul Samuelson）和艾里克·埃里克森（Erik Erikson）等支持"八阶段心理发展学说"的学者，影响了本尼斯晚年的创作生涯。

本尼斯陆续写作了30部作品。如今具有影响力的领导力作家汤姆·彼得斯（Tom Peters）、尼廷·罗利亚（Nitin Nohria）、戴维·格根、吉姆·奥图（Jim O'Toole）、鲍勃·萨顿（Bob Sutton）、杰夫·松讷费尔德（Jeff Sonnefeld）和道格·科南特（Doug Conant）等，都深受本尼斯的启发。

担任辛辛那提大学的校长时，他意识到了自己的人格真理："我永远都不会因职位带来的权力而感到满足。我真正想要得到的是个人权力——用自己的声音产生影响力。导师的身份，是上天赐予我的真正礼物。"1979 年，他罹患了严重的心脏病，此后他回到南加州大学商学院任教。

本尼斯对商业领袖的影响广泛而深刻。成千上万的领导者都受到了本尼斯作品的启发，并践行了他的领导策略。许多企业管理者和领导者私下跟我交流时都曾提到，他们的领导方式在很大程度上受了本尼斯的影响。

1989 年，我拜读了《成为领导者》(On Becoming a Leader)，那是我第一次接触本尼斯的作品。我为自己终于找到了能够产生共鸣的领导哲学而激动不已。此后，我在美敦力公司和哈佛商学院工作和教学的那些年，会经常引用本尼斯的理论。

我和本尼斯初识于 20 世纪 90 年代末的世界经济论坛。当时，他在遭受着心脏病的折磨，刚植入了一个美敦力公司生产的心脏除颤器。2000 年 12 月，我邀请他作为嘉宾出席美敦力年度会议，他在数以万计的参会人员面前亲切地向所有设计和生产了除颤器的人表示感谢。

他很喜欢说美敦力"在他心里"，向所有人讲述除颤器如何一次又一次把他从死神手里解救出来。我曾在剑桥目睹了这一过程。此前他在剑桥演讲时，之前的除颤器突然失灵，他跌倒在地，演讲稿洒落一地。但是他高尚的灵魂驱使他捡起了演讲稿，为此次中断向观众道歉，然后继续演讲。10 分钟后，除颤器再次失灵，好在剑桥消防部门护送他到医院，让他死里逃生。

2002 年，我和妻子彭妮参加了本尼斯和戴维·格根在阿斯彭研究所（Aspen institute）举办的讲座。那时，我正在筹划一本书，记录我在美敦力的经历，奈何找不到合适的出版商。我策划这本书主要是为有潜力的领导者提供实用的实践方式，帮助他们发现真实的自己，而不是一味地模仿别人。Jossey-Bass出版社受到本尼斯的鼓励，将我的《诚信领导》列入了沃伦·本尼斯签名系列中。本尼斯担任这本书的主编，并撰写了前言，其中有一句话是："永恒的领导力不仅关乎品格，亦关乎真诚"。

他成了我的导师、挚友和知识的同僚，也给了我勇气，让我成了一名作家。我担任了4本"沃伦·本尼斯签名系列"书的执行编辑，他总是很慷慨地抽出时间跟我分享他的洞见。在写作《找到你的真北》时，我与彼得·西蒙斯和本尼斯花了5天时间，将书中的概念和故事案例彻底审查了一番。与大多数固守己见的学者不一样，他真诚地希望我能够扩充他的理论，并让被他称为"试金一代"的新一代领导者接触到这些理论。我们有一个共同的目标，就是以服务他人的明确目标为核心，影响下一代，让世界更加美好。

本尼斯在逝世前2个月，邀请我和妻子参加他人生中倒数第二堂课，讨论领导力这一话题。尽管重病缠身，本尼斯的思维和仁慈之心却丝毫未见半分羸弱。你见过哪个教授像他一样在89岁的高龄还坚持教学？彭妮问他想在自己的墓碑上刻些什么。他答道："慷慨的朋友。"只想成为一个"慷慨的朋友"的本尼斯，用自己的善良、乐观精神和智慧影响了无数朋友、学生和学者。

本尼斯的遗世之作《依然惊奇》（*Still Surprised*）里面有一张照片，照片里的他卷起裤腿赤脚走在沙滩上，背后留下一串深深的脚印。这些脚印仿佛在呼唤领导者们将他的理念融入个人的领导力实践中。

最终，这将成为本尼斯最珍贵的遗产。我不禁想到了亨利·沃兹沃思·朗费罗（Henry Wadsworth Longfellow）的《人生颂》（*A Psalm of Life*）里的一节：

伟人的生平启示我们：

我们能够生活得高尚，

而当告别人世的时候，

留下脚印在时间的沙上。

下一个 100 年仍旧需要真诚领导

你是否发现了自己的真北？

你的人生目标是什么？

你的领导目标又是什么？

领导力源于真诚。《找到你的真北》就是要帮助你成为自己理想中的领导者。真北就是每个人的独特内在指南针，它会指引你的真诚领导之路。

用价值观来指导你的行为

真北是你的定位点，只要找准你的真北，你就能在这个变幻莫测的世界里把握好自己。

你的真北源于那些对你最重要的东西——你最真实的价值观、你的信仰和你的领导原则。它是你内在的指南针，专属于你，代表着你内心最深处的自己。

就像指南针总是指向磁场一样，你的"真北"总是引导你朝向自己的人生使命。跟随你的内心指针，你的领导就会变得真诚，人们自然就会跟随你。虽然很多人都可以指引或影响你，但你的真北源于你自己的人生故事。正如沃伦·本尼斯所说："你的人生由你自己书写。"

要想找到自己的真北，你需要穷尽一生的时间去努力和学习。每一次接受新的考验和经受各种历练时，你都要对着镜子问自己，"我尊重面前的这个人吗？""我为自己所选择的生活感到自豪吗？"有时候你的答案是果断的，有时候却又是迟疑的，但只要你能对自己真诚，你就能经受住生活中那些最艰难的考验。

这个世界对你和你的领导行为的期待或许与你截然不同。无论你是领导一个小团队，还是统领一个规模庞大的组织，你都会受到外界的压力和诱惑。这些压力和诱惑可能会让你偏离自己的真北。但是一旦偏离过远，你内心的指针就会提醒你有些地方出了问题，你需要重新调整自己的方向。承受压力、抗拒诱惑，并在必要的时候校正自己的方向，你需要具备极大的勇气。

莎莉集团（Sara Lee）CEO布兰达·巴恩斯（Brenda Barnes）有言："**在领导者的成长过程中，最关键的就是指引你生命的性格和价值观。**"

只要你按照自己的性格和价值观来做决定，一切问题都会迎刃而解。所以一定要用你的价值观来指导自己的行为，千万不要失去自己内心的指针，因为在这个世界上并非所有事情都是黑白分明的。在商业领域，还有很多灰色地带。

当你按照自己的价值观行事时，你就会发现你的人生故事与你的领导行为能够保持一致。正如心理学家威廉·詹姆斯（William James）在一个世纪前所写的：

我觉得，定义一个人性格最好的方式就是找出他内心深处最积极、最活跃的精神活动和道德判断。只有在进行这些活动时，他的内心才会有一个声音告诉他："这就是真实的我。"

你能够想到自己什么时候感觉最活跃，并且充满自信地告诉自己，"这就是真实的我"吗？当你能够这样做的时候，你就是在与自己的真北保持一致，并做好了成为一名真诚领导者的准备。

我还记得，当我1989年第一次走进美敦力的大门，开始跟一群才华横溢的人共同为"减轻痛苦，重塑健康，延展生命"这样一个使命而努力的时候，我就能清晰地感到自己内心的那种情绪。我感觉我可以做回真实的自己，并且因此得到别人的尊重和感激。我能立刻感受到这个组织的价值观跟我本人的价值观是一致的。

真诚是衡量领导力的黄金准则

2003 年，我出版了《真诚领导》一书，很多人都问我："真诚到底是什么意思？"对我来说，真诚是最自然的领导方式，但是对于那个注重领导者个人魅力的时代来说，真诚领导力是一个全新的理念。

如今，**真诚被视为衡量领导力的黄金准则**。领导力再也不会像 20 世纪末那样，只重视领导者的个人魅力或效仿其他领导者、有一副好皮囊，或者只追求个人利益了。更何况，领导力也不应该与领导风格、管理技巧或胜任潜质混为一谈。这些能力固然重要，但它们都只是你作为一个人的外在表现。你无法弄假成真，因为别人凭直觉就能判断出你是否真诚。

20 世纪盛行的等级制和命令式领导者已经逐渐退出舞台，新晋的合作型领导者会对各个层级充分授权。那些旧观念的典型代表已经被高情商的领导者取而代之。

正因为如今大家都在追求更高层次的真诚，才让我们有幸拥有了如此多高水准的领导者。他们在发现自己的真北的同时，也致力于改变世界，并留下了宝贵的物质和精神遗产。如今，领导者的素质主要体现在他们为组织内部取得的持久成果上。

为撰写本书，我和我的同事扎克·克莱顿先后采访并研究了 47 位真诚领导者，其中包括联合利华 CEO 保罗·波尔曼、百事 CEO 卢英德、《赫芬顿邮报》创始人阿里安娜·赫芬顿、默克公司 CEO 肯·弗雷泽等为代表的各个行业新兴国际领导者。

2007年撰写第一版《真北》之前，我与彼得·西蒙斯、戴安娜·梅耶和安德鲁·麦克莱恩组成调查小组，共同探寻"如何成为一名真诚领导者"。我们共采访了125位全球顶尖领袖，从他们那里取得了领导力真经。毫不夸张地说，在如何培养商业领导者的问题上，我们所进行的是历史上规模最大的深度研究。

撰写本书前，我们回访了第一版时采访的大多数领导者，了解了他们在领导力提升方面的最新进展。我们很高兴地发现绝大多数人都非常出色。有些人更换了职位，还有些人从先前的组织退出，正在尝试新的挑战，但几乎所有人都在继续为商界和社会做出重要贡献。只有少数人失败了。

《找到你的真北》延续了前作的架构，不同的是，它更加深入地探讨了我们在领导力领域的新发现。它不仅囊括了哈佛商学院的同事和我的深入思考，更涵盖了世界各地的实践者与学者的洞见，详细地揭示了他们如何找到自己的真北，成长为一名真诚领导者，如何成为全球顶尖领导者，并终生跟随自己的真北。

尽管本书新增的47位领导者比前一批领导者更国际化和多元化，但是他们的故事和信仰与早期的受访者保持了高度一致。

这些领导者不会坐等上司提拔自己，相反，他们会抓住每一个机会去承担领导责任，不断成长。事实上，每个人都会面临各种考验，有些还相当严峻。很多受访者都把自己的成长经历以及那些帮助自己成长的人看成推动自己走向成功的主要动力。几乎毫无例外，这些领导者都认定，**真诚可以让自己变得更加高效，更加成功。**

这些领导者的采访让我们清楚了解到是什么塑造了高效、真诚的领导艺术。就如同所有人类各不相同一样，每位领导者也都是独一无二的。事实上，**没有任何一个人可以通过效仿他人而成为一名真诚的领导者**。只有当你表现出自己真诚的一面时，人们才会真正地信任你。

如果领导者创造出一个虚假的形象或戴上面具，别人一眼就能看穿他们。正像通用磨坊（General Mills）前副总裁里萨·克拉克·金（Reatha Clark King）所说的那样：

> 如果只想着要成为其他人，你就会变成一个毫无主见的模仿者。你会认为人们希望你去模仿别人，但如果一味保持这种想法，你永远都不可能成为一颗明星。事实上，你完全可以成为一位明星，无法复制的明星。你所要做的就是学会听从自己内心的真北。

安进公司主席兼CEO凯文·夏尔曾于20世纪80年代在杰克·韦尔奇（Jack Welch）手下工作，这段经历让他受益无穷，可是他发现公司中的很多人盲目崇拜杰克。"所有的人都想成为杰克，"他解释，"但是领导力的表现方式有很多种。你需要成为你自己，而不是一味地去模仿别人。"

世界上最难领导的人就是自己

是什么引起了当今领导者的戏剧性变化？

20世纪90年代，我在美敦力担任CEO，其间目睹了很多公司的董事会都选择了错误的人来管理公司。在华尔街要求短期收益最大化的压力之下，这些董事们在选择管理者的时候只会关心候选者的个人魅力、行事风格和个人形象，而不是他们的人品。

许多领导者都迷失了真北，他们滥用权力，却忽视了组织的长期建设，将公司置于危险之中。甚至有些领导者在离开时带走了巨额资产，进一步侵蚀了人们对商业领导者的信任。

2008年秋，美国股市压力不断反弹，许多金融机构资不抵债，迫使美国政府出面救市，防止经济彻底崩溃。在随后的深层次衰退中，数百万美国人耗尽了积蓄，社会失业率上升10%。

21世纪初这场世界性金融危机的爆发，其根本始于美国次级抵押贷款之类的金融工具，但这次金融危机的爆发还有另一导火索，那就是失败的领导者。

公众对商业领袖的信任度跌到了50年来的最低点。在商界，信任就是一切。一家公司的成功在很大程度上取决于客户对所购买产品的信任、员工对管理层的信任、投资者对管理者的信任，以及公众对市场经济的信任。

但那场危机也带来了一些正面影响——催生了许多高质量的新生代领导者，并让他们从崩溃中学到了许多宝贵的经验。这些领导者经历了安然（Enron）与世通（WorldCom）等公司的破产事件，也在 2008 年全球金融危机中夹缝求生。

如今的领导者看到过前辈困在金钱、名望和权力的陷阱中，他们清醒地认识到把个人利益置于组织利益之上的危险性。最重要的是，他们了解到了真诚是最有效的可持续领导方法。

正如我们从故事中看到的那样，这些领导者已经找到了自己的真北，并发挥了自己最大的能力。不过，如今领导一个组织可比我担任美敦力 CEO 时难太多了。现在的领导者必须应对更大的短期收益压力和更严格的法律法规，所有这些都有可能导致他们偏离真北。

阅读《找到你的真北》，你也许会好奇为什么我们会重点强调人生故事和个人发展，却很少提及领导他人。**其实从诸多领导者的故事中我们可以发现，世界上最难领导的人就是自己。一旦了解了自己，你就会发现，领导其他人反而是一件相对容易的事情。**

遵守真北的真诚领导者已经经受了严酷的考验，吸取了教训，他们有能力抵御压力和诱惑。他们知道自己必须保持真诚，才能让组织和组织的利益相关者信任自己。他们不仅为组织创造了短期效益，更致力于创造更多可持续价值。

事实上，如今的商界远比 10 年前的商界更加全球化，对全世界的领导者也有着更深远的影响。世界经济论坛美国分部主席让 - 皮埃尔·罗素（Jean-Pierre Rosso）曾说："如今的领导者与他们的前辈相比，更全球化、更开放，也更关心社会问题。"

本书所介绍的新一代领导者比他们的前辈更多样化，更具有全球视野，民族血统也更丰富，而且更倾向于培养下属。如今的真诚领导者中有了更多女性和有色人种，也有更多在原国籍之外的城市工作和生活的领导者。他们都拥有国际视野，渴望做出长久的贡献，因此，那些真正了解了当今全球商业界的真诚领导者才是全球组织中顶尖的领导者。

荣获《财富》"世纪经理人"的杰克·韦尔奇曾是 20 世纪的领导者典范。联合利华的保罗·波尔曼则是 21 世纪的新领导者代表。表 I.1 列出了新兴领导者与前辈的差异所在。

表 I.1　20 世纪领导者与 21 世纪领导者的区别

特征	20 世纪领导者	21 世纪领导者
形象	有魅力的	目标导向
焦点	以美国为中心	全球视角
动机	自身利益	组织的最佳利益
经验	完美的简历	在严酷的考验中学习
时间范围	短期	长期
组织	等级制领导	分布式领导
最强优势	智商	情商
个人测量	外部检验	内部贡献

"真诚领导者"意味着什么？**真诚领导者能够用一个共同的目标将身边的人聚集到一起，授予他们足够的权力来担负起领导职责，并最终为所有的利益相关者创造价值。**

真诚领导者忠于自己、忠于自身信念，他们不仅能够让身边的人真正信任自己，而且能够与身边的人建立一种真诚的感情纽带。因为只有得到别人的信任，真诚领导者才能激励身边的人取得更好的业绩。真诚领导者从来不会让别人的期待左右自己，他们总是倾听自己的心声，追寻自己的方向。在成长为真诚领导者的过程中，他们更关心的是如何更好地服务他人，而不是自己的成功和声誉。

这并不是说真诚领导者都是完美无缺的。事实上，每一位领导者都有自身的弱点，他们也是普通人，也会有普通人的弱点，也会犯错误。但他们能够正视自己的不足，承认自己的错误，愿意与身边的人沟通交流，并敢于充分授权。

这本《找到你的真北》是写给任何想要成为真诚领导者和发现自己的真北的人。它适用于任何阶段的领导者，从大型组织的最高领导者到准备成为领导者的学生，从那些已成为领导者的人到仍在不断寻求新机遇的人。

年龄永远都不是借口，无论你的年龄几何，你都可以随时接受新的挑战，成为一名真诚领导者。《找到你的真北》中所采访的领导者的领导时间加起来总计有数百年，我本人也担任过近半个世纪的领导工作，我们的经历可以证明这一点。而对于你——我的读者来说，你可以把这看成是一个从真诚领导者那里学习的机遇，并根据他们的成长经历来制订自己的成长计划，让自己成为一名真正的真诚领导者。

一定要记住：你现在就可以找到你自己的真北！

- 你不必天生具有领袖特质；
- 你不必坐等命运的垂青；
- 你不必等到大权在握之后才能成为一名真诚领导者；
- 在人生的任何一个阶段你都可以担任领导工作，成为一名真诚领导者。

正如杨·罗必凯（Young & Rubicam）广告公司 CEO 安·傅洁（Ann Fudge）所说的那样：

> 每个人身上都蕴藏着巨大的领导天赋，有的在商业领域，有的在政府部门，有的则在非营利组织中。问题在于，我们应当如何更好地了解自己，发掘自己的领导潜能，从而更好地服务他人。我们活在这个世界上一定是有目的的。我认为，生命的全部意义在于给予，在于让自己活得更有价值。

找到你的真北，成为真诚领导者

找到自己的真北并不容易，你可能需要花费许多年时间，我就是如此。

你也许期待能看到找到真北的简单 6 步或其他简易公式，但本书没有这么做，它反其道而行。找到你的真北需要你一直保持个性，保持真诚。你需要不断反省自己，从同事和朋友那里收获反馈和支持，你必须对自己的成长承担起全部的责任。就好像那些天生具有某种天赋的音乐家或运动员，虽然他们本身具有巨大的先天优势，可要成为一流的音乐家或运动员，他们还要不断地超越自己。同样，你也必须不断地提高自己，穷尽一生来发掘自己的潜力。

《找到你的真北》第一部分讲述的是真诚领导力的形成过程。首先我们讲述了大量领导者的人生故事。这些都是非常独特的经历，这些经历对他们领导风格的影响比任何性格特点和领导技能都要深远。然后我们分析了通往真诚领导之路的三个阶段，并指出了每个阶段的一些关键步骤。在这一部分当中，我们发现有很多领导者都曾在自己的领导之路上迷失方向，脱离了原有的轨道。

为了帮助读者更好地理解为什么会出现这种情况，我们列出了5种类型的领导者，并详细介绍了影响其一生的人生故事。最后，通过描述这些领导者所遇到的一些影响其一生的人生故事，我们指出了他们是怎样克服考验，成为真诚领导者的。

在你的领导之旅上，你也需要内心的真北指引自己前进的方向，并且能够在脱离轨道时帮助自己返回正轨。第二部分为你提供了这样一个指针，帮助你在面对挑战时更坚定地忠于自己的真北。这个指针一共包括了领导力发展的五个主要环节：**指针中央是你的自我意识，指针的四个针尖上是你的价值观和原则、最佳平衡点、支持团队以及完整的生活。**

第三部分描述了领导者如何从只关心自己的"我"转变成为他人服务的"我们"。只有当你实现了这一转变之后，才能发现领导的目标，通过授权激励身边的人，并用共同的目标引领大家前进。最后，随着世界的全球化，你不仅需要成为一名真诚领导者，更要成为一名具有全球视野的真诚领导者（见图I.1）。

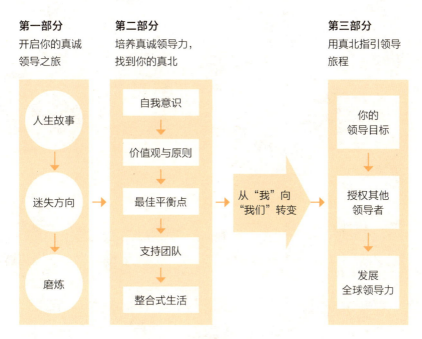

图I.1 通往真诚领导之路

我们在每一章之后都提供了一系列的练习，你可以通过完成相应的练习来制订自己的领导力发展计划。

我相信，只要你能够真正地全心投入，就一定能够发现自己的真诚领导力，为世界带来正面的改变，为后人留下丰厚的遗产。

找到你的
真北 ◆ 目录
CONTENTS

第二
部分

培养真诚领导力，找到你的真北　　/ **93**

培养真诚领导力需要注意 5 个领域：自我意识、价值观和原则、最佳平衡点、支持团队以及整合式生活。你需要不时地更新这一指针，并且通过不断的学习调整自己的方向。当指针的每一个部件都运转良好时，它就会直指你的真北。

第三部分

用真北指引领导旅程　/ 233

真诚领导者不能在真空中管理他人，你必须在现实世界里运用领导力来应对重大挑战。遇到挑战时，用真诚领导力去指引他人、授权他人，就是真诚领导力有效性的最佳衡量标准，也是最大限度挖掘你领导潜力的方式。

第一部分

开启你的真诚领导之旅

在真诚领导者成长与发展的过程中，他们对自己的人生故事总是充满了特殊的情感。你的人生故事就是你的基础，它塑造了你作为人看待这个世界的态度。在培养领导力的过程中，你的人生经历可能推动你前进，也可能成为你前进的阻碍。

3 个层面开启你的真诚领导之旅

01 **了解你的人生故事。**

　　你一定经历过无数的考验和诱惑、顶峰和低谷。反省和反思能够帮你了解自己的人生经历，并在必要的时候重新设定人生发展轨迹。

02 **直面迷失真北的风险。**

　　每个人的生活中都有压力和困难，所有人都需要面对恐惧和不确定因素。在你的人生旅途中，注定会有不计其数的诱惑想要将你拖离自己的真北。所以我们会分析让你失去方向的 5 种领导类型。

03 **磨炼塑造你的领导力。**

　　你应对极端逆境的方式对你的性格造成的影响，比逆境本身的影响更大。就像炼铁需要高温一样，你人生中最重大的挑战和最痛苦的经历就是你个人成长的最大机遇。

　　在理解和阐述自己的人生经历的过程中，你会发现自己真正的领导目标，并对自己的真北保持忠诚。

第 1 章

成就你的人生故事

我的人生经历影响了我的人生，塑造了我的领导风格。

——霍华德·舒尔茨（Howard Schultz） **星巴克 CEO**

  星巴克 CEO 霍华德·舒尔茨是一位用自己的人生经历定义领导目标的领导者。舒尔茨小时候住在纽约布鲁克林区的一套由联邦政府出资兴建的廉租房里。1961 年冬，有一天他正在外面的空地上和朋友打雪仗，突然他的母亲从七楼的窗口喊道："霍华德，快进来。爸爸出事了。"接下来发生的事情改变了他的一生。

  回到家之后，他看到父亲一条腿上缠满了绷带，正趴在沙发上。原来当卡车司机的父亲在工作时不小心踩到了一个冰块，跌伤了脚踝。这次事故让父亲失去了工作，还有整个家庭的医疗福利保障。

  由于当时根本不存在工伤赔偿这回事，而已经怀孕 7 个月的母亲又根本不可能去工作，所以整个家庭一时陷入了孤立无援的境地。曾经有很多个夜晚，舒尔茨听到父母在餐桌上争论到底该借多少钱，又该向谁借。从那以后，只要电话铃一响，妈妈就会让他去接电话，告诉债主父母不在家。

星巴克传奇：将心注入企业文化和价值观

舒尔茨发誓：如果有机会，我一定会改变这一切。他梦想着能够建立一家善待所有员工、为员工提供医疗福利保障的公司。虽然当时他根本没有想到自己有一天会成为一家拥有 14 万名员工、业务遍及全球 11 万家店面的公司的总裁。就这样，舒尔茨的个人经历激励他收购了星巴克，并将其发展成为全球顶级的咖啡连锁公司。在担任这家公司 CEO 的 13 年之后，他将大权交给了自己的继任者，但仍然担任董事会主席。

童年的经历让舒尔茨把星巴克变成了美国第一家为所有每周工作 20 小时以上的员工提供医疗保险的公司。"这一决定完全来自我童年的经历，我的父亲先后做过 30 份蓝领工作，可他最终却失去了工作，在他所供职的公司里，没有受过教育的人根本没有任何机会。"舒尔茨说道。

那件事情直接影响了星巴克今天的企业文化和价值观。我想要创办一家我父亲当年没能遇上的公司，在这家公司，每个人都会得到尊重和重视，无论你来自哪里，你的皮肤是什么颜色，你的教育水平如何。

为所有员工提供医疗保险从根本上提高了星巴克的品牌价值，使得员工们对公司形成了强烈的信任感。我们要建立一家能够将股东价值跟员工价值直接相连的公司。

　　跟许多出身贫寒的成功人士不同，舒尔茨从来不避讳谈论自己的出身。他认为恰恰是这段人生经历给了自己足够的动力来取得成功，而他的成功是美国历史上近 25 年来最大的商业成功之一。但你必须认真思考之后才能真正理解这些经历对他的意义，因为和所有人一样，他也必须面对这些经历所带来的恐惧和阴影。

　　在布鲁克林的经历已经深深刻进了舒尔茨的生命中。当他带着女儿前往自己从小生活的地方时，女儿吃惊地说道："我真不知道你是如何长成正常人的。"但同时也正是这段经历让舒尔茨学会了跟所有人建立友好关系。他说话的时候带有一些轻微的布鲁克林口音，他会在熟悉的小馆子里吃意大利面，他很喜欢穿牛仔裤，他尊重所有人。他永远不会忘记自己的出身，更不会被财富冲昏头脑："我的身边都是一些吃了上顿没下顿的人，他们忙于应付各种账单，总是感到生活没有任何希望，永远没有机会休息。这些经历我永远都不会忘记——永远不会。"

　　他的母亲告诉他：你可以做自己想做的一切。"从我开始记事的时候，母亲就反复地告诉我这句话。这成了她的座右铭。"但父亲的经历对舒尔茨的影响却截然相反。父亲当过卡车司机、出租车司机和工人。为了维持家庭的开销，他常常要同时做两三份工作，但他每年的收入从来没有超过 2 万美元。舒尔茨亲眼看着父亲一边抱怨自己没有机会得到别人的尊重，一边陷入崩溃。

　　十几岁的时候，舒尔茨就感受到了父亲的失败所带来的耻辱，所以他们两个经常吵架。"我总是觉得父亲不负责任，是个失败者，"

他回忆道，"我一直以为，只要努力，他应该做得更好。"舒尔茨决定改变自己的命运。"我的动力部分来自对失败的恐惧。我太了解失败的可怕了。"

幼年的经历让舒尔茨下定决心取得成功。他最初喜欢上了运动，"在运动场上的时候，人们不会知道我是个穷人家的孩子。"凭着高中校队明星四分卫的头衔，他拿到了北密歇根大学（Northern Michigan University）的奖学金，也是舒尔茨家族第一位拿到大学学位的人。从那以后，他的这种强烈的竞争意识从来都没有减弱过：只是从橄榄球转到商业而已。

大学毕业后，舒尔茨加入了施乐公司，但很快就感觉到那里的环境过于僵化，自己很难得到发展。就这样，当其他人在施乐平步青云的时候，舒尔茨却迫切渴望去追寻自己的道路。"我必须找到一个能够让我做回自己的地方。"他说道。

> 我绝对不会妥协。你必须有足够的勇气去选择一条不同寻常的道路。你不能用当时的情境来决定自己的生活，没有找到自己之前，你永远不会知道自己在人生之路上会有什么发现。我的经历影响了我的人生，塑造了我的领导风格。

舒尔茨随后开始销售咖啡过滤器，并在西雅图的派克市场上第一次接触到了星巴克咖啡。"我像发现了新大陆。"他说道。他积极地申请加入这家公司，成了它的运营和营销主管。

在一次去意大利采购时，舒尔茨注意到米兰的咖啡吧在当地客户的日常生活中扮演着非常独特的角色。回到西雅图之后，舒尔茨决定自己创办公司，并很快在西雅图连开了三家咖啡店。在听说可以收购星巴克的消息之后，舒尔茨立刻开始从私人投资者那里募集资金。可就在收购进行到最后阶段时，舒尔茨遇到了自己职业生涯中最大的挑战——他的一位投资商表示要自己收购这家公司。

"我担心其他有影响力的投资者都会转向他那边，"他回忆道，"于是我开始向微软创始人比尔·盖茨的父亲求助，我需要他的社会地位和信心，希望他能够帮助我与那些西雅图的商业巨头抗衡。"

舒尔茨与那位扬言要自行收购星巴克的投资人进行了一场激烈的交锋，后者宣称："如果不接受我的建议，你以后别想在这座城市混了。你一个子儿也别想筹到。你完蛋了。"谈话结束时，舒尔茨眼里满是泪水。在随后的两个星期里，他准备了一份新的筹资方案，筹集到了380万美元，将星巴克从那位投资者手中拯救出来。

> 如果我接受了那位投资者的条件，我的梦想就会被夺走。
> 他可能会随时解雇我，可能会破坏星巴克的氛围和价值观。
> 那么我所有的激情和责任都会消失一空。

舒尔茨生命中最难过的时候就是他父亲去世的那天。当他向朋友聊起自己当初与父亲之间的矛盾时，他的朋友说："如果你的父亲是一位成功人士，你可能就不会像现在这样干劲十足了。"

父亲去世后，舒尔茨对父亲的看法开始有所改变。他逐渐发现了父亲身上的一些优秀品质：为人诚实、对工作兢兢业业、对家庭负责等。他开始意识到，其实是父亲所处的组织摧垮了他。"父亲去世后，我意识到自己以前对他的看法是不公平的。他一直都没有机会在工作中获得满足感和尊严。"

正因为这样，舒尔茨开始把这股动力当成激励自己的力量：他一定要创办一家会让自己的父亲为在其中工作而感到自豪的公司。他支付给员工高于最低薪资要求的工资，提供大量的福利，并为所有的员工提供股票期权。通过这些方式，星巴克为员工们提供了舒尔茨的父亲从来都没有享受过的待遇。舒尔茨利用这些待遇来吸引和留住那些与星巴克价值观相同的人才。结果，星巴克的员工流失率不到其他零售商的一半。

舒尔茨最大的天赋之一，就是他能够和来自不同背景的人很好地相处。他会在一些特殊场合讲述自己的经历和星巴克的故事，他每个星期都会视察 20 家以上的星巴克门店。他每天 5∶30 起床，通过电话与全球各地的星巴克职员交流。他说星巴克给了他一张"可以让他任意挥洒的画布"。

　　星巴克绝对是一家以人为本的公司，我们所做的一切都是围绕着人性进行的。星巴克的特色就在于它的企业文化和价值观，这也正是我们区别于竞争对手的地方。

　　我们之所以能够吸引全世界的客户，是因为人们总是渴望能够相互沟通，彼此真诚相待。无论你是中国人、日本人、西班牙人，还是希腊人，咖啡就是这种沟通的催化剂。我不知道是否我的出身让我爱上了这一行，或者说它给了我与其他人相互沟通的机会，但对于我来说，这一切都是那么的自然。

2000年，舒尔茨把公司大权交给了新CEO吉姆·唐纳德（Jim Donald），不过仍担任公司董事。2007年，他给唐纳德写了一封题为《星巴克体验的商品化》的邮件，哀叹星巴克的客户体验越来越商业化了。这封邮件被泄露给了媒体，在媒体、星巴克的顾客和员工之间掀起了轩然大波。

2008年1月，舒尔茨再次登上星巴克CEO之位，他烧的第一把火就是关闭所有美国分店，为员工做半天培训，强调星巴克需要恢复其原有的品牌文化。星巴克自那以后所取得的惊人成绩证明了舒尔茨的领导力起了作用。

事实上，像舒尔茨这样，把自己的成功直接归功于个人经历的真诚领导者还有很多。大多数人都会与大脑里积极的和消极的想法做斗争。我称之为"决斗"，是一种对最成功的领导者都有影响的现象。

舒尔茨的积极思想让他专注地追逐自己的梦想。虽然他一直都对父亲的失败深怀畏惧，但是他没有让负面的思想把自己拖下深渊，而是用积极的思想把星巴克带向了成功。

用人生故事点燃领导激情和目标

我们采访的领导者，都是通过了解自己的人生经历，发现了他们的真北。他们的故事涵盖了各个层面：父母、教师、教练和那些发掘他们潜力的导师的影响；他们所生长的社区的影响；他们在球队里的经历，童子军时期的经历，学生组织中的经历，以及早期工作的经历等。许多领导者发现自己的动力来自那些比较痛苦的经历：他们本人或某位家庭成员的患病，父母或兄弟姐妹的去世，或者是一种被同伴们排斥、拒绝或歧视的感觉。

在采访过程中，我们渐渐发现，所有受访的领导者都是通过自己的人生经历找到激情的。

◎ 他们并非天生就是领导者。

◎ 他们甚至不相信自己具有领导者的性格或者风格。

◎ 他们也没有刻意地模仿其他优秀的领导者。

◎ 他们只靠真实的自我，成了伟大的领导者，并用自己的天赋帮助别人。

有些杰出的真诚领导者，比如默克（Merck）公司前任 CEO 罗伊·瓦格洛斯（Roy Vagelos）表示，他从来没有把自己看成领导者。相反，他觉得自己只是想改变什么，想激励其他人和自己一起冲向一个共同的目标罢了。如果说这还不算领导的话，那什么才算呢？

正如美国卫生和公共服务部前秘书长约翰·加德纳（John Gardner）说的："我想人生一定等着挖掘我的某种领导才能。"下面让我们详细了解一下其他两位领导者的人生经历吧。阅读这些故事时，我建议你不妨思考下你的人生经历对你产生了怎样的影响，并进而定义自己的领导目标。

从小镇运动场到美国第一银行家——富国银行主席兼CEO

在过去的 20 年间，旧金山富国银行主席兼 CEO 迪克·科瓦塞维奇（Dick Kovacevich）交出了一位商业银行家所能交出的最完美的答卷。在接受采访的过程中，他并没有过多讨论自己在商业上所取得的成功，反而大谈自己在西华盛顿一个小镇上长大的经历如何影响了自己的领导哲学。

科瓦塞维奇自幼生长在一个工人家庭，从小就和各种不同收入和教育水平的人打交道。在他的印象中，他所接触过的那些农场工人、伐木工人，还有当地锯木厂的工人们都非常聪明和勤奋，并且都有很高的道德标准，他们唯一缺少的只是接受大学教育的机会。这些工人和他的老师都对他产生了巨大的影响，他们鼓励他一定要考上大学。

从 11 岁那年开始一直到高中，科瓦塞维奇都在当地的一家杂货店工作，这段经历让他对商业产生了浓厚的兴趣。科瓦塞维奇每天上午上课，15：00 ~ 17：00 进行体育锻炼，然后跑回家吃饭，再从 18：00 工作到 21：00。

当他的杂货店老板去外地避暑时，他就被任命来经营整个商店。他要负责货物的摆放、定价、订购等工作，在这个过程中他逐步培养起了对商业的兴趣。这些经历同样给了一些让科瓦塞维奇受益终生的经验和教训："我开始逐渐形成了一些商业活动中所需要的直觉和领导技能，这比我在商学院里学到的多得多。"

体育运动对科瓦塞维奇成长为一名领导者也产生了重要的影响。从4岁开始，他每天都会抽出几个小时打球，后来他成了中学垒球队的队长和橄榄球队的四分卫。"在运动场上，我发现一群人精诚合作的力量要远远大于个人单打独斗的力量之和。就这样，通过早年的领导经历，我在不断的尝试和失败中学到了许多可以应用于任何商业领域的技能。"

如果所有的球员都想当四分卫，那你的球队一定会输掉比赛。就好像人们总是过于高估四分卫的作用一样，人们也总是过于高估CEO的作用。事实上，如果没有优秀的前锋、优秀的接球手和一个好的跑阵的话，你不可能成为一位明星四分卫。

对任何一支高效的团队来说，技能的多样化都是非常重要的。所以每当看到领导者在身边安排与自己相似的人时，我就会感到非常意外。这样的团队根本不可能变得高效。我们要意识到自己的不足，但不要去放大它。你需要在自己的身边安排一些能够跟自己形成互补的人，用他们的优势来弥补你的不足。

科瓦塞维奇先后在花旗银行、西北银行和富国银行任职，他将自己的这一领悟很好地应用到了工作当中。他请来了一大群才华横溢的执行官创办银行的个人业务，并给了他们极大的权力和自由度来发挥他们的优势，他本人却始终担任四分卫的角色。

科瓦塞维奇自幼在小镇长大的人生经历深深地影响了他的银行经营理念。当其他银行开始使用计算机为客户提供服务时，科瓦塞维奇却在努力地把富国银行变成每个社区中对用户最友好的银行。当你走进富国银行申请房屋抵押贷款时，信贷部的人很可能会建议你开一个存款账户，为女儿以后上大学做准备，或者建议你开一个退休账户。由于科瓦塞维奇身边有很多极具才华、极富责任心的执行官，所以在过去的 20 年间，富国银行成了美国收益增长最快的商业银行。

从棉花田到年度董事会——通用磨坊基金会主席

里萨·克拉克·金（Reatha Clark King）的生活可以追溯到乡村，早在那时，很多人就鼓励她成为一名领导者。金告诉我们，"没有他们的帮助，我不会取得今天的成功，我要感谢那些一直给予我帮助的人。"

金于 20 世纪 40 年代在佐治亚州长大，她的父母都是当地的农场工人。在她很小时，她的父亲就离开了他们，她的母亲只好去做佣人来养活三个孩子。由于家里实在太穷，金不得不离开学校，到棉花地工作，这样她每天就能赚到 5 美元，以贴补家用。"对于我来说，那是一段相当痛苦的经历，白人的孩子就不需要离开学校，"她回忆道，"我们之间的差距太明显，太强烈了。"

很小的时候，金就发现教堂是一个可以让她暂时逃避贫穷和歧视的天堂。"在我的记忆中，每个星期天都是一段美好的时光，我们 11 : 00 去教堂，可以在那里一直待到 14 : 00。至今我只要一闭上眼睛，脑子里就会浮现出外婆祈祷的样子。"教堂里年长的被称作"修女"的女士们发现了金的天分，注意到她是一个很聪明的孩子，工作态度很积极。"修女，我的老师，还有社区里的人都在关注着我，他们鼓励我克服社会对黑人的歧视。"

金指出，迄今为止，对她影响最大的人有两位：一位是辅导了她 7 年的学校老师，还有一位是学校的图书管理员。她们鼓励她申请亚特兰大的克拉克大学，金在那里申请到了一份奖学金，此外她还在图书馆找到了一份兼职工作，每个小时可以挣 35 美分，这样她就可以支付自己的食宿费用了。

在克拉克大学读书的时候，金遇到了化学系的系主任，他激发了金对化学研究的兴趣，金从此立志成为一名研究型的化学家。

大学毕业之后，她申请了芝加哥大学的博士，对于一名来自佐治亚的年轻女孩子来说，这在当时是一个相当大胆的举动。在芝加哥大学获得了物理化学博士学位之后，她进入美国国家标准局工作，后来又成为纽约约克学院的一名教师。可即便到了这个时候，金的生活还是很拮据。

"一位黑人教员称我是'想要解决问题的汤姆大叔'，"她说道，

"这是我一生中最为痛苦的回忆之一。"后来她当选为明尼阿波利斯都市州立大学的校长。但直到此时,她还没有把自己看成一名领导者。

> 其他人觉得我是领导者,可在我看来,我只是在做一些需要去做的事情而已。真正推动我去领导的不是我自己的需要,而是我身边那些人的需要。我遇到了很多有趣的挑战。如果没有人愿意担负起领导责任,或者说没有人愿意去领导别人的话,我就有义务站出来接受这个挑战。

还在州立大学时,她就应通用磨坊 CEO 的邀请,担任通用磨坊基金会的总裁。她利用这个平台设立了一些专门帮助少数民族年轻人的项目。从通用磨坊退休之后,金开始全身心地投入公司董事会主席的工作当中。很快,随着她先后被选入埃克森石油、富国银行、明尼苏达共同基金会、Department 56、富勒公司等组织的董事会,金的名声变得如日中天。2004 年,美国董事协会提名她为"年度最佳董事"。"我很高兴能有机会为这些公司的董事会服务,因为我觉得他们本身就需要多样性。并非所有人都喜欢跟与自己不同的人在一起,但我却很喜欢这种感觉。"她说道。

就这样,无论是在工作还是在日常生活中,金总是用自己的人生经历校正方向。她一边平静地跨越种族和性别歧视的障碍,没有丝毫不安和愤怒,一边开始尽自己最大的力量去帮助身边的人。对她来说，她可以一边在世界最大公司的董事会工作，一边为穷人创造机会，她对此乐此不疲。

我们能从霍华德·舒尔茨、迪克·科瓦塞维奇和里萨·克拉克·金的故事当中学到些什么呢？他们同我们采访过的其他领导者一样，都是从自己的人生经历当中汲取力量，进而成长为一名领导者。在理解了早年生活中的那些经历之后，他们学会了用一种新的方式重新审视自己的生活，并在激情和真北的指引下开始自己的领导工作。

读到这里，你可能会问，谁没有自己的人生经历呢？既然每个人都有自己的经历，那么是什么导致领导者的经历对他们产生的影响与其他人不同呢？

很多有过痛苦经历的人都把自己看成牺牲品，感觉整个世界都在和自己作对。他们没有去思考自己的人生经历与自己正在追求的目标之间有什么联系。而有些人则只顾追求世人的羡慕，结果永远都没有机会成为真诚的领导者。或者他们对人生经历和追求的目标之间的联系的反思不够，导致他们经常重复犯错。

真诚领导者与这些人之间的区别在于他们看待自己人生经历的方式。真诚领导者会通过这些经历找到自己的激情和梦想，希望能够尽自己最大的力量改变这个世界。 小说家约翰·巴斯曾经说过："你的人生经历并不是你的人生，它只是你的故事而已。"换句话说，真正重要的是你如何描述人生，而不是你的生活中到底发生了什么。这些故事就像一盘在我们大脑当中反复播放的录像带。我们总是一遍又一遍地重播以往生活中那些比较重要的人和事，总是希望能够从中读出它们的意义，并通过解读这些人和事来确定我们在这个世界上的位置。

只要学会用一种新的方式重新描述这些故事，我们就会意识到，自己其实并不是这些经历的牺牲品；恰恰相反，这些经历可以为我们提供足够的动力，帮助我们成长为真诚的领导者。当我们开始学会重新解释自己的过去、现在和未来时，我们的人生故事将会更加精彩。沃伦·本尼斯曾经说过，"你的人生由你自己书写。"他鼓励人们用自己的人生故事激励自己创造更加美好的未来。

作为自己人生故事的创作者，你该怎样把自己的过去和未来连接起来？在你的人生中，到底有哪些人或哪些事影响着你，激励着你，推动着你，使你成为一名真诚的领导者？你生活中的那些关键转折点究竟是什么？

通往真诚领导之路的 3 个阶段

还是先说说我自己的故事吧。大学毕业之后，我曾经非常天真地认为通往领导职位的道路是一条坦途。可残酷的现实告诉我：领导不仅仅是一个简单的终点，不仅仅是 CEO 的位置。

事实上，领导是一场马拉松，要经过许多不同的阶段，攀越一个又一个顶峰。在我们所采访过的所有 40 岁以上的领导者中，没有一个人是按照自己设想的方式到达今天的位置的。

在先锋集团（Vanguard）前 CEO 杰克·布伦南（Jack Brennan）看来，职业生涯规划是一件荒唐的事："我所认识的那些对生活不满，或是经历过道德或法律危机的人都是那些制定了明晰的职业规划的人。"布伦南认为，当人们面临未知机遇时，应当变得更加灵活，勇于尝试，敢于冒险。"如果你只是一味地想着推进自己的职业生涯规划，你最终会对生活产生不满。"

职业生涯阶梯的理念给领导者的发展带来了巨大的压力。与这些领导者不一样，Facebook（现 Meta）前首席运营官谢丽尔·桑德伯格（Sheryl Sandberg）却认为，职业不是阶梯，而是游乐场里的立方格攀登架，你可以向上爬、向下滑或横向移动。事实上，在当今这个时代，你的职业生涯更可能是一条蜿蜒上升的路径，而不是一场直接登顶的冲刺跑（详见图 1.1）。

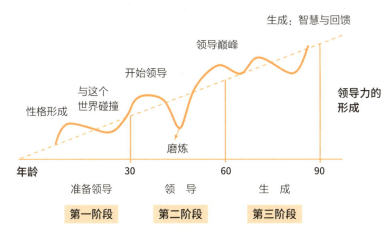

图 1.1 通往真诚领导之路

现在很多人都可以活到 90 岁，所以当今的领导之旅也大幅延长了。延长后的领导之旅大致可以分为 3 个阶段，每个阶段都包含了大量的领导机遇。虽然每个领导者在每条时间线上的速度都不一样，但是他们的经历却有许多共同点。

第一阶段是"准备领导"（Preparing for Leadership），领导者主要通过教育和学习，再加上一些课外活动和早期的工作经历，培养自己的领导能力。

第二阶段是"领导"（Leading），这时领导者会不断承担许多新的角色，直到攀上领导巅峰。

第三阶段被称为"生成"（Generativity），也就是心理学家艾里克·埃里克森所说的"繁殖阶段"，这一阶段的领导者刚刚结束了自己的领导工作，继续享受余生。真诚领导者通常会寻找机会传播自己的知识和智慧，有时甚至会继续积极地学习新知识。

第一阶段：准备领导

第一个阶段是准备领导的阶段，此时人的性格逐渐形成，人们开始成为某个团体的一分子，或开始领导一个团队。如今的领导者很少会在二十几岁的时候就立下终生的志愿。相反，他们会利用大学刚毕业的这段时间获得一些宝贵的工作经验。

通常情况下，他们会每隔 18 ~ 24 个月换一次工作，从而让自己获得更多的经验。在这个过程中，很多年轻的领导者还会继续进入商学院、法学院或政府机构等，甚至有些已经拿到了硕士学位的人还会在选定一个具体的公司或行业之前在咨询公司或金融企业工作一段时间。出现这种心态是非常正常的，因为在十几、二十几岁的时候，一个人所取得的成功通常主要取决于他的个人成就。你的表现决定你能够进入什么样的学校，或者决定你在第一份工作中取得怎样的业绩。卢卡斯影业游戏公司前 CEO 兰迪·科米萨（Randy Komisar）说道：

> 刚开始的时候，生活是一条直线，这时你的目标通常会非常清晰。一旦目标变得模糊，生活就会变得复杂。通过不断遭遇挫折，不断感受这个世界，你开始慢慢了解自己。否则，你这一辈子恐怕就只能永远服务于其他人的利益或者是满足其他人的期待了。

他还指出，对于年轻人来说，这段旅程的起点通常非常艰难。他告诉自己的学生，一个人很难完全掌控自己的生活。"他们看着我说，'嘿，哥们儿。我只是想找份好工作，有辆属于自己的汽车，买套属于自己的房子，结婚生子。就这么简单。'"科米萨说。他倒是希望生活真的会这么简单，他告诉他们：

> 就当作是先播下一些种子吧。记住这些话，十年之后再做判断。我不是要求你们沿着我的道路前进。我只是希望你们能够经常问问自己："我这辈子到底想要做些什么？"迟早

有一天，你们会意识到这个问题的重要性，我现在告诉你们
这些，只是希望你们将来遇到这个问题的时候能够做好准备。

21 岁创办最成功的中学教育项目——"为美国教书"创始人

在普林斯顿大学念书时，温迪·科普（Wendy Kopp）就有了
改进美国的 K-12 教育系统的念头。温迪在达拉斯富人区的一个中
产阶级家庭长大。回想起自己的童年时代，她感觉自己所在的社区是
一个"与现实隔离，并在教育机会上极不平等的社区"。温迪之所以
有这样的想法，是在大一时受到了室友的影响。室友来自纽约贫民区。
温迪说，室友非常聪明，却因为没有接受良好的高中教学而无法承受
普林斯顿大学的严峻考验，最终退学。

大学四年级那年，她开始下定决心改进教育系统，却不知道该
从何做起。她不想沿袭传统的企业培训模式，但又找不到突破点，
因而陷入了"深深的恐惧"中。在了解公共学校教育现状的过程中，
她发现，很多人都和她一样，认为教育机会的不平等是一个全国性
的悲剧。

所以温迪决定组织一场由学生和商业领袖参加的研讨会，希望
能够探讨如何改进美国的 K-12 教育系统。在这次会议期间，她脑
子里闪出了一个念头："为什么不组织一个全国性的教师组织，专门
吸引那些刚刚大学毕业，并且愿意投入两年时间在公共学校里教书
的大学生呢？"

正是这个念头激发她创建了"为美国教书"（Teach For

America）项目，时至今日，该项目已经发展成为全美 30 年来最成功的中学教育项目。

温迪的旅程并不容易。最初的几年里，由于缺乏管理经验和稳定的资金来源，"为美国教书"项目在资金上经常入不敷出。温迪一次又一次地亲自筹资，调整预算和开支，连续 5 年每周都工作 100 个小时，才让整个组织得以正常运转，最终把"为美国教书"建成了每年都能吸收 500 名新教师的成功机构。

当大量的投资者决定撤资时，"为美国教书"已经有了 250 万美元的赤字。一家非常有影响力的杂志社曾猛烈地批评"为美国教书"，表示"该机构实行的是糟糕的政策和糟糕的教育。对新兵招募不利，对学校不利，对孩子不利"。回想起那篇文章，温迪说，"感觉就像胸口被狠狠地捶了一拳。我读到的都是对我的个人攻击，丝毫没有对我们的付出做任何学术性分析。"

当几名"为美国教书"的原始团队成员离开之后，温迪甚至想过要关闭该机构。"但是我们对事业的激情和不愿意让孩子们失望的念头，支撑着我继续走了下去。"

温迪年纪轻轻就成了一名领导者，她的经历本身就印证了真诚领导的核心秘诀：找到一个能够让你充满激情的事业，并激励他人加入你的事业当中来。

"为美国教书"的危机加速了她发展成为优秀领导者的进程。20 年后，温迪不懈的努力终于得到了回报。时至今日，"为美国教书"已经接收了 1.1 万名大学毕业生，学员超过了 75 万名。

掀起一场科学革命——美国领头基因组公司创始人

伊安·陈（Ian Chan）也是一位在很早时就找到了自己激情的领导者。大学快毕业的时候，他告诉自己，"一定要找一份能够让自己每天都很兴奋地跳下床去上班的工作。"在投资银行和私营公司度过了一段毫无生趣的时光之后，他和他的弟弟开始对人类基因组研究产生了浓厚的兴趣。

于是陈氏兄弟立刻创办了后来对医学界产生革命性影响的高科技公司——美国基因组公司（U.S Genomics），为人们提供个人化的基因组服务。在这个过程中，他们还吸引了一些著名的科学家，比如第一个描绘出基因组图的克雷格·文特尔（Craig Venter）和知名技术专家鲍勃·兰格（Bob Langer）。他们用借贷来的 10 万美元创业，并很快从风险投资商那里筹集到了 5 200 万美元的风险投资资金，由于陈氏兄弟放弃了超过一半的股份作为回报，其中一些投资商还加入了公司董事会。

在随后 5 年中，这家公司引起了整个科学界和风险投资界的关注，成为整个行业的领头羊。2001 年 12 月，当两位创始人向董事会汇报公司当年业绩的时候，董事会全体成员起立对其报以热烈的掌声。但就在 4 个月之后，董事会告诉两位创始人，他们准备聘请一位新的 CEO 接替他们的工作，陈氏兄弟不禁大惊失色。"公司当时一切运转良好，直到今天，我都不知道怎么会发生这种事情。"

这是一种让人心碎的感觉，你全心投入创建的一份事业，对它充满坚定的信念，并为它做出了巨大的牺牲，可别人最终却从你手中夺走了一切。虽然你仍然保留一些股份，但你感觉自己已经不再是这家公司的一分子了。我对此表示坚决反对，拼命捍卫自己的权益，可我感到很无助。

现在回想起来，正是这5年的时间让我为随后的职业生涯做好了充分的准备。我一直忙于工作，结果让自己身心俱疲。我以前根本没有任何个人生活，所以感觉自己需要调整一下。为了东山再起，我用了两年时间攻读MBA。在这段时间里，我不断地反省，并且有机会与这个世界上顶级的商业领袖进行沟通。我意识到其实自己是非常幸运的，我的身体非常健康，我有自己的家庭，并且有幸能够生活在这样一个自由的国度里。我不应该对这些东西熟视无睹。

我意识到自己内心仍然充满了对创业的渴望，仍然对生物科技抱有极大的热情。这个世界上有那么多无法治愈的疾病，有很多机会让我可以对这个世界产生积极的影响。正因为如此，我才决定创办一家能够通过技术革新改善人类健康水平的公司。

刚开始的时候，伊安·陈似乎是自己成功的牺牲品。当那些投资美国基因组的风险投资商们意识到这家公司拥有巨大的潜力之后，他们便决定聘请一位更有经验的CEO来领导它。

虽然经历了很多痛苦和伤心，但陈在这5年时间里积累了宝贵的经验，这些经验对他的领导之路产生了积极的影响。但不幸的是，由于害怕失败，很多年轻的领导者都没能像往常那样去抓住更多的机遇。杨·罗必凯广告公司的CEO安·傅洁指出，"挣扎和痛苦的经历最终会对一个人产生决定性的影响。"

千万不要害怕挑战。要学会迎接它们。即便会受到伤害，也要学会去克服这些挑战。告诉自己，你可以从这些经历中学到些什么。

或许你现在并没有完全理解自己会学到什么，但迟早会的。这些都只是生活的一部分，而生活是一个不断学习的过程。每一次挑战都会让你的内心变得更加强大。生命中没有一件有价值的事情是可以轻易实现的。

第二阶段：领导

在刚踏上领导之路的第二个阶段时，你首先会积累大量的领导经验。在这段时间里，你将要承担更重大的责任，工作或者家庭生活中的艰难时光会考验你的核心价值观。这段时光会让领导者重新思考领导的含义，而一旦想清楚这个问题，他们便会以更快的速度成长。

在第二阶段里，大多数领导者都会遭遇种种低估，这将使他们的自我意识、价值观以及职业生涯规划面临更大的考验。我称之为

"撞墙期"，因为这一段经历就像高速行驶的赛车撞上水泥墙一样，大多数领导者在他们的职业生涯中最少都会有一次这样的经历。

挺过"9·11"和金融危机——通用电气 CEO

通用电气 CEO 杰夫·伊梅尔特（Jeff Immelt）30 多岁的时候曾经被认为是公司内部最有前途的新星，可就是在这段时期，他也遇到了职业生涯当中最为严峻的考验。当时公司安排他回到通用塑料部门担任销售和营销总监，由于这只是一次平级调动，所以伊梅尔特完全可以拒绝公司的安排。但杰克·韦尔奇告诉他，"我知道这并不是你想要的，但我觉得这是你为公司服务的一次机会。"

由于市场竞争非常激烈，所以伊梅尔特的部门不得不与几位重要的客户，包括美国几大汽车制造商，签订了一份固定价格协议。可就在这时，美国突然发生通货膨胀，整个塑料部门的成本一路飙升。伊梅尔特的部门距离当年目标利润额出现了 3 000 万美元的差距，只完成了预计利润额的 70%。他曾经试图提高价格，但这会直接导致他的部门与通用汽车公司的关系恶化。

所有这些因素都进一步加剧了伊梅尔特的压力，最终韦尔奇不得不亲自与通用汽车 CEO 罗杰·史密斯（Roger Smith）直接联系。在了解了具体情况之后，韦尔奇毫不犹豫地拨通了电话质问伊梅尔特。伊梅尔特把这一年看作自己人生中极为难熬的一年。

没有人愿意跟随一个正处于低谷的人。遇到这种情况时，你必须从自己的内心汲取力量。领导是通往一个人灵魂的最神圣的旅程之一。

伊梅尔特在这次任务中失去了成功所带来的外部肯定，却表现出了领导企业渡过难关所必需的内在品质——坚忍和韧性。

他需要这些品质，因为作为韦尔奇的继任者，他面临着更大的挑战。2001年9月11日的袭击发生在伊梅尔特担任首席执行官的第一周，对通用电气的多项业务造成了负面影响，包括喷气发动机、保险和金融服务。

2008年金融风暴期间，通用电气的资产负债表岌岌可危，伊梅尔特打电话给小布什总统请求财政支持。

十多年后，伊梅尔特正在重塑通用电气，明确将重点放在医疗保健、能源和交通领域的产品创新上。在这些领域，他以通用电气传统的制造和服务优势为基础，将大数据和高级分析解决方案纳入其中。他正在通过剥离NBC环球和通用电气资本等不符合其战略的主要业务，进一步重塑通用电气。

重启信贷市场，拯救美国金融系统——美国财政部前部长

汉克·保尔森（Hank Paulson）在私人、公共和慈善事业部门的工作都充满着热情和决心。我认识他的时候他还是国防部部长秘书的助理，刚好坐在两年前我坐过的位子上。两年后，他搬进了白宫，成了理查德·尼克松的"班底成员"。1974年，他进入了高盛集团芝加哥办公室，管理该公司的投行业务，最终于1994年升任为首席运营官。1998年，他当选为CEO，第二年高盛集团进行了首次公开募股。

正当保尔森在高盛迎来事业巅峰的时候，乔治·沃克·布什总统向他伸出了橄榄枝，邀请他出任财政部部长。起初，保尔森宁愿降低自己的职位也要继续留在高盛，但布什的幕僚长乔什·博尔顿（Josh Bolton）却锲而不舍地想要将他收入麾下。保尔森在高盛和白宫之间摇摆不定，便向高盛联合前 CEO 史蒂夫·弗里德曼（Steve Friedman）征求建议。弗里德曼只是简单地问道，"汉克，如果你拒绝了这次为国家服务的机会，你的余生会不会后悔？"这个问题让保尔森意识到自己对公共服务抱有多大的决心，便决定接受这个职位的邀请。

从国家的利益来说，保尔森接受这一职位是一件好事。当金融危机来袭，保尔森积极揽过担子，消解了雷曼兄弟的破产；将房利美（Fannie Mae）、房地美（Freddie Mac）和美国国际集团（AIG）国有化，解救了花旗银行，为美林证券（Merrill Lynch）、贝尔斯登公司（Bear Stearns）、美联银行（Wachovia）、华盛顿互惠银行（Washington Mutual）以及国家金融服务公司（Countrywide Financial）等企业组织找到了新雇主。危机期间，保尔森与美联储主席伯南克重启了信贷市场，出台了备受争议的"不良资产处置计划（TARP）"，将几大银行资本化。

对于保尔森来说，这是一段非常艰难的时期。他是一位非常负责任的领导者，预见了形同 1929 年金融崩溃的危机，是坚定的基督徒，坚决不抽烟、不喝酒，曾获得过童子军鹰章。在达特茅斯，他是美国大学优等生之荣誉学会成员，典型的美国东部、常青藤式学生，全美荣誉奖获得者。他在大学期间的外号叫"锤子"。他本人非常有进取心，直率、体格健壮。然而，他在《峭壁边缘》（*On the Brink*）中坦白自己患有应激诱导性干呕症，曾四次在演讲和重要的会议期间请求去洗手间。

　　整个金融危机期间，保尔森打了几百通电话试图了解发生了什么，与私营部门的领导者商量解决方案，并敦促政治领导者在总统竞选期间保持冷静。他告诉我，他获得了布什总统的全力支持，可以大胆实施布什总统平日里反对的行动，并定期联络当时还是参议员的奥巴马。

　　由于民主党和共和党都将法规政治化了，所以他需要说服国会，才有可能通过 700 亿美元的"不良资产处置计划"，当时的情形让保尔森几近绝望。2008 年 9 月 25 日，布什总统召集议员奥巴马和约翰·麦凯恩以及国会领导人开了一场会议，保尔森将这次会议描述为"一场混乱的会议"：

　　　　真的很可笑。我从未在任何政治或商业会议上看到过如此混乱的场面，即便是兄弟会里也没有。最后，总统说："我完全控制不了这次会议了。散会吧！"怀着震惊和沮丧的心情，我走到民主党人聚集的罗斯福厅，恳请他们克制自己的情绪。他们怒吼着让我离开。一时间，我不知道该怎么办。

　　最后，保尔森成功地推动了这项具有争议的计划，避免了另一场大萧条。尽管这项计划被冠以"救火行动"的名称，金融机构和汽车企业最终还是连本带利地偿还了资金，为美国财政部带来了一定的收益。

2009 年年初，保尔森的政府服务年限到期，他本可以就此退休，但是这将违背他的本性。写完回忆录之后，他便自己出资在芝加哥创办了保尔森学院，旨在加强中美关系。他出版的书《与中国打交道》（*Dealing With China*）中就中美关系提出了独到的见解。作为一位爱鸟人士，他也持续支持大自然保护协会（TNC，The Nature Conservancy），并于 2004 年该机构濒危之时担任了主席。

极少领导者能拥有保尔森的坚韧和勇气：即便知道自己将受到严厉的批判，也要大胆地采取行动。历史将记下他拯救美国金融系统的壮举。

第三阶段：生成

一个领导者人生旅程的最后阶段可能是最高产、最高效的一段时光。许多领导者都会在退休之后继续供职于多个组织，与人们分享他们的领导经验。他们会服务于一些营利性或非营利性机构的董事会，担任教学工作或者培养一些新晋 CEO。

沃伦·本尼斯在其《极客与怪杰》（*Geeks and Geezers*）一书中用一个鲜为人知的术语"幼态持续"来解释他对第三阶段的理解："我们将会保留好奇、顽皮、热情、无畏、温暖和活力四射等年轻时就有的美好品质。"

处于幼态持续的年长之人并未受到时间和年龄的限制，他们非常开放，敢于冒险，勇往直前，渴望知识，渴望新的一天。幼态持续让年长者专注于即将到来的未知奇迹，而非停留在对过去的失望中。幼态持续是种隐喻，是那些最幸运之人从未遗失过的天赋，让他们永葆年轻之心。

这是一个值得我们思考的哲学，尤其是最后的第三阶段。让我们看看一些领导者如何度过他们领导旅程的第三阶段。

从私人银行转战政教公共领域——前白宫幕僚长

很少领导者能像厄斯金·鲍尔斯（Erskine Bowles）一样顺利地从营利性组织转移到政治和教育领域。早期，鲍尔斯创办了一个中型投资银行，并以3亿美元的价格卖出。接着，他成了克林顿总统的幕僚长，在此期间实现了联邦政府40年来首个预算平衡。随后，鲍尔斯成了北卡罗来纳大学的校长。

真诚的领导品质在鲍尔斯不同的职业阶段得到了很好的印证。"我不是一个梦想家，"他说，"我关心的是组织、结构、焦点和时间线。"他用自己的方式提高了员工的参与度，设定了更高的期望值。加强团队合作，确保团队能实现预期结果。

鲍尔斯曾与共和党参议员艾伦·辛普森（Alan Simpson）一起担任奥巴马总统财政改革国家委员会的联合主席，主要负责财政责任与改革事宜。鲍尔斯与民主党人亲密合作，为奥巴马总统和共和党人提供财政建议。同时，他还在 Meta（Facebook）、摩根士丹利、诺福克南方铁路公司（Norfolk Southern）和贝尔克公司（Belk）等企业担任董事，不断加强他在公共问题上的影响力。他说："69 岁的时候，我想继续留在与经济相关的领域中学习。"

从被投资公司解雇到一路创业从政——纽约前市长

迈克尔·布隆伯格（Michael Bloomberg）是一位坚持走自己的路的领导者。我在商学院与他相识，他非常出色，不需要像其他学生一样费劲地学习。他曾讲过自己在课堂上被教授点名的经历，当时他都不屑看一眼教学内容。

由于没有丝毫准备，我就建议教授点名其他学生来回答这个问题，然后我来做总结。教授却因此中止了课堂，让我们第二天准备好了再来上课。第二天，教授又点名让我提交解决方案，我提出了一个非常激进的方案，遭到了他和同班同学的全盘否定。不过几年之后，那家公司采取了我的建议，并获得了极大成功。

毕业后布隆伯格进入所罗门兄弟公司（Salomon Brothers）任股票交易员。15 年后，他成了华尔街最热门投资银行的新星和股票交易主管。所罗门兄弟公司被菲布罗公司（Phibro）并购后，由于他的性格率直，容易得罪人，突然被领到了掌门人约翰·古弗兰

（John Gutfreund）的办公室，被告知自己被解雇了。他非常诧异，也非常伤感。"我已经 39 岁了，唯一服务过的公司和我热爱的高压工作遗弃了我。我伤心吗？是的，我非常伤心！但作为一个男人，我将这些情绪都藏在内心深处。"

不过，这次解雇也给了他一些东西，让他在接下来的 30 年里证明了自己。自此之后，他决定不再为别人打工，于是拿出了遣散费的 40% 创立了以自己名字命名的彭博信息公司。时至今日，其彭博终端（Bloomberg Terminal）仍然是金融行业中最常用的工具。

当我和布隆伯格一起毕业时，我以为他是班上同学中最不可能从政的人。事实证明我错了。2001 年，他当选为纽约市长，成了美国最成功的大城市市长。他性格直率，脚踏实地，不惧任何对抗，敢于挑战艰难的问题和强大的团体，如教师工会和全国步枪协会等。任期内他改革了 K-12 教育系统，降低了肥胖率，管控了枪支。尽管他曾两次更换政党，现在是独立于两党之外的自由人，许多人依旧认为他是优秀的总统候选人。但是他却说自己作为独立者，不可能赢得选举，并笑称自己剩下的时间根本不够一个总统任期。

在第三个市长任期期满后，布隆伯格打算专注于慈善事业，经营了自己的基金会，创造了 380 亿美元的财富。短短几个月内，对事业的热情驱使他再次出任自己创立的公司的 CEO。布隆伯格内心住着像霍华德·舒尔茨一样的企业家，渴望持续建立成功企业。

布隆伯格说他近期将继续关注大型公共问题，如肥胖、戒烟、枪支管控、创业精神和环境问题等。他坦言，"在这个阶段，我还会失去什么呢？我打算倾尽所有。最好的理财计划是以交付给殡仪馆的支票为终结。"在布隆伯格的第三阶段，他将慈善事业、公共政策和商业激情融合在一起，为世界带来了巨大的改变。

智慧与回馈：培养下一代真诚领导者

年轻时，我信奉舒立兹啤酒老广告词里的人生哲学：你这辈子只能活一次，所以必须抓住所有热情。我的目标曾是领导一家大型企业，做一些重要的工作，将其变成我的成就，然后转向全新但同样有意义的事业。

1991 年当选为美敦力 CEO 时，我就告诉董事会，我的任期不会超过 10 年，因为这段时间已经足够我完成组织的目标，并培养出一名合格的继任者了。非常幸运的是，2001 年退休之前，我终于找到了阿特·柯林斯（Art Collins）这样一位继任者。在任期终结之时，我 58 岁，不清楚自己接下来想做什么。于是我在退休后的前 6 个月里考虑了大量在政府部门、教育部门、健康部门以及国际关系领域工作的机会，每个领域都非常有趣，但是我总感觉那些并不是我想做的。

与此同时，我还继续活跃于商界，在高盛、诺华制药、塔吉特和埃克森石油等公司担任董事，从董事会的角度了解到这些金融、保健、零售、能源等行业的领导者所面临的巨大考验之后，我开始对这些重要领域的领导者有了更多新的认识。

2002年，妻子彭妮和我前往瑞士进行"工休"——我应邀在瑞士两所顶级大学讲授领导学。虽然彭妮感觉在离家这么远的地方应付工作有些吃力，但在瑞士生活的每天都很令人兴奋。从领导一个有26 000名员工的大型组织向完全地做自己转换是一个相当大的跳跃，我需要自己开发课程、制定教学大纲、学习如何教学，甚至需要学生帮忙做PPT。

我至今还清楚地记得自己第一天踏进教室，直接面对来自35个国家和地区的90名MBA学生的情形。站在这些才华横溢而又咄咄逼人的学生面前是一件可怕的事。讨论美敦力对我来说非常简单，但引导大家讨论一个关于英特尔的案例却是一个巨大的挑战。尽管如此，我爱上了教师这个职业，而且非常享受给学生提供指导，听他们讲述自己的梦想、希望和恐惧的那种感觉。

在瑞士的时候，我开始写作《诚信领导》一书，这是一段十分艰难却令人难忘的经历。从瑞士回到美国之后，我成为哈佛商学院一名全职管理学教授，同时在耶鲁管理学院开设了一门为期4个月的选修课。在哈佛，我讲授"领导和公司责任"，这是一门新开设的MBA必修课，除此之外，我还开设了一门名为"真诚领导力"的选修课，正是在教授这门课程的过程中我萌发了写作本书的念头。

如今的我非常庆幸自己能有机会不断成长，能够与正在领导之路上前行的领导者进行交流。在这个过程中，我还发现了领导者应有的一个新的使命：帮助培养下一代的真诚领导者。在美敦力，我每天都要紧锣密鼓地开 15 场会议。当我过渡到第三阶段时，我有了时间和空间来深入地思考，其中一件思考的产物就是我的第一本书——《诚信领导》。通过这本书，我意识到自己可以用写作让思路更明晰，并将其分享给其他人。我在哈佛商学院的 12 年是我生命中最具有创造力的时期，那里处处都充满生机。

讽刺的是，作为一个领导过许多组织的人，我竟然在过去的十多年里没有做过任何领导性工作。相反，我发现了领导力的新目标，即挖掘遵守自己的真北，并致力于为世界带来正面影响。在过去两年里，我专注于全球领导者的培养，这也是本书第 12 章的主旨。

可能你的领导旅程刚刚起步，或者在寻找新的机遇，又或者站在了组织的顶峰，但每一次领导经历都会让你成长，让你发现自己的真北。正如安进主席兼 CEO 凯文·夏尔（Kevin Sharer）所说的，"我们是各种经历的混合体。"当你完成一段旅程时，另一个新机会就会出现，你要利用自己在前一段领导旅程中学到的东西，将其应用到新的环境当中。如果你能够不断地接受自己，你的领导之旅就永远不会终结。

练习

回顾你的人生故事和真诚领导之旅

读完第 1 章之后，建议你回顾一下自己的人生故事和领导机遇。

1. 回顾早期的人生故事，哪些人、哪些事、哪些经历对你和你的生活产生了最大的影响？

2. 哪些经历最能激发你的领导热情？

3. 你人生早期所经历的失败和失望是否会限制你的发展，或者说你能否从这些经历中学到些什么？

4. 你是否需要在个人或领导力发展上做出调整？如果需要，应该如何调整？

第 2 章

人生故事指引真北的方向

金钱很诱人……不管你多么坚定地认为自己不会掉进金钱的陷阱，最终都逃不出它的手掌心。

——拉吉特·古普塔（Rajat Gupta） **麦肯锡公司前全球总裁**

　　所有人都会恐惧、焦虑和困惑，这些是人类心理状态的组成部分。通过了解我们的人生故事，我们开始认识并接受了这些状态。一个典型代表是星巴克 CEO 霍华德·舒尔茨。

　　尽管家境贫寒，舒尔茨依然学着尊重所有人。父亲在他心中的形象也发生了改变，从一位养活困顿之家的人变成了从未遇到过适当机会的失败者。最终，这些促使舒尔茨将星巴克打造成了一个让像父亲一样的员工为之自豪的公司。

　　不幸的是，有许多领导者都脱离了自己的人生故事，他们试图埋葬自己的过去，戴上新的面具。或者忙于追求金钱、名望和权力，却忽视了自己内在的动机。又或者他们过于脆弱，因为缺乏亲密的朋友帮自己反思自己的经历而感觉害怕。

　　否认或压抑你的人生故事，尤其是否认那些残酷的考验，压抑恐惧，可能招致非常严重的后果。它会放大你的阴暗面，潜移默化

地影响你的行为。很多领导者都因未能正视自己的阴暗面而迷失了
自己，偏离了真北。

麦肯锡丑闻：美国梦碎，落入金钱陷阱

拉吉特·古普塔曾是我的同事，我们在许多专业领域有过互动，
并曾在高盛、世界经济论坛和哈佛商学院顾问委员会等三个董事会
共事。我一直都认为他是世界上成就最卓著的领导者之一。他很
聪明，有悟性，也有很坚定的价值观。他与世界上许多关键人物
的关系都非常好，国家元首、大型企业 CEO 以及亿万富翁都和他
保持着联系。

在麦肯锡，他是唯一担任执行董事的非美国本土居民。在他掌
舵的 9 年里，麦肯锡的营收增长了 280%，达到了 34 亿美元，跃升
为国际巨头。除此之外，古普塔还是一名慈善事业的倡导者，并担
任了全球艾滋病、结核病和疟疾防治基金会的主席。不久之后，他
更是创办了印度商学院，担任了许多非营利性机构的董事。对于印
度社会来说，他是实现美国梦的榜样，是印度移民能在美国登上顶
峰的象征。

然而，2012 年古普塔遭到了 4 项犯罪指控，指控其在担任高
管职务期间向对冲基金帆船集团创始人拉贾·拉贾那纳姆（Raj
Rajaratnam）泄露了不得公开的内部消息。2008 年秋，他将高盛董
事会会议上所得到的特权信息泄露给拉贾那纳姆，让拉贾那纳姆利

用这些信息进行内幕交易。古普塔的最终上诉被美国最高法院驳回，他于 2014 年 6 月入狱。

为什么如此杰出的一位领袖，眼看着就要达到领导顶峰的时候突然就偏离了正确的轨道，而且速度如此之快？虽然我们永远不可能知道背后的故事，但我们可以从他的人生经历中一窥端倪。

古普塔出生于印度加尔各答。其父亲是一位记者，致力于印度的独立，曾不止一次坐过英国人的牢。当古普塔还是青少年时就遇到了生命中最大的考验。16 岁父亲去世，两年后母亲也撒手人寰，他需要独自承担起抚养弟弟妹妹的责任。在印度著名的德里理工学院修完机械工程学后，古普塔向哈佛商学院提交申请并被录取，于1973 年毕业，随后加入了麦肯锡。

我们可能永远都不会知道他为什么会越线，给拉贾那纳姆提供内幕信息。在审讯过程中，古普塔坚称自己无罪，说他是受害者；而拉贾那纳姆则因内幕交易等多项罪名被判处有期徒刑 11 年。有人认为他只是过于贪婪，并推测古普塔因其他同行在华尔街和硅谷赚了大笔钱而愤愤不平。尽管身家已达到了 1.2 亿美元，但古普塔似乎还不满足，他渴望得到更多。《纽约时报》2013 年的一篇文章猜测，"与拉贾那纳姆联手似乎是古普塔华丽职业生涯的收尾计划，这个计划不仅能够保证他在走下麦肯锡巅峰之后仍然保持绝对重要的地位，更能让他跻身亿万富翁精英圈。"

2005 年，古普塔在哥伦比亚大学的演讲中曾透露过他的意图，他说：

当我正视自己时，没错，我受到了金钱的驱使。要在这个社会存活下去，你就必须得到相当的物质财富。我很失望。我可能比过去更加唯物主义。金钱很诱人，你必须时刻提防，因为你拥有越多金钱，就会越习惯于舒适、宽敞的大房子，享受别致的度假屋，做任何想做的事情。不管你多么坚定地认为自己不会掉进金钱的陷阱，最终都逃不出它的手掌心。

理论上来说，古普塔坐拥一切。他有才华，担任着最受尊敬的全球性顾问公司的 CEO；他拥有财富；他是世界上最知名企业之一的董事会成员；他受人尊敬。人们崇拜他，敬仰他，然而这一切都没能填满他的欲望深谷。

多年来，古普塔和我进行过多次交谈，我们也曾在出席董事会会议时并肩而坐。他内心挣扎的迹象并不明显，但是很显然，身体里的恶魔慢慢地将他拽离了正确的轨道。他为自己的行为付出了巨大的代价，但他并不仅仅是一个简单的贪婪反例。直觉告诉我，当他十几岁的时候，残酷的考验和从未缓解过的困窘之境让他的内心伤痕累累，失去了财富安全感。因此，古普塔控制不住自己对财富的渴求，放任自己迷失方向。

为什么领导者会迷失真北？

所有人都应该扪心自问，这样的事情会发生在我身上吗？我能抵御金钱、名望和权力的诱惑吗？我有什么人格弱点会让我偏离真北？在什么情况下我容易迷失自己？

让我们先了解一下领导者如何在领导过程中迷失自己吧。为什么许多颇有潜力的人会在眼看就要到达领导顶峰的时候突然偏离正确的轨道？他们还能从失败的阴影中走出来，成为一名真正的真诚领导者吗？相信所有想要成为领导者的人都曾思考过这个问题。

因为那些在领导过程中迷失了自我的人往往并不一定是糟糕的领导者。他们完全有可能成为优秀的甚至是伟大的领导者，只是在这个过程中，他们在不知不觉中陷入了自己之前的成功所形成的陷阱，并逐渐在成功的光环中迷失了自己。对于这些领导者来说，他们从外界获得最多欢呼和奖赏的时候，恰恰正是他们容易迷失自己、偏离真北的时候。

那些只是为了获得高人一等的权力，赚到更多的金钱，或者是获得巨大名望的领导者往往会把身边的人看成一种自我满足或炫耀自己权势地位的工具。无论是在公开场合还是在私下里，他们总是有一种强烈的自恋情结。作为一名机构领导者，他们很容易相信自己就是这个机构，如果没有自己，整个机构就将无法运转。

在人们承担领导角色之前，他们首先应该问自己两个基本问题：

◎ 激励我领导的动力到底是什么？
◎ 我担任领导职位的目标到底是什么？

如果说第一个问题的答案是"权力、名望和金钱",那么领导者最终很可能因为这些因素而掉入陷阱。渴望获得这些外在的东西并没有错,但前提是,这种渴望必须与服务于比自己更伟大的事物的更深层次目标相平衡。如果没有更深层次的目标来平衡,让你有激情去领导,那么你就会偏离"真北"。下面让我们层层剖析这些领导者会在领导过程中迷失方向的根源。

第一层:由外向内脱离现实

注重外在满足而非内心满足的领导者很难脚踏实地。他们拒绝诚实的批评者,后者会举起一面镜子,说出真相。相反,他们的周围都是谄媚者,只说他们想听的话。久而久之,他们就失去了坦诚对话的视角和能力,人们也学会了不与他们正面交锋。哥伦比亚广播公司前主席比尔·佩利(Bill Paley)在职业生涯的后期,极端厌恶任何给他带来坏消息的人。因此毫不奇怪,他从下属那里得到的都是经过过滤的片面的信息。

第二层:由内向外拒绝承认失败

领导者之所以会表现出前面所说的那种倾向,很可能是因为他们内心深处害怕失败。许多领导者是通过将自己的愿望强加于人而爬到组织顶端的。到了组织顶端之后,他们就会担心自己是否已经成了其他人瞄准的目标。

在他们强势的外表之下,其实隐藏着一种巨大的不安全感,他们担心自己可能并不适合当前的领导职位，担心自己迟早有一天会被拆穿。

为了克服内心的这种恐惧，他们开始拼命地追求完美，拒绝承认自己的弱势和失败。一旦遭遇失败，他们就会试图掩盖或想办法说服身边的人，让他们相信失败并不是自己的问题。同时他们会在自己组织内部或其他组织中寻找替罪羊，让别人为自己的过失承担责任。在这个过程中，他们会借用自己手中的权力、个人魅力以及沟通技巧说服其他人相信自己，从而让整个组织看不到真相。最终，当一切都被拆穿之后，真正要承担后果的，还是他们所在的组织。

第三层：渴求由成功带来的特权感

害怕失败的另一面是永不满足的对成功的渴求。大多数领导者都希望能够率领自己的组织取得好的业绩，并从中得到相应的认可和回报。一旦取得成功，他们就会得到更多的权力，并开始享受随之而来的名望。

在这个过程中，成功很可能会冲昏他们的头脑，并让他们有一种特权感。一旦达到了权力的顶峰，他们就会有一种想要维持这种状态的欲望，因此他们很容易挑战极限，以为自己可以逍遥法外。

诺华制药 CEO 丹尼尔·魏思乐（Daniel Vasella）在 2002 年接受《财富》杂志采访时这样描述这个过程：

> 一旦你进入了这种循环，即便是不小心进入的……你就

会开始牺牲一些重要的，而且是从长远来看对你的公司非常重要的东西。

你之所以要拼命地推动这个循环，与其说是害怕失败，还不如说是渴求成功……因为对于我们当中的很多人来说，成为一名成功的管理者是一件十分令人心驰神往的事情。这种寻求赞誉的心态形成了一种信念，甚至是扭曲的信念。当你取得一些好结果的时候，你通常会接到来自各方面的祝贺，于是你很容易就会开始相信所有的恭贺都是为你而来的。这时你就会对外部世界理想化，你就会很容易相信他们所写的关于你的一切都是真的。

第四层：忽视内心真实声音，孤立无援

高处不胜寒。领导者知道自己最终必须承担起巨大的责任，知道很多人的幸福都掌握在自己的手上。一旦他们失败，很多人都会受到伤害。一些领导者只顾努力工作，以此忽视不断增加的压力。

他们能与谁一起分担自己内心的焦虑呢？他们很难向自己的下属或董事会成员袒露自己所面临的最大问题和内心最深处的恐惧。来自其他公司的朋友可能根本不理解他们所面对的挑战，而且公开讨论自己的困惑还可能会引发很多不必要的谣言。有时他们甚至很难跟自己的配偶或导师一起讨论这些问题。

由于这种来自内心的孤独感，很多领导者都会回避自己的恐惧，封闭自己的内心，他们试图回应外界给他们的压力，认为只要能应

对这些压力，一切都会好起来。但这些来自外界的声音经常会发生冲突，让他们难以应付，于是他们只好选择听从那些和自己观点相同的人的意见。正如苹果公司创始人史蒂夫·乔布斯（Steve Jobs）所建议的那样："不要让他人意见的噪声淹没自己内心的声音"。

与此同时，他们的职业生涯和个人生活变得越来越不平衡。由于总是害怕失败，他们开始把更多的精力投入工作中，他们甚至会说："工作就是我的生活。"

最终，他们与那些最亲近的人——他们的配偶、孩子以及最好的朋友开始疏远，或者他们会根据自己的喜好选择性地跟他们交往。慢慢地，这些小失误开始导致大问题，而这些问题都是无法通过努力工作来解决的。出现这种情况的时候，他们并不会想到去寻找睿智的建议，反而会开始给自己挖一个更深的洞。最终，当一切都崩塌的时候，他们就会发现自己根本无法逃避这一切。

"他们"到底是谁呢？可能是某位正在面临巨大压力的执行官，也可能是某位"由于个人原因"而被迫辞职的前任 CEO 或组织领袖。但"他们"也可能是你，或者是我们当中的任何一个人。我们或许并不会遇到如此严重的问题，但我们都可能迷失自己的方向。

5 种易偏离真北的领导者类型

我们发现，有 5 种类型的领导者容易偏离"真北"。一个根本的原因就在于他们没能完善自我发展的课题。

第 1 种是那些缺乏自我意识、缺乏自尊的冒充者；第 2 种是那些会偏离自己原有价值观的狡辩者；第 3 种是那些总是渴求赞美的名利狂；第 4 种是没能成功地建立自己的个人支持网络的孤独者；第 5 种是那些无法建立完整生活的流星人。你能从这 5 种人中找到自己的影子吗？这些特征是否会让你偏离自己原有的轨道呢？

冒充者（Imposters）

冒充者们往往都是通过各种手段在自己的组织当中平步青云的。他们深谙升官发财的秘诀，而且不会允许任何人阻挡自己前进的道路。他们大都是马基雅维利的忠实信徒，总是不遗余力地挖空心思往上爬。他们是最高明的政治动物，可以轻松地挖出自己潜在的竞争对手，然后逐个将其铲除。他们不喜欢自我反省，也很少会让自己变得更有自知之明。

亚伯拉罕·林肯曾经说过，"如果你想要考验一个人，那就给他绝对的权力。"在得到权力之后，这些冒充者们往往会缺乏足够的自信。他们不知道该如何使用这些权力。由于他们最擅长的就是内部争斗，所以他们会开始怀疑下属们是否也在时刻瞄准自己的位置。

失宠的美国领袖——纽约证券交易所前 CEO

在这方面，一个最具悲剧色彩的例子就是纽约证券交易所前任 CEO 理查德·格拉索（Richard Grasso）。格拉索从未上过大学，最初在交易所做文员，周薪 80 美元。但格拉索在此期间与纽交所的所有人建立了强大的关系网，最终攀上了世界上最强大机构之一的顶峰。与他作对可不是明智的选择，因为他报复心非常强。当他在竞选 CEO 并败于投资银行部的体制内候选人比尔·唐纳森（Bill Donaldson）时，格拉索愤愤不平。"我会保持沉默，"格拉索向一位朋友吐露，"时机一到，我就取而代之。"

在唐纳森于 1995 年退休之后，格拉索成了最瞩目的 CEO 人选。但他似乎对董事会怨恨已久，多年来他们对自己不公平对待，投资也慎之又慎，而且他们大多数人都出自常春藤盟校。随着纽交所越做越大，他觉得自己有资格享有和董事会成员一样的薪资，并且可以免于承担相应的风险。

2001 年 9 月 11 日，两架飞机撞上了纽约世贸中心，格拉索立即站出来，要求纽交所在 9 月 17 日恢复正常运作，速度之快出乎所有人的意料。他迅速成为美国面对悲剧之时的勇气象征。他的举动让他获得了董事会薪酬委员会的丰厚薪酬，比任何管理者和政府官员所得到的酬劳都高。

然而两年后，纽交所以 13 比 7 的投票结果要求格拉索辞职。发生了什么？原来，格拉索的权力欲和名望欲已经膨胀到了极其夸张的地步，他居然要求纽交所支付其高达 1.4 亿美元的退休福利金。而且他认为这笔高额的薪酬是薪酬委员会理应主动支付给自己的。

令人遗憾的是，美国当时需要的是一位伟大的公众领袖，而不是迫不及待捞钱的人。就这样，一位领导者因金钱而迷失了自我。

狡辩者（Rationalizers）

在组织之外的人看来，那些能自圆其说的人似乎总能置身事外。当形势的发展对自己不利的时候，他们就会归咎于外部原因或自己的下属。随着他们在组织中的地位不断提高，所面临的挑战越来越大，他们就会把压力转移到下属身上。当这种做法仍然达不到效果的时候，他们便会削减投入技术研究、企业发展计划，或者是组织建设等方面的资金，以便在短期内达到预定的业绩标准。最终，他们所在的组织不得不为这些短视的做法付出代价。狡辩者会预支整个组织的未来以实现短期的业绩目标，或者是篡改财务数据，并振振有词地表示自己很快就能将其变为现实。

不幸的是，他们的这些做法只会让组织的未来变得更加糟糕。于是他们转而采用一些更加冒进的策略，比如在季度销售额当中虚报未来的收入，或者是用库存来填充客户的仓库。当这些做法无法帮助他们实现预期目标的时候，他们就会采用一些更加孤注一掷的手段。最后，他们就会成为自己这些做法的牺牲品，并在这个过程中逐渐将整个组织拖入泥潭。

近些年来，狡辩者的做法越来越明显。20 世纪 90 年代股价飙升（原因是投资者对企业收入增长的幅度做出了过高的预期），使得许多 CEO 们为了迎合投资者的期待而不惜牺牲公司的长期利益。即便是在很多年以后，他们还是会为自己当初的做法狡辩，不肯为自己所引发的问题承担责任。正像沃伦·本尼斯所说的那样，**"否认和预测是妨碍我们认清现实的大敌。"**

短视将企业拖入泥潭——美国杰西医疗公司总裁

麦克·贝克（Mike Baker）与我一起于 1989 年加入了美敦力。他毕业于西点军校，在军队服役过 5 年，就职于银行业，并在芝加哥大学获得了 MBA 学位。他在美敦力的 8 年里，迅速从普通员工上升到一线位置。我和我的同事都认为他有潜力成为 CEO。他是一名出色的领导者，非常聪明，有着坚实的价值观。1997 年，他遭遇了第一次滑铁卢，被调到了新的职位。让我诧异的是，这件事情竟然让他萌生了离开美敦力的念头！

1999 年，他成为羽翼未丰的骨科医疗器械制造商杰西公司总裁。杰西公司在贝克的领导下取得了巨大的成就，收益和利润增长迅速，股价飙升。贝克被誉为医疗器械行业的新星。然而 2008 年 7 月 21 日，杰西公司的审计员发布了一份报告，声称该公司重新审查前 7 个季度，即 2006 年起的不动产及收益后，发现公司的确存在不当收益的情况。

这一结果与技术审计调整相比可严重多了。杰西医疗的股价瞬间下跌 40%，给股东造成了 7.58 亿美元的损失。后来，贝克和杰西医疗的首席财务官迈克尔·格鲁克（Michael Gluk）被指控虚报了 2005—2009 年季末交易的销售额与收益情况。2014 年 6 月，法院判定他们犯欺诈罪，并在对证券交易委员会和法庭宣誓时说谎。两个月后，贝克被判有期徒刑 20 年。他和格鲁克必须上缴 2 200 万美元非法收入。

贝克的遭遇让我如鲠在喉。这位看上去高水准的领导者，有着坚实的价值观和富足的家庭生活，却将在监狱里度过大部分余生。为什么会发生这样的事？讽刺的是，2006 年的采访中，他谈到了从失败中学习的重要性。他说："我总是对那些从来没有犯过错误的人感到怀疑，因为一旦出现失误，他们就会束手无策。每个人天生都会失败。每个人都会出问题。真正重要的并不在于你会失败多少次，而是你能否站起来，如何站起来，以及你能够从失败当中学到什么。"

我猜，贝克也许被自己的成功迷惑得太深。也许他定义自己的方式是资本净值，而不是自我价值。为了掩盖根本没有收益增长的事实，他做了虚假账目，而认知的扭曲刚好为他找到了借口，因为一旦事实曝光，杰西医疗的股价将暴跌，贝克的资本净值也将随之贬值。于是，他一直保持着这个计划，直到 2009 年东窗事发。他为他的罪行付出了极大的代价，也许他永远都无法回到正确的轨道上了。

我对贝克非常熟悉，所以我无法将他定义成贪婪或邪恶之人，只能说他是一位迷失了自我的领导者。我为他的罪行痛心疾首，但我必须代表公司追究他的法律责任。不公开承认自己的错误并承担后果，而是狡辩，将自己的错误合理化，这是任何一个人都有可能犯的错误。

名利狂（Glory Seekers）

名利狂总是会用外界对自己的评价来定义自己的价值。在追求成功的过程中，他们把自己的目标定义为金钱、声誉、荣耀和权力。在很多情况下，他们似乎觉得自己能否出现在"最有权势的商业领袖"名单当中比组织的长远价值还要重要。

他们对名誉有一种无法抑制的渴望。可由于这个世界上总是有人比他们更有钱，更出名，更有权势，所以无论取得了怎样的成就，他们总是无法满足。在内心深处，这些人总是感觉非常空虚。有时这种空虚甚至会让他们妒忌那些比自己更强的人，而在外人看来，他们似乎很难理解为什么一个如此成功的人还会去妒忌别人。

对荣誉上瘾——环法自行车赛"七冠王"

兰斯·阿姆斯特朗（Lance Armstrong）用他的自行车征服了整个世界。他对外号称自己是"癌症的幸存者"，并连续7次获得代表自行车界最高水平的环法自行车赛的总冠军，创造了环法历史上的奇迹。美国奥林匹克委员会曾4次将"年度运动员"的称号授予阿姆斯特朗。阿姆斯特朗的声誉不局限于体育界，他还是一名畅销书作家和励志演说家，其一手创立的"Live Strong 基金会"更是相关领域内最成功的慈善机构之一。

然而，他在 2013 年 1 月的奥普拉脱口秀中承认，自己在过去的 20 年里一直都在欺瞒大众。他坦白，"故事太过完美，并持续了这么久。这是完美的神话故事，一点都不真实。"阿姆斯特朗承认自己在比赛中使用了兴奋剂和禁用药品。他告诉奥普拉，自己试图控制生活中的每一个结果。

我是一个战士。当我被诊断患有癌症，接受治疗时，我就对自己说："我将尽一切可能活下去。"这个想法非常好。但是，用尽一切手段盲目地追求自行车赛的胜利，这个态度非常糟糕。

现在，我们都知道阿姆斯特朗不仅使用了兴奋剂，还不停地对公众说谎。此外，他还无情地攻击那些对他的表现持怀疑态度的人，其中包括美国环法冠军第一人格雷格·莱蒙德（Greg LeMond）。

在阿姆斯特朗陨落前，我还遇到过他，和他一起骑行踏青。回想起来，我还能看到他身上的积极品质，以及他在人道主义上的重要贡献。然而，他追求荣誉、金钱和成功的强烈感情让他越过了自己的道德和伦理底线。他对胜利的强烈渴望固然有助于他获得比赛的胜利，但也侵蚀了他的人格。用他自己的话来说，他是"一个相信自己无所不能的人"。事实证明，他并不是，没有人是。

孤独者（Loners）

孤独者会拒绝与其他人建立密切的关系，或者拒绝建立任何支持网络。他们相信自己可以，而且必须独立完成自己的工作。但与那些比较内向的人不同的是，孤独者经常会犯一些比较严重的错误。当没有达成理想的结果，人们开始对他们的领导能力提出疑问时，他们就会严阵以待，想尽办法击退质疑者。他们只是在生硬地追求自己的个人目标，经常意识不到有时恰恰是自己的行为妨碍了自己的发展。正是在这个过程当中，他们的组织开始陷入崩溃。

缺席破产清算会议——雷曼兄弟"末代"董事长

这是雷曼兄弟公司 CEO 小理查德·福尔德（Richard Fuld Jr.）的真实经历。从 2008 年的 3 月到 9 月，公司内外的亲密伙伴都曾警告过福尔德，公司负债过高，资金缺乏流动性，资本匮乏，很容易受到市场波动的影响。

美国财政部部长汉克·保尔森在这段时间与福尔德展开了近 50 次会谈，一直告诉他，雷曼兄弟公司"必须承认其损失，募集股本，加强资金流动性"。保尔森在他的书中写道："与福尔德的谈话让我非常沮丧。虽然我逼他接受现实，采取行动，但是即便我采取了强硬的措施，他还是油盐不进。"

由于雷曼兄弟公司濒临破产，2008 年 9 月 12 日，星期五，保尔森召集了这个大型投资银行的高管，阐明了雷曼兄弟公司的未决破产将会带来怎样的影响。福尔德缺席了这次会议，选择把自己关在了办公室，也许是期望政府能施以援手。他一直等待着，直到星期天晚上，美国证券交易委员会专员克里斯·考克斯（Chris Cox）打来电话，告诉他再也不会有任何救助了。

9 月 15 日凌晨，雷曼兄弟公司申请破产，福尔德和大部分员工都失去了工作，雷曼兄弟公司的股票失去了所有价值，引发了大萧条以来最严重的金融危机。

流星人（Shooting Stars）

流星人的生活完全是以工作为核心的。在旁观者们看来，流星人就像是一部永动机，总是在转动，总是在不停地向前赶。他们很少会留出时间给自己的家人、朋友、社区，甚至是自己。他们可以为了工作牺牲宝贵的睡眠和运动时间。随着流星人的步伐越跑越快，他们的压力也会变得越来越大。

流星人的事业发展极其迅速，以至于他们根本不可能有时间去从自己的错误当中学习。工作一两年之后，当手头的工作还没有任何结果的时候，他们便会开始追逐下一个目标。而看到自己引起的失误开始浮出水面时，他们的焦虑会逐渐增加，于是他们便迫切地希望转到下一个新的岗位上。如果上司没有提拔他们，他们就会转而投向另外一家组织。迟早有一天，他们会发现自己已经陷入了一片问题的汪洋之中。一旦到了这个时候，他们就会开始做出一些不理智的决定。

快速成就 vs 可持续增长——创业型领导的命运

在硅谷，对于风险投资家来说，趋势就是一种货币，所以企业家都会花更多时间经营自己的形象，而不是业务。

在过去十年里，硅谷的一家软件公司——yousendlt[①]，与Dropbox 和 Box.com 等文件共享企业进行过多轮风险投资。其 CEO布拉德·加林豪斯（Brad Garlinghouse）是媒体界的宠儿。他甚至

①一家致力于创意职业人士的在线文件共享云存储服务平台，后来改名为 Hightail。

重组了 Hightail 公司，并在接受《财富》杂志采访时称："我们想要以更广阔的视野观看世界将会走向何方。"Hightail 公司总是追求快速成就、公共关系和简单的解决方法，直到它急缺资金。

2014 年，加林豪斯离职之后，新上任的 CEO 立即解雇了半数员工，试图恢复公司的赢利能力。

在 Hightail 成立两年后，来自北卡罗来纳州首府罗利的企业家杰斯·利普森创立了 ShareFile 公司，并以可持续增长为该公司的核心价值观。他完全不依靠任何风险投资，仅靠 85 名员工就将 ShareFile 建立成了赢利的公司，并以 9 300 万美元的价格将其卖给了美国思杰公司（Citrix）。完成并购之后，利普森将 ShareFile 发展成了一个拥有 600 名员工的大型企业。如今的 ShareFile 已经赶超了 Hightail，而 Hightail 从外部投资者那里筹集到的资金总额已经达到了 8 300 万美元。

利普森的妻子也是一名企业家，两人都是当地企业家组织的主席。此外，他们创办了一个占地约 1 400 平方米，名为"罗利总部"的培育中心，旨在培养心怀梦想的下一代创业者。利普森由创业者转型为企业高管，现在他不再为了钱而工作，而是如他自己所说的，"受公司使命的激励而迫切地想为他人服务。"

领导者并非无所不能

我们前面描述的 5 种类型的领导者：冒充者、狡辩者、名利狂、孤独者和流星人，都会把自己看成一个无所不能的英雄。这种心态或许比较适合那些单枪匹马作战的音乐家、演员和运动员们，但对于一名领导者来说，这样的心态显然不行，因为通常情况下，想当英雄的人往往不懂得如何向自己的队友和下属授权。

在领导团队作业时，领导者的角色并不是吸引其他人追随自己，而是要懂得如何授权其他人进行领导。如果领导者只是一味地表现自己，他们就无法激励自己的团队达到最佳表现。

最终，他们的自我中心会让其他人无法肩负起必要的领导责任。毕竟，如果整个团队都是在为了领导者的面子而工作的话，他们为什么还要那么努力呢？

核潜艇工程师转型通用电气总助——安进公司主席兼CEO

夏尔在孩提时就梦想能追随父亲的脚步，成为一名海军飞行员。他就读于美国海军学院，但就在毕业前不久，由于没有通过视力测试，他的梦想破灭了。但是他很快从自己的挫折中恢复过来，开始申请加入海军内部的核潜艇项目。仅仅两个星期之后，他接受了该项目创始人、著名的海曼·里夫科（Hyman Rickover）将军的面试，并被顺利录取了。

加入核潜艇项目之后，他作为首席工程师在水下度过了5年时间，退役之后，夏尔加入了麦肯锡公司，并开始将公司的创始人马文·鲍尔（Marvin Bower）确立为自己的人生榜样。两年后，他终于得到了一个机会，开始进入通用电气担任杰克·韦尔奇的助理。

　　面试的时候，韦尔奇开门见山地问夏尔："我为什么要聘请你呢？你从来都没有承担过任何风险。"夏尔接过话来，告诉韦尔奇："在26岁的时候，我曾经开着一艘核潜艇逃离了俄罗斯的海岸线。"然后他决定挑战韦尔奇，于是问道："你除了用公司的钱去冒险之外，还冒过什么风险呢？"这句话让他得到了通用电气的工作。

　　在海军和麦肯锡的工作经历让夏尔很快适应了通用电气的工作强度。他在三十几岁的时候就成了总经理。回想在通用电气的日子，夏尔说道："通过观察韦尔奇的领导风格，我学到了很多宝贵的经验。"

练 习

你会迷失真北吗？

开始第 3 章之前，你可以通过以下练习，仔细考虑：是否从这 5 种迷失了自己的领导类型中找到了自己的影子？

1. 你是否曾经见过领导者迷失了自己的方向？你是否接触过这些领导类型中的某一种？

2. 你能否设想一下自己将来可能会在怎样的情况下迷失方向？

3. 你是否害怕失败？你是否担心别人因为你失败了而看不起你？你是否会有意无意地避免一些可能会失败的情形？你的失败经历会怎样帮助你实现自己的最终目标？

4. 你是如何渴望成功的？你对成功的渴望会怎样影响你在领导和职业生涯上的决定？你是否会有意无意地选择那些更有利于自己取得成功的环境？

5. 你准备采取哪些措施避免偏离自己的人生轨道？

第 3 章

磨炼是机遇，也是阶梯

磨炼是成为领导者的过程中最基本的要素之一。

——沃伦·本尼斯　《成为领导者》

　　大多数接受采访的领导者都经历过磨炼。心理学家亚伯拉罕·马斯洛研究发现，悲剧和创伤是人类最重要的学习经验来源，能让人类充分发挥自己的才能。磨炼能让人们了解到生活充满了不确定性，而自己手上的控制权少之又少。这一新现实赋予了人们挑战权力的传统假设，让人们明白自己必须在与世界打交道时展现出自己的力量。

　　磨炼期经常把领导者推向绝望、危机和怀疑的深渊。其中的痛苦和折磨也许会压倒领导者，但如果他们有足够的韧性抵御痛苦和折磨，他们就能从绝望中走出来，敢于自我反省，从而在自我发展的旅程中取得重大突破。

诺华制药奇迹：病人，医生，研发"救命药"

在我们的所有采访对象当中，诺华制药主席兼 CEO 丹尼尔·魏思乐所经历的事情，可以说是最为艰难、最不同寻常的了。魏思乐年轻时遇到过一系列极端严峻的考验，但最终他还是登上了全球制药行业的顶峰，他所走过的道路代表了很多领导者的经历。

魏思乐于 1953 年出生于瑞士弗里堡州（Fribourg）的一个中等收入家庭。还在很小的时候，疾病缠身的他就和医生打过很多次交道，这些经历后来激发了他想成为一名医生的热情。他第一次对医院的回忆可以追溯到 4 岁，那年他因为食物中毒而进了医院。由于家里没车，所以医生亲自到他家，用毯子把他裹起来，然后开车带他去医院……这次的经历给魏思乐留下了极其温馨的回忆。

由于患上了哮喘，魏思乐在 5 岁的时候就独自一人被送到了瑞士东部的山区，并在那里度过了两个暑假。他和自己的 3 个哥哥和表哥住在一起。那里的人都说罗马语，而这时的小魏思乐根本不懂罗马语，再加上他的表哥酗酒，对他总是冷言冷语，所以这 4 个月的时光对小魏思乐来说尤其难熬。

有一天，这位表哥在小魏思乐身上发现了几枚从邮局偷来的硬币。交还硬币时所感受到的耻辱极大地影响了魏思乐的一生。出于对魏思乐的怜悯，他的一位哥哥把一枚硬币放进了魏思乐空空的钱包，这件事同样对魏思乐产生了巨大的影响。

8 岁那年，魏思乐又因为患结核病，以及随后引发的脑膜炎，被送往一所疗养院住了一年。由于父母很少去看望他，孤独和思家之情让小魏思乐度过了非常艰难的一年。他至今还记得护士把他摁在手术椅上进行腰椎治疗时的那种疼痛和恐惧。

有一天，疗养院来了一名新医生，这位医生花了很长时间详细向魏思乐解释了整个腰椎治疗过程。魏思乐问医生他能否在做手术时抓住护士的手，这样他就可以不用再被摁在手术椅上。医生同意了。"奇怪的是，以往手术时所经历的疼痛一下子全没了。手术结束后，医生问我，'感觉怎样？'我立刻爬起来，用力抱住了医生。"魏思乐回忆道，"这些充满宽容、关怀和人性的做法给我留下了深刻的印象，并改变了我的人生方向。"

在自己的早年生活中，魏思乐的生活总是动荡不安。10岁那年，他18岁的姐姐患上癌症，两年之后去世了。3年之后，他的父亲也在一次外科手术中去世了。为了养活一家人，他母亲不得不到很远的地方打工，每三周才能回家一次。独自一人在家的魏思乐跟朋友们组成了帮派，打架斗殴也就成了家常便饭。这种情形一直持续了3年，直到他遇到了他的女朋友，女朋友的关爱最终改变了魏思乐的生活。

20岁的时候，魏思乐考进了弗里堡大学医学院。"疾病给我的家庭带来了巨大的影响，所以我决定成为一名外科医生，这样我就可以更好地理解什么是健康，能够更好地控制自己的生活。"他解释道，"疗养院里的很多医生都充满了同情心，他们成了我的人生榜样，我也希望自己能成为像他们那样的人。"

在医学院期间，魏思乐迷上了心理分析，这样他就可以更好地理解自己的早期经历。"我想要更好地理解自己，不想让自己感觉像是个牺牲品。"他说道，"后来我终于意识到，在很多时候，一个人并不总是能够控制自己的生活。"

正是在这一时期，魏思乐也开始意识到自己想要经营一家帮助人们恢复健康的组织，从而能够对更多人的生活产生积极的影响。在以优异的成绩从医学院毕业之后，魏思乐在伯恩和苏黎世大学住了一段时间，并最终成为一家医院的住院医师。后来他申请成为苏黎世大学医院的首席外科医生，可招聘委员会最终还是以"他太年轻"为由拒绝了他的申请。

虽然感觉有些失望，但这个结果并没有让魏思乐感到意外，他决定通过自己的领导能力扩大自己对医疗行业的影响。就在这个时候，魏思乐对金融和商业产生了浓厚的兴趣。他把自己的这个想法告诉了妻子的叔叔——当时在瑞士最大的化学公司山德士（Sandoz）公司担任CEO的马克·莫里特（Marc Moret），希望能够通过他进入商界。但莫里特告诉他："相信我，我知道领导一家公司的感觉是怎样的，你不会喜欢这种感觉的。"

莫里特令人泄气的回答反而更加激发了魏思乐的兴趣。他后来直接面见了这家公司制药部门的主管，后者派他前往山德士公司美国分公司担任销售代表，并答应随后可以让他担任产品经理。这样的安排让魏思乐有些犹豫，可他的妻子安娜·劳伦斯（Anne Laurence）告诉他："丹尼尔，放手去做吧。否则等你到了50岁的

时候，你的人生会有很多遗憾，那样你会很不开心的。"在美国的 5
年时间里，魏思乐的事业取得了巨大的发展，他也得到不断的提拔。

回到瑞士之后，魏思乐被安排到了山德士制药部门担任首席运
营官秘书，他的事业开始陷入低谷。"我的收入减少了 40%，每天
的工作就是写备忘录，以及处理上司的邮件。"

但没过多久，魏思乐就被安排去领导一个团队重新设计公司的
研发流程，这次的经历让他对药品的整个研发过程有了深入的了解。
他的出色表现让他成了公司的营销总监，并负责公司全球药品研发
的工作。当他的两位上司由于内部斗争被迫离开公司的时候，他被
任命为公司制药部门的 CEO。魏思乐非常喜欢这份新工作，这给了
他一个可以全面推动制药行业的好机会。

在上任不到两年的时间里，山德士与自己在巴塞尔的竞争对手
汽巴 – 嘉基(Ciba-Geigy)公司进行合并谈判。虽然魏思乐经验尚浅，
但由于两家公司都没能选出一个更强有力的 CEO 接替他，莫里特
最终还是提名他担任合并后公司的 CEO。汽巴 – 嘉基公司的管理层
对这一提名表示认可，同时双方也同意由汽巴 – 嘉基公司的 CEO
担任合并后的新公司诺华制药董事会主席。

上任之后，魏思乐的事业便开始进入了上升期。他感觉自己正
面临着一个绝好的机会，可以让自己建立一家能够拯救很多人生命
的全球性制药公司。

由于受到了童年时期遇到的那些外科医生的影响，魏思乐决定
在诺华制药建立一个讲求"关怀、能力与竞争意识"的全新的企业

文化。与此同时，通过在整个组织当中进行广泛地授权，他还在较短时间里迅速完成了两家公司的合并整合工作。

魏思乐时代的诺华制药推出了许多著名的新药。其中一种就是"格列卫"（Gleevec）。这种药是魏思乐在诺华制药的研发实验室里发现的。魏思乐发现，这种新药对那些患有慢性髓细胞白血病的患者具有显著疗效，但由于市场预测并不理想，公司当时并没有太重视这种药物。但由于此前已经亲自接触到很多"格列卫"用户，魏思乐对这种药物的未来充满了信心，于是他极力说服自己的团队，告诉他们这种新药必须在两年之内完成所有的 FDA（美国食品及药物管理局）审批程序，并以最快的速度推向市场。

"格列卫"只是魏思乐上任之后公司推出的一系列新产品中的一种。就任 CEO 以来，魏思乐果断地增加了公司的研发费用，并将公司的实验室搬到了美国的马萨诸塞州。这些举动很快让诺华制药成了世界上最大的全球性制药公司之一，魏思乐也成了行业内人所共知的激情领导者。魏思乐说他最大的满足就是能够率领诺华制药实现公司的使命。"童年时代的经历，父亲和姐姐的去世，还有那些生命垂危的病人们都对我产生了巨大的影响。"

作为一名 CEO，我有能力改变更多人的生活。我会听从内心的道德指针，去做一些自己认为是正确的事情。一个人在这个世界上最重要的成就就是发现自己到底为其他人做了些什么。

魏思乐不仅能够在面临最艰难的挑战时用一种积极而冷静的方式思考，而且能够在内心深处始终把诺华的用户放在第一位，能够做到这一点的领导者实在少之又少。

通过大胆的心理分析，重新认识自己，理解自己，魏思乐完成了从"我"到"我们"的转变，并意识到自己并不是想要成为一名充满怜悯之心的心理医生，而是要利用自己的领导能力解救成百上千万饱受疾病折磨的患者。

在磨炼中发现真北

阿瑟·米勒（Arthur Miller）在 1953 年有关萨勒姆猎巫事件的戏剧——《萨勒姆的女巫》（*The Crucible*）中普及了"磨炼"这个词。在戏剧中，约翰·普罗克托（John Procter）遭到诬陷，小镇的居民以绞刑威胁他，检测其对信念的忠贞程度。

磨炼将考验我们的极限，正如魏思乐遭受了危及生命的疾病考验一样。所有人都将经历磨炼，也许会如魏思乐一样异常痛苦，也许如高中时被社团拒绝一样非常普通。这些经历将会影响我们对生活和自我的认知。

沃伦·本尼斯在《成为领导者》写道，"磨炼是成为领导者的过程中最基本的要素之一。"

在我们人生中的任何一个时刻都可能遇到这种转变性的

经历。它可能如同曼德拉在狱中痛苦的转型经历，也可能是一位智者的点拨。但对于许多领导者来说，磨炼能让他们变得更加强大。

磨炼可能会在你人生的早期出现，如本人或亲人的患病或离世，父母离异，遭到同伴的排斥、拒绝或歧视，或是经历种种失败。如果置之不理，它们会让你感觉自己是一个受害者，甚至会让你丧失继续前进的动力而一蹶不振。尚未解决的愤怒、悲伤和羞愧会让你否定自己的经历，关上内心深处的窗户，回避难题和痛苦。

在往后的生活中，让一个人经历磨炼的原因是多方面的：工作上遇到了困境、受到了批评，甚至丢掉了饭碗；也可能是痛苦的个人经历，比如离婚、患重病或者痛失爱侣。而且大多数时候，这些考验都是在你最不希望它们出现的时候出现。

我的妻子彭妮就曾在 1996 年被确诊患有乳腺癌，那次经历让我明白，生活总会在你意想不到的时候给你沉重一击。

当你处于困境中时，很难从容地应对痛苦的经历，因为你只能感受到痛苦，根本看不到这些经历会给你带来的收获。要想顺利地通过这些考验，你必须相信自己，坚定人生目标，并鼓足勇气，聚集内在的力量来接受挑战。同时，身边最亲密的人给予的支持和肯定也能帮你更好地渡过难关。

没有人的生活是一帆风顺的，每个人都会经历挫折和失败。有些在别人看来微不足道的改变可能就会影响你的一生。磨炼是对你性格的真正考验，将给你带来变革性的体验，让你重新理解自己的人生。最终，当你回顾这些经历的时候能够汲取力量，让自己变得更加强大。

由牺牲品向主宰者转变——美国"脱口秀女王"

对于许多人来说，只有在有了一次刻骨铭心的经历之后，他们才能找到自己领导力的真正目标。奥普拉·温弗瑞（Oprah Winfrey）就是一个最好的例子。

有一次，一位名叫特鲁迪·切斯（Trudy Chase）的嘉宾谈到自己小时候受到性骚扰的经历时，温弗瑞突然情绪激动起来。"我感觉自己可能会失态，于是我大叫了起来，'停！停！马上关掉摄像机！'"但摄像师并没有停下来,他记录了温弗瑞情绪变化的这一幕。切斯的故事引发了温弗瑞痛苦的童年回忆。"就在这一天，我突然意识到，应该被责备的那个人其实并不是我。"她说道。

> 直到那一天之前，回忆的恶魔一直在毫无缘由地折磨着她。"十几岁的时候，我曾经是一个私生活混乱的女孩子，并因此陷入了很多麻烦。我相信这一切都怪我自己。可直到36岁那年，我才恍然大悟，'哦，原来是这样。'"

出生在单亲家庭的温弗瑞在密西西比州的乡下长大，自幼过着贫穷的生活。在她很小的时候，她的母亲为了找工作而搬到了北部。

"所以我只能跟外祖母住在一起。我想我之所以成为今天的样子，很可能就是因为这段经历。"但即便还是一个小孩子，温弗瑞就已经开始梦想着去过一种更加有意义的生活。

根据她的回忆，4 岁那年，她站在自家的门廊里，一边看着外祖母在一个大汽锅里给衣服消毒，一边告诉自己，"我绝对不能过这样的生活。我一定要过得更好，"她说道，"我的这种想法并非因为狂妄无知，而是因为我相信，我一定可以过上一种不一样的生活。"

温弗瑞认为是自己那不识字的外祖母教会了自己读书。"阅读像是为我打开了一扇大门，让我开始相信生活会有无数种可能。我从小就喜欢读书，感觉它们就像是帮助我通向外部世界的通道。"她至今还记得自己 3 岁时在教堂读圣诗的情形，正是这段经历给了我充分的自信。

> "所有坐在前排的修女们都告诉我外祖母，'依达，这孩子很有天分。'这种话听多了，我便开始信以为真。虽然我当时并不知道天分是什么意思，但我想她们一定在说我是个很特别的孩子。"

9 岁那年，温弗瑞搬到了密尔沃基跟母亲住在一起，也就是在这里，她的表兄强奸了她。在和母亲住在一起的 5 年当中，她又多次受到了其他家庭成员和朋友们的性骚扰。"这种事情总是没完没了，以至于我开始告诉自己：'或许生活本来就是这个样子。'"14

岁那年，她早产生下了一个孩子，而孩子只活了两个星期就夭折了。

　　和大多数人一样，温弗瑞刚开始时只是想要追求自己的个人成功。她上了大学，并在此期间第一次得到了一个参加广播节目的机会。"刚开始的时候，我感觉非常不适应。"她解释道，"我想要模仿芭芭拉·沃尔特斯（Barbara Walters），可我看起来根本不像。同学们嘲讽我，她们都叫我'抄袭鬼'。我当时的回答是，'是的，可至少有人愿意付钱看我抄袭。'"

　　时至今日，温弗瑞已经构建起了世界上最受尊重的媒体帝国之一，她拥有了自己的制作公司，她为自己的制作公司取名为 Harpo，也就是将她的名字颠倒过来。直到采访特鲁迪·切斯那天，温弗瑞才真正意识到自己有一个更大的使命。

　　自从童年的那段经历之后，温弗瑞总是想要取悦身边的人，从来不敢拒绝别人。直到这次采访后，她才意识到了自己为什么会有这种心理。从那以后，她的人生目标便超越了自己的个人需要，开始延伸到帮助其他人，尤其是年轻女性，并助她们取得成功。

　　"我总是在寻找爱和关注，总是希望别人能够告诉我，'是的，你很有价值。'可我生命当中最重要的一课就是我意识到我只需要对自己负责就可以了。我活着并不是为了取悦其他人，而是要听从我内心的呼唤。"

　　当有人问温弗瑞她的节目主题是什么的时候，她告诉对方："我所要传达的主题一直都没变：我希望我所做的一切能够帮助人们更早地接收到这一信息，你只需要对自己的生活负责。"

温弗瑞的故事在许多真诚领导者中有一定的代表性。如果有人认为自己只要小心翼翼避免挫折就可以毫无困难地度过一生，那这种想法简直太幼稚了。生活并不总是公平的。往往只有在那些比较艰难的时候，人们才会意识到，真诚领导者的主要目标并不是要一味地实现自己的个人价值，而是要激发身边的人取得最佳的表现。

我刚开始的时候只是把温弗瑞看成一位电视名人，却忽略了她本身所拥有的领导力以及她对观众的生活所产生的影响。在 2004 年挪威奥斯陆举行的诺贝尔和平奖颁奖晚宴上和她聊了 3 个小时之后，我发现她非常渴望能够对成百上千万观众的命运产生积极的影响，并且希望能够鼓励他们对自己的人生担负起责任。

离开奥斯陆之后，温弗瑞前往非洲，给那里的人们送去了一飞机的图书和补给品，并先后投资 3 000 万美元在那里兴建了一所专为年轻女性提供教育的学校。

考虑到温弗瑞年轻时遭受过的虐待和贫穷，我们会认为她很容易将自己想象成一件牺牲品。可她最终还是成功地用一种积极的方式诠释了自己的经历，并完成了一次自我超越：她首先对自己的生活负起了责任，并意识到自己有义务去鼓励别人对自己的生活负责。

只有获得了一些真实的经历之后，我们才会真正地找到自己在这个世界上的位置，也只有这些经历才能帮助我们理解为什么在实现理想的道路上前行是那么艰难。

逆境中将伤痛幻化成珍珠——坠机幸存者到商界领袖

本书初版出版之后不久，我收到了一封信，让我惊喜不已。

亲爱的比尔：

35 年前，我经历了人生炼狱。我和 45 名朋友一同搭乘飞机，经过安第斯山脉上空时飞机出现故障，我们只能迫降；海拔 4 000 多米的山上没有水，没有食物，人们甚至开始自相残杀，是的，他们在吃人！ 72 天以后，我们终于得到了营救，当时还剩 16 个人没被吃掉。

在那场考验中，我找到了明确的真北：只要能多活一天，就应该过好每一天。此外，我还明白，我们之中没有怪人，也没有英雄。幸存的人并不比逝去的人强。换作任何人碰到如此遭遇都会做同样的事情。

35 年了，这件事从来没有阻碍过我的发展，我拿到了斯坦福大学的 MBA 学位。但我绝口不提曾经的苦难。现在，我开始仔细地回想这件事情，将它与我的商业生涯联系起来。在拜读《找到你的真北》的过程中我受到了启发，想和你分享我的经历。也许它能够让我获得更多知识，也希望能对别人的事业有所帮助。

致以诚挚的问候。

佩德罗·阿尔戈塔

收到阿尔戈塔的信之后，我邀请他到我的 MBA 课堂上与学生一起分享了他的经历。他所讲的故事和展示的图片深深地震撼了这些学生。2013 年，他再次回到我的课堂，分享了 5 年间对曾经的"炼狱"的新认知，并指出了大多数人应对艰难考验的 3 种方式。

1. 总是回忆过去，时常指责他人，过着愤怒的生活；

2. 即便内心深处还仍留有记忆和痛苦，也要照常地过好每一天，就像什么都没有发生过一样；

3. 利用这些经历，将伤痛幻化成珍珠。

他分享了珍珠与牡蛎的故事：当小沙粒进入到牡蛎体内，牡蛎的自然反应就是分泌出一种物质——珍珠母将沙子覆盖起来，以此让伤口愈合，日复一日，就形成了一颗美丽的珍珠。你希望将伤口化成珍珠吗？如果是，那你就需要对这些艰难的考验进行加工，领悟其深意，将其变成一次自我成长的机会。

从抗癌到帮助他人重启人生——美国白血病和淋巴瘤协会发言人

泰勒·卡罗尔（Taylor Carol）是一名地道的美国大学生，直率、勤恳、热爱运动、非常受欢迎。然而多数人不知道的是，他在 11 岁时曾被确诊为癌症晚期。

在棒球赛中被棒球砸中之前，泰勒只是一名普通的 11 岁小男孩。但是伤口迟迟没有愈合，他总是昏昏欲睡。父母看到小泰勒的状态非常担心，便带他到附近的一家医院做了血液检查。当父母拿到检验单，看到白细胞计数时，当即把他送进了儿童医院。经过数日的测试，得到的结果真实且无法回避——泰勒患有罕见的白血病，普通的治疗根本无济于事。医生告知泰勒及其父母，孩子只剩下两周的时间了。

泰勒的父母无法接受这一诊断结果，便举家搬到了西雅图，让泰勒前往西雅图儿童医院接受布莱恩·德鲁克（Brian Drucker）和保罗·卡本特（Paul Carpenter）的治疗；这两位医生分别是诺华制药格列卫的发明者和哈钦森癌症研究中心移植物抗宿主病方面的著名专家。接下来的两年里，泰勒经受了常人无法想象的痛苦：接受一名27岁德国捐赠者的骨髓捐赠，进行了骨髓移植；抵抗移植物抗宿主反应；完全隔离；无法进食、行走，甚至不能长时间说话；服用大量止痛药以抵御极度的疼痛。

对泰勒来说，最大的打击是最好的朋友克里斯蒂安的去世。泰勒描述自己当时的心情时说道："我的信念被克里斯蒂安的死亡打破了。为什么他死了，而我却还活着？我很恼火上帝带走了克里斯蒂安。我迷失了自己。"但泰勒用自己的声音将自己带了回来。他与马修·墨西拿（Matthew Messina）一起创作了歌曲《真正的勇气》（*True Courage*），并在西雅图儿童医院的百年纪念典礼上演唱了这首歌。

时间慢慢地过去，泰勒渐渐地恢复了健康。不过那时他已经离开学校4年，辅导员建议他跳过高中，直接获取同等学历。不过，泰勒却想要上哈佛大学。以此为目标，他奋力将失去的时间弥补起来，最终被哈佛录取。如今，他担任了美国白血病和淋巴瘤协会的发言人，周游列国，通过演唱和演讲为癌症研究募集资金。

当回忆自己与晚期癌症做斗争的经历如何影响自己的人生时，泰勒说道：

> 战胜癌症之后，我决定用自己的歌声、言语和每一丝生命的力量来帮助世人战胜这种可怕的疾病。过去的 7 年里，我有幸募集了 1 000 万美元，但我深知这只是开始。作为一名歌手和作曲家，我渴望用自己的声音和话语改变这个世界。

创伤后更能激发领导潜力

如果你处理事情的方法与阿尔戈塔所描述的前两种类似，始终对艰难的考验愤愤不平或将其掩埋，那你可能会出现创伤后应激障碍（PTSD，即 Post-traumatic Stress Disorder）[①]。患有创伤后应激障碍的人经常在记忆或梦中反复、不自主地涌现与创伤有关的情境或内容。

许多人会长期或持续性地极力回避与创伤经历有关的事件或

---

① 指个体经历、目睹或遭遇到一个或多个涉及自身或他人的实际死亡，或受到死亡的威胁，或严重的受伤，或躯体完整性受到威胁后，所导致的个体延迟出现和持续存在的精神障碍。

情境，认为"那是过去的事情，我不想再提及"。问题是，你不可能埋葬这些残酷的考验，因为记忆将永远和你在一起。如果你像阿尔戈塔一样回避所有想法和讨论，那你在以后的生活中回忆这些考验之时就会有不一样的收获，也能避免让你失常的高压反应。

新研究表明，创伤经验虽然会导致创伤后应激障碍，但也可以促进"创伤后成长"（PTG，即 Post-traumatic Growth）[1]。与阿尔戈塔的"珍珠与牡蛎"的故事类似，如果患者认识到了生活的不确定性，敢于向作为人类而生存的基本原则敞开心胸，就能促进创伤后成长。同时，患者也需要具有自我意识和个人变革的欲望。此外，创伤后成长还会让你意识到自己应当为自己的选择承担全部责任。

真诚领导力研究院的创始人尼克·克雷格（Nick Craig）在他的"磨炼课堂"上详细地阐释了如何实现创伤后成长。他鼓励所有学员都改变自己的"受害者心态"，把自己当成幸存者，运用从中所学的经验提升自己，让自己的事业和人生走向积极的一面。

下面让我们看些例子，了解真诚的领导者如何实现创伤后成长。

破产后成为竞争对手公司 CEO——Vitesse 培训公司创始人

菲利普·麦克雷（Philip McCrea）前 35 年的人生无可挑剔：家庭美满，朋友众多，工作业绩出色。高中时期，人们调侃他总是能让事情按照自己的意愿发展，故而给他取了"完美先生"的称号。

30 出头，麦克雷便创办了其前公司 C3I 的衍生公司——Vitesse

---

[1] 指在与生活中具有创伤性质的事件或情境进行抗争后体验到的心理方面的正性变化。

培训公司，专注于制药公司的自动化软件教学。虽然公司的销售额突破了 1 000 万美元大关，然而利润却非常微薄。

虽然许多领导者都打心底惧怕失败，但他们却从失败中学到很多。2004 年，麦克雷接受采访时有人问他是否失败过，他回答道："当然，我没有面对过灾难，也没有搞砸过哪家公司，或者因为公司表现不好而关门大吉。"但是他补充道：

> 然而，我要从永远的乐观主义者变成现实主义者，保证每一个决策都能有一个平衡的结果，而不是去假设一个乐观的结果。我在做决策的时候过于乐观，认为我们一定会取得成功，而且我很喜欢挑战难题，以为靠自己的力量就能解决所有问题。其实我自己的能力非常有限，我必须与别人讨论，寻求别人的帮助，才有可能达成目标。

Vitesse 公司经常面临资金短缺的问题，在商业经验上付出的成本远远超过了软件开发成本，因而麦克雷的家人和朋友经常提供资金资助他。2005 年秋季，麦克雷意识到 Vitesse 公司已经失去了资金来源，于是与一家加拿大公司合并，并承诺降低 35% 的软件开发成本。麦克雷持有 30% 合并后公司的股权。

但合并进行得并不顺利。成本不降反升，客户关系也日渐恶化。加拿大公司的所有者最终拒绝了麦克雷的合并建议，麦克雷意识到这些问题将无法得到解决，便在 2006 年提出辞职。

6 个月后，Vitesse 公司宣布破产，麦克雷手中的股权变得一文不值。他解释道：

> 这是我人生中第一次经历重大的个人失败。它却让我获得了最大的成长，因为我不得不直视镜中的自己，接受我的失败。我知道人们仍然爱我，还有许多商业机会，很多梦想都还有机会实现。

麦克雷还表示，事业上面临的问题对他的婚姻也有很大的影响：

> 那个时期的我让人难以忍受。尽管我不愿意承认，但我的确非常沮丧。我变得很容易发怒，逮着人就破口大骂，特别是我的妻子。她一直都支持我，我却把她当成避雷针，把所有不快都撒在她身上。幸好，这并没有对我们的关系造成永久性的损害。

辞职之后，麦克雷休了 6 个月的假，反思自己的经历，并决定接下来该怎么做。当他意识到自己打心底想要成为一名企业家时，便决定进入前公司在医疗保健培训系统的竞争对手 ClearPoint 公司，并迅速成了该公司的 CEO。

从那时起，麦克雷就用他从失败中吸取的教训来组建新的组织。他与一个强大的业务伙伴合作，让公司的资产负债表留有回旋的余地。他反思道，"虽然我厌恶在 Vitesse 公司的每一分每一秒，但是那些经历让我更加稳重，经验更加丰富。"

癌症愈后中年觉醒重组企业——钢琴制造商施坦威CEO

28 岁那年，麦克尔·史威尼（Mike Sweeney）突然发现自己患上了睾丸癌。他说，从某种角度来说，我想推荐所有人都去体验一下睾丸癌。如果要得癌症，不如就选择睾丸癌，因为这种癌症在多数情况下都是可以治愈的，而癌症则会让你从一种不同的角度思考自己的人生。

史威尼描述了自己第一次发现自己患有癌症时的经历：

> 一天早晨，当我醒来之后，我几乎没法从沙发上站起身来。我感到一阵以前从来没有经历过的沮丧。这并不是心理上的问题。我根本无法站立。第一次有这种感觉的时候，我感到房间里一片死寂。突然间我意识到，天哪，我真的会死。在那之前我脑子里从来没有出现过死亡的概念。

这次经历彻底改变了史威尼的思考方式，促使他开始更好地理解自己，重新思考自己的职业和人生。

> 不能从沙发上站起来的感觉让我惊恐万分。我开始思考自己到底想做什么，人生当中真正有意义的东西是什么，思

考自己想要和谁一起度过。我见了一位心理分析师，和他谈起癌症并不是一个生理问题，而是一个情绪问题。癌症让我对眼前的一切有了更加清醒的认识。

史威尼的父亲告诉他，既然癌症已经治愈了，他就应该忘掉这一切，重新开始工作。"我感到问题并不那么简单。我开始问自己，在我的工作和生活中，到底什么才是真正重要的。这并不是说我没有那么有野心了。我只是希望自己能够从人生中获得一些不一样的东西。我想创办一家能够让所有人都和我一样幸福快乐的公司。当你的亲人去世的时候，你也会有同样的感觉。"

史威尼在 50 岁的时候经历了第二次大觉醒。在中型私人股权公司成功担任了 10 年管理合伙人之后，他表示，"50 岁生日是人生中第一个关键的生日。"

我意识到自己只想在那些有不一样产品或服务的公司工作。与其在私人股权公司采取"不直击要害"的行动，我宁愿在前线奋战。于是，我担任了《明星论坛报》（*Star Tribune*）的主席，因为我觉得新闻和信息传播是社会生活中必不可少的。要想恢复报纸的赢利能力，我们必须建立新的商业模式，用新的内容重新建立订阅销售渠道。

我们还找到了明尼苏达森林狼队的总经理格伦·泰勒（Glen Taylor），让他担任报纸的新老板。回想过去，与充满才华的团队一起工作，一起追寻梦想，是我职业生涯中最美好的经历之一。

从《明星论坛报》退休以后，史威尼出任了施坦威的 CEO。他说，"这家公司冒着失去让它繁荣的本质的危险，以金钱为运营目的，真是难得一见。"在重组施坦威之前，史威尼必须重新组建已经无法正常运行的董事会；董事会成员之间早已互不相容。为了重组公司，他获得批准，将公司卖给了对冲基金投资家约翰·保尔森（John Paulson）。

保尔森意识到施坦威不仅是一笔重要的金融资产，更是文化群体关键的组成部分，所以我答应他留下来担任 CEO。现在，我们正在发展施坦威的全球性业务，也保留了那些能够制作出最精良钢琴的工匠。对我来说，这是一个贡献自己的独特时机。

当你像麦克尔·史威尼一样面临生死问题的时候，你就会开始认真思考人生中哪些东西才是真正重要的，你的真北就会变得异常清晰。这些经历彻底改变了史威尼的思考方式，促使他开始更好地理解自己，重新思考自己的职业和人生，在职业生涯中始终坚持自己的真北。

回馈社会为纪念爱女——美国最佳领导人之一

当你第一次遇到卡尔森（Carlson）公司 CEO 玛丽莲·卡尔森·内尔森（Marilyn Carlson Nelson）的时候，相信你一定会为她的热情、对生活的热忱态度以及乐观心态所感染。内尔森相信，"只要能够激励人们站起来，担负起领导责任，一切问题都能迎刃而解。"

但内尔森的经历远比我们想象的复杂。在接受采访时，她动情地向我们讲述了自己初闻女儿去世时的情景："好像发生在昨天一样，一天早晨，丈夫和我听说我们只有 19 岁的女儿朱丽叶因车祸离开了我们。"

> 这是我们人生中所经历过的最大考验，是对我们的信念和我们的个人关系的考验。我当时一下子陷入崩溃的边缘甚至开始痛恨上帝。但是信念让我懂得每一天、每一条生命都是弥足珍贵的。
>
> 我决定让自己以后的人生变得更有意义，把朱丽叶没有机会度过的时光用到更有意义的事情上。我的丈夫和我发誓要竭尽所能地回馈社会，让人们的生活变得更美好。我们都是普通人，我们的人生都是如此短暂……

女儿离开后不久，内尔森就全职加入了卡尔森公司，并开始带领公司的 15 万名员工用一种极其个性化的方式为客户提供服务。

20 年过去了，她至今忠于自己当初立下的誓言：要让人们的生活变得更美好。2006 年，内尔森被《美国新闻与世界报道》评为"美国最佳领导人之一"。

女儿的死亡给内尔森造成了巨大的创伤，让她重新思考人生和领导到底意味着什么。带着新的使命感重新审视这次悲剧后，内尔森将领导目标调整为为他人服务和解决社会难题。她总结道："业务若经营得当，会是一股有利于世界的力量。"

领导的真谛：帮助他人做得更好

我也是在经历了一系列的挫折之后才最终改变了领导风格。在我很小的时候，我的父亲就经常鼓励我要成为一名领导者，我想部分原因可能是为了弥补他自己的失败吧。可不管我怎么努力，还是没有一名同伴愿意跟随我。高中时代竞选校学生干部失败之后，我开始试图加入一些学生组织，可最终还是大败而归。

受到多次打击后，我发奋图强，考上了佐治亚理工学院，希望能够在一个没有人认识我的地方重新开始。就好像冥想专家让·卡巴特·兹恩（Jon Kabat Zinn）写到的那样，"处处皆可获新生（Wherever you go，there you are）"。

屡遭挫折之后，我意识到：除非能主动改变自己，否则我永远不可能逃离自己的过去。我 6 次竞选兄弟会主席，6 次失败。我并没有弄清楚为什么别人不愿意跟随我。

就在这时，几位高年级学生接纳了我，并向我提供了一些很好的建议。"比尔，你是个很有能力的人，但你总是想要超过别人，而不是去帮助别人做得更好。所以没有人愿意跟随你。"虽然这句话让我感觉非常难堪，但我还是在心里记住了他们的建议。我和同伴们讨论我在哪些地方做错了，并告诉他们我准备如何改正。

最终变化发生了，可供我选择的领导工作甚至让我有些应接不暇，最令我感到高兴的是，曾经拒绝过我的那群人竟然推选我为兄弟会主席。

用支持与信念抵御不确定性

我们无法预料到生活中将要发生的事情。二十几岁时，我经历了人生中最大的两次挫折，然而我并没有做好充分的准备。它们让我接触到了生活的痛苦和不公，更看到了生活的真谛。

从哈佛商学院毕业之后，我进入了美国国防部，感觉自己站在了世界的顶端。我非常热爱我的工作、朋友和新环境。但就在 4 个月后，我接到了父亲的紧急电话，他哽咽着告诉我，那天早上母亲心脏病突发，与世长辞了。我的母亲给了我无条件的爱，是我的榜样、支持者和盟友，是我在世界上最亲密的人。

我永远都忘不了那天下午回到家，父亲脸上的表情。看着他的眼睛，我能感觉到他接受不了母亲的去世。我必须把父亲当成孩子来照料。从某种意义上来说，我在那天同时失去了母亲和父亲。

　　母亲去世后不久，我谈了恋爱，并且很快就订婚了。然而在婚礼前几周，我的未婚妻突然头痛得厉害，出现复视的问题，甚至失去了平衡感。我很担心，于是带她去拜访了一位著名的神经外科医生，并让她做完神经系统检查之后留院观察一周。所有检查结果都表示她没有任何健康问题，但是头痛却一直困扰着她。神经外科医生平静地告诉我们，未婚妻是因为结婚的事情而出现了情绪紊乱，建议她看心理医生。

　　我的直觉告诉我，这是误诊。我的未婚妻一定遇到了很严重的问题，但绝对不是心理问题。当时我很绝望，但不知道该去哪里求助。离婚礼只有3个星期了，我们还没有发出一张请柬。星期六晚上，我们互通了电话，完全不知道接下来该怎么办。第二天早上，我去了教堂，向上帝祈祷，希望他让我的未婚妻尽快恢复。回到乔治城的大房子里，窗帘拉着，房间里黑漆漆的，这种状况出现在八月份明媚的早晨似乎有点奇怪。

　　有一天一位朋友突然来拜访我，起初他什么都没说，只是让我到起居室先坐着。我立刻想到了最糟糕的情况，尖叫起来："人没了，是吗？"他点了点头，肯定了我的猜测，一时间震惊和灼烧般的疼痛如同海水一样将我淹没。就在那天早上，我的未婚妻因为恶性脑肿瘤在她父亲的怀抱里去世了。她的去世让我感到一种难以置信的震惊，一种前所未有的孤单笼罩着我。如果不是朋友在那一天和以后的几周里一直陪伴着我、支持我，给了我最大限度的爱，我可能会颓废终生。我永远都感激他们。

　　在人生中最关键的时刻，人很容易陷入痛苦和沮丧之中，甚至丧失自己的信念。在遭遇个人危机的时候，信仰的力量能让伤口愈合，朋友的支持也一样可以。很幸运，我能同时拥有两者。他们一起让我对未来充满了希望，让我不再为未婚妻难过的时候埋怨自己。

　　这些事情虽然都是悲剧，但是它们让我敞开心扉，去思索生命的深层含义，并让我深思自己这一生能为别人做些什么。我还意识到，人生中还有许多事情是我们无法解释的。保罗在《哥林多前书》（ Corinthians ）① 第 13 章 12 节中写道："我们如今仿佛对着镜子观看，所见的事物都是黯淡不清的。总有一天我们要面对面看见主，不会有阻隔。"

　　有时候，生活关上一扇门，就会开启另一扇。在未婚妻去世几个月后，我有幸遇到了我的妻子彭妮。她给予我无限的关爱与慰藉，我们坠入爱河，并在一年以后结婚了。

　　彭妮的支持将我的悲剧转化成了创伤后的成长机会。遇见她是我这一生中最美好的事情。她不仅是一位出色的妻子和母亲，还是我的一位了不起的心理顾问，让我在创伤中成长。

　　我们最近庆祝了结婚周年纪念日，对于我们来说，携手共度一生是最幸福、最快乐的事情。

———————

① 全名是《保罗答哥林多人前书》，是保罗为哥林多教会所写的书信。

练习

你曾面临哪些磨炼？

读完第 3 章之后，不妨回顾一下自己的生活，回忆一下那些曾经带给你最大压力或挫折的经历。

1. 写出你经历过的最大的挫折，从下面的角度描述它们：

◎ 你当时有何感受？

◎ 你当时向谁寻求帮助？

◎ 你当时是如何解决这些问题的？

◎ 这些经历对你产生了怎样的影响？

2. 你准备如何用这些经历完整地理解并重塑你的人生？

3. 这些经历是否在某种程度上妨碍了你的职业发展？

第二部分

培养真诚领导力，
找到你的真北

培养真诚领导力需要注意 5 个领域：自我意识、价值观和原则、最佳平衡点、支持团队以及整合式生活。你需要不时地更新这一指针，并且通过不断的学习调整自己的方向。当指针的每一个部件都运转良好时，它就会直指你的真北。

培养真诚领导力的 5 个关键领域

表 II.1 培养真诚领导力的关键挑战

自我意识（Self-Awareness）	我如何通过反省和反馈来提高自我意识？
价值观和原则（Values & Principles）	我坚守的价值观是什么？我用哪些原则指引自己的领导工作？
最佳平衡点（Sweet Spot）	如何在个人动力与核心能力之间找到最佳平衡点？
支持团队（Support Team）	在前进的过程中，我可以向哪些人寻求指导和支持？
整合式生活（Integrated Life）	如何整合生活中的各方面，并从中获得成就感？

真北 领导的目标

第 4 章

发展自我意识

认识你自己。

——公元前 6 世纪刻在希腊德尔菲神庙上的箴言

　　自我意识是真诚的基础，也是指针的中心。你可以通过了解人生经历、理解考验和挫折的深层含义来发展自我意识。要想做到这一点，你必须在最深的层次上认清自己。虽然这并不是一件容易的事，但这是成为领导者的必经之路。以自我意识为基础，你可以接纳自己，最终达到自我实现，挖掘自身最大的潜能，取得非凡的成就。

《赫芬顿邮报》的灵魂：社会渴望重新定义成功

　　2007 年是阿里安娜·赫芬顿（Arianna Huffington）职业生涯的快速上升期。创办了《赫芬顿邮报》之后，她的知名度迅速上升，登上了多家热门杂志的封面。《时代》周刊甚至将她评为"世界 100 位最富影响力的人"之一。然而，这一年的一段经历给她敲了警钟。有一天赫芬顿因过度劳累而摔倒，撞到了桌角，流血不止。她说道：

　　我摔倒之后，脑袋磕到了书桌上，左眼眶缝了好几针，颧骨骨折。我从这个医生手上转到另一个医生手上，做了脑部核磁共振和 CAT（轴向计算层析成像技术）检查、观察了心电图，检查是否存在除了疲劳以外的潜在健康问题。当然，结果证明我没有任何问题。但是我在候诊室等待的时候，深深地思考了自己想过什么样的生活。

这次摔倒的经历迫使赫芬顿直接面对人生的现实。

　　我每周工作 7 天，每天 18 个小时，耗费心血想要建立强大的业务网络，扩展覆盖面，引进投资。我的生活已经脱离了控制。按照传统概念用金钱和权力作为衡量标准，我是非常成功的，但从健全的角度来说，我的人生并不成功。我不能一直这样下去，必须从根源改变一些事情。

赫芬顿的人生并不是一开始就在快车道上。她出生于希腊雅典，与母亲和妹妹住在一个单间公寓里。父母在她 11 岁时分居，但是一直都没有离婚。回想过去，她认为父母对她影响非常大：

　　我的母亲靠的是自学成才。她从来没有让我们感受到环境对我们的限制，总是鼓励我们追求自己的梦想，即使我们失败了，她的爱也不会减少一分一毫。她说："失败并非成功的对立面；失败是成功的垫脚石。"我的父亲是一名出色的记者，他一直想创办一家报社，于是在德国占领希腊时创办了地下报纸，后来他不幸被逮捕，在集中营度过了整个战争时期。

19岁那年，赫芬顿升入剑桥大学，并担任了校园辩论协会的会长。一家英国出版商在观看了赫芬顿所组织的妇女角色转变的辩论赛之后，邀请她出版了第一本书——《女性的女人》（*The Female Woman*）。她先是搬到了伦敦，后又搬到了纽约，笔耕不辍。

2005年，她创办了《赫芬顿邮报》。她说，"促进有趣的谈话是我与生俱来的天赋。"

《赫芬顿邮报》的宗旨是发起一切在饮水机旁和餐桌上的话题——政治和艺术、书籍和食物、男人和女人……然后将它们放到网络上。网站结合了3个独特成分作为基础：原创报道、新闻聚合和博客评论。我们的秘诀就在于我们愿意创新。

《赫芬顿邮报》一鸣惊人，却让它的创始人成了受害者。骂名虽然会带来机会，但工作量也与日俱增。赫芬顿在2007年摔倒之后一直在问自己，"这就是我要的成功吗？这是我想要的生活吗？"

为史密斯学院准备2013年毕业典礼演说时，她提出了成功的第三尺度。她对毕业生说："我希望你们能够重新定义成功。"现在，衡量成功的尺度只有两个，即金钱和权力。赫芬顿的第三尺度并未取而代之，而是平衡了这两个尺度。她在《茁壮成长》（ Thrive ）中提到，真正丰富我们生活的是我们获取幸福的能力。

听闻社会各界对这次演讲的评论让赫芬顿激动不已。"这个社会渴望重新定义成功，希望重新找到引领美好生活的因素，"她说，"古希腊哲学家早就提出了这个问题。"

> 我们现在面临的问题就是我们一直想着要攀登职业阶梯，不停地晋升。我们有很多的顾虑和担心，比如金钱、工作，但我发现这些并不是成功人生的唯一标准。我希望全世界有越来越多的人能意识到：出色的人生不仅仅只有金钱和权力，也包括幸福、智慧、惊喜和付出。

赫芬顿和所有人一样，兜了好多圈才形成了自我意识。虽然金钱、名望和权力并没有让赫芬顿像拉吉特·古普塔和麦克·贝克一样沦陷，但是它们的确让她偏离了自己的真北。为何一个追求智慧的女性会为了这些牺牲自己的健康和幸福呢？

让人成功的信念和让人脚踏实地的反思之间有一条钢索，那些经常在这条钢索上行走的高绩效群体很容易失衡。自我意识就是一个内部平衡机制，让走钢索的人能平衡高强度的工作并同时进行自我反思。赫芬顿意识到自己如果不改变这些行为，也许会造成更严重的问题。她敢于退后一步，调整行动和定位，成为一名了不起的领导者。

自我意识来源于你的弱点、恐惧与渴望

　　早在几千年前，古希腊哲人就向世人发出了"认识你自己"的建议，但要践行这一箴言并不容易。人是多面性的，随着我们在这个世界上的经历不断增多，受到这个世界的影响也越来越大，我们就会不断地调整自己，以适应周围环境的变化，并最终找到我们在这个世界上的位置。只要认清自己，真正地了解自己，你几乎可以实现生命中的任何目标，克服任何障碍。

　　需要指出的是，当选择越来越多，要认清自己就变得越来越难。这些选择可以为你打开新的通道，助你发展，也可能引诱你偏离真实的自己。如果没有认清自己，你就很容易像过去的阿里安娜·赫芬顿一样去追求一些外部的成功，而不是成为自己想要成为的人。

　　在生活中，你会遇到一些威胁你、拒绝你的人。当你感觉自己受到威胁或被拒绝时，你很难控制自己的情绪或恐惧心理，也很难压制住自己内心的冲动。为了保护自己免受伤害，你可能会全副武装，为自己戴上面具，并在这个过程中逐渐丧失真诚的本性。如果没有认清自己的弱点、恐惧和渴望，你就会很容易偏离真北，被他人利用。

　　要培养自我意识，就要先了解你的人生故事，按照图 4.1 列出的流程一步步地回忆你的磨炼。然后，你要自省和深思自己的经验，从最了解你的人那里得到反馈。许多领导者，尤其是新晋领导者，总是在努力追求成就，没有时间也没有意愿去认清自己。

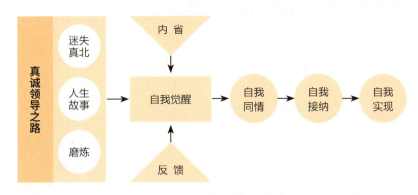

图4.1 培养自我意识

随着年龄的增长，他们就会发现自己的生活中缺少了什么，或者意识到有些东西在阻碍着他们前进，让他们无法过上自己想要的生活。这时他们可能会遇到一件改变自己一生的事情，思考到底应该怎样度过这一生。

对于其他领导者来说，由于童年的记忆过于痛苦，他们总是想尽各种办法努力抹去那段记忆。为了彻底埋葬这些不美好的记忆，他们开始拼命地追求一些看得见、摸得着，而且能够被外部世界所看到的成功符号，例如金钱、名誉、权力、地位，或者是一路飙升的股票价格。

很多时候，这种追求会让他们变得成功，至少是暂时成功，但由于根本没有认清自己，他们很容易就会偏离自己的轨道，并会在做决策时出现一些重大的失误。

领导者从来不是团队中最聪明的人

正如心理学家，《情商》(*Emotional Intelligence*) 一书的作者丹尼尔·戈尔曼 (Daniel Goleman) 在描述领导者角色时所说的那样，认清自己是成长为高效管理者的第一要素。虽然智商 (IQ) 一直以来都被认为是经理人最重要的条件之一，但对于真诚领导者来说，情商 (EQ) 可能会更加重要。很多领导者深信，只要能够成为屋子里最聪明的人，他们的事业将一帆风顺。结果他们就会压制住很多不是那么有力的声音，而恰恰是这些声音当中可能蕴藏着一些重要的想法、见解或者是他们所需要的答案。

作为一名领导者，我当然也不可避免地会受到批评。我至今还记得美敦力的总顾问曾经告诫我在开会时不要那么强势，因为他相信这样做会让那些有话要说的人保持沉默。而且这样也会让我失去很多重要人物的支持。

富国银行的迪克·科瓦塞维奇认为，高智商有时反而会成为领导者的一个障碍。"当你的智商超过组织中 99% 的人时，智商和领导力之间就会出现一个反向关联。"他说道。

那些智商极高的领导者很容易对工作过于投入，从而很难容忍自己身边的人。毫无疑问，要想成为公司的高层，你的智商必须达到一定水平，但这并不是说你要成为那顶级的 1%。除了智商之外，你还要有领导技能、人际交往技能和团队工作技能，相比之下，这时智商水平已经变得不那么重要了。

宝洁公司前任 CEO 德克·雅克（Durk Jager）就是一个例子。雅克是一个非常出色的战略家，他对于宝洁公司所需要的战略和文化变革有许多很好的想法，可他的风格过于强硬，以至于威胁到宝洁文化的核心。结果，他管理的团队很快对他表示不满，不到 2 年，董事会就要求他下课，并指派一位在宝洁供职多年的执行官艾伦·雷富礼（Alan Lafley）接替他的位置。

通过自己的智慧、谦卑以及与员工之间建立起来的良好关系，雷富礼很快将宝洁公司打造成了 21 世纪最伟大的商业成功传奇之一。作为这个时代最成功的商业领袖之一，雷富礼也被《首席执行官》（*Chief Executive*）杂志评选为 2006 年"年度 CEO"，并被《美国新闻及世界报道》评选为"美国最佳领袖人物之一"。

当有人请斯坦福大学商学院的 75 名教授指出成为领导者最需要具备哪些能力时，他们的答案几乎如出一辙：认清自己。

大哥哥大姐姐公司 CEO 朱迪·弗里登伯格（Judy Vredenburgh）对此也表示认同。"认清自己是非常重要的。你需要真正了解自己的生活背景、你最适合的角色、你的天赋以及你天生的兴趣。只有这样，你才能找到一个更加适合自己的位置。"其他领导者也从下面 5 个方面强调了认清自己的重要性。

扮演合适的角色。无论是在一家刚成立的公司，一家面临困境的公司，还是一家成长中的公司，对自己了解得越多，你就越容易为自己找到合适的角色。美国药品利益管理公司 Medco 公司前任 CEO 贝尔·洛夫伯格（Per Lofberg）就是一个喜欢在成长型公司谋求发展的创业者。他在 Medco 发展早期加入了这家公司，并将其发展成为一家年收入达 300 亿美元，拥有 1.5 万名员工的公司。他说道："我根本做不到像'电锯'阿尔·邓莱普（Al Dunlap, Sunbeam 公司前任 CEO）那样不顾一切地举起电锯砍掉视线中的所有东西。像邓莱普那样的人根本不适合创业。"

增强自信。当一个人能够认清自己的时候，他们会更容易接受自己。Adobe 的 CEO 布鲁斯·齐森（Bruce Chizen）曾经供职于一家科技公司，由于他本人并不是一名工程师，所以他在这家公司缺乏安全感。当他意识到自己在商业和产品营销方面的优势时，他突然感到眼前豁然开朗。

从那以后，齐森变得越来越自信："我非常了解自己，知道哪些地方是我不懂的，但我还是能够坦然接受自己。这种自我意识帮助我找到了真正的自信。"

言行一致。一旦认清了自己的特点和目标之后，领导者就可以在各种环境下保持言行一致，从而赢得别人的信任。美国航空公司前任 CEO 唐纳德·卡蒂（Don Carty）曾经说过，"如果不能做到言行一致，你就不可能去激励身边的人。如果你不能和自己的员工和睦相处，怎么能指望他们能和你的客户相处愉快呢？"

培养良好的人际关系。大多数领导者都会把认清自己看成培养人际关系能力的关键。惠普公司前任高级副总裁德卜拉·邓恩（Debra Dunn）强调，"当一个人能够认清自己的时候，就能与身边的人建立更加真诚的关系。"那些对自己感到满意的人往往更容易敞开胸怀，更容易变得透明，他们甚至会主动告诉别人自己的弱点。

承认自己的不足。能够认清自己的长处和短处的领导者知道该如何请人来弥补自己的不足。Agilent 前任 CEO 耐德·巴恩霍尔特（Ned Barnholt）曾经说过，"一旦了解了自己的优势和劣势，你就会更懂得如何建立一个强大的团队。我从小就不是一个好会计，所以我请了一群出色的财务人员帮助我。这要比努力去做一项你并不擅长的工作容易得多。"

接受他人眼中不完美的自己——嘉信理财前 CEO

在我们采访的所有领导者中，嘉信理财前任 CEO 戴维·波特拉克（David Pottruck）在发现自我的道路上可能是表现得最为勇敢的一位。波特拉克出生在一个中产阶级家庭：他的父亲是一位格鲁曼飞机师，母亲是一名护士。他是全联盟高中橄榄球运动员，由于表现出色，他拿到了宾夕法尼亚大学的奖学金，并成为学校橄榄球队的后卫。当回忆这段经历时，戴维说道："我总是想尽办法激发所有队员全力以赴，在比赛时发挥出最佳状态，最后我被选为校队最有价值球员。"

由于没有被选入职业橄榄球队，失望不已的戴维只好去沃顿商学院攻读 MBA，毕业后他进入了花旗银行，后来成为嘉信理财的营销总监。他是一个非常勤奋的人，总是长时间地工作，而且总是在赶着完成指标，可戴维不能理解为什么他的新同事不喜欢他的这种工作态度。"我想用我的成绩证明自己。"他说道。

在认清自己的过程中，最难做到的一点就是学会从别人的角度看清自己。虽然征求反馈并不是一件容易事，但领导者的确需要在得到一些精确的反馈意见之后才能清楚地找到自己的盲点。当上司在"可信度"上给了波特拉克一个很低的分数时，他非常震惊，上司告诉他："戴维，你的同事并不信任你。"波特拉克说道："听到这话的时候，我感觉万箭穿心。"

> 我一直拒绝承认这个现实，因为我根本不会从别人的角度审视自己。我根本不知道自己在别人眼里是多么自私。但在我的内心深处，我知道他们的判断是对的。刚开始的时候，我想过换份工作。查尔斯·施瓦布（Charles Schwab）知道了这件事情之后，要求我继续留在公司，并告诫我试着改善和其他团队成员之间的关系。最后，我不得不面对这样一个现实：如果不作出改变，我根本不可能取得成功。

波特拉克发现，要想改变自己并不是一件容易的事。"承受的压力越大，你就越容易退缩到原来的模式上去。"

> 就好像加入戒酒会时那样，我回到同事中间，告诉他们："我是戴维·波特拉克，我的领导技能出了些问题。我想努力改变自己。我需要你们的帮助，希望你们能相信我。"

波特拉克请了一位教练，为自己量身定制了一套训练方案。他的教练教会了他真诚的意义，并告诉他"要学会讲故事"。后来当发表演讲时，戴维会讲一些关于自己的生活、内心的恐惧、野心和自己遭遇失败的故事，他发现这种做法效果相当好。

第二次婚姻结束之后，波特拉克意识到自己还有很多盲点。"当我的第一次婚姻失败后，我告诉自己，这全是她的错。第二次婚姻土崩瓦解之后，我想我可能是选错了妻子。"后来他找到了一位顾问，顾问告诉他："好消息是，你并没有选错妻子；坏消息是，错的是你作为一个丈夫的表现。"有很长一段时间，波特拉克一直不肯承认这个事实，可最终他决定要作出改变。

"我感觉自己像一个病人，直到犯了 3 次心脏病之后，我才意识到自己需要戒烟，需要减肥了。"拒绝接受现实是一个人面临的最大挑战。要想克服这一挑战，唯一的途径就是坦诚地面对自己，而不是一味地寻找借口。这种心态让我最终学会了认真聆听别人的批评，虚心接受，并认真考虑如何改正。

如今的波特拉克已经幸福地开始了第三次婚姻，并开始聆听妻子艾米丽提出的一些建设性的意见。他承认自己在面临巨大的工作压力时，有时候也会重复老毛病。"我们都希望被照拂、被欣赏、被赞美，但我们也必须倾听我们不想听到的反馈意见。"

波特拉克的努力终于得到了回报。他最终赢得了同事的支持，他的领导工作也为公司带来了丰硕成果。最后，施瓦布在 1992 年提拔他担任公司总裁。6 年之后，他开始和施瓦布一起担任公司的联席 CEO。

在 14 年掌舵嘉信理财的过程中，波特拉克大幅扩展了嘉信理财的业务范围，将其发展成为美国最受尊重的公司之一，并且被《财富》杂志选为"100 家最适宜任职的公司之一"。

没有人天生完美，每个人身上都会有大大小小的问题。你可以让这些问题阻挡你一生，也可以现在就想办法解决它们，为什么不选择后者呢？如果我能够帮助人们相信自己可以做得更好，我就可以激励他们完成自我发现之旅，帮助他们做出更加坦诚的自我评估，实现更积极的改变。

波特拉克承认自己不完美，即便有些缺点是人们看不到的。他找到"盲点"的经验非常可贵，也很震撼人心。他乐于跟别人谈起自己从每一次经历中所学到的经验。"你不需要成为一个完美的人，"他说，"如果你能问自己：我可以从这次经历中学到什么，以帮助我在下次做得更好？你可以跳脱糟糕的路线，重新开始，将大多数失误变成成功。"波特拉克坚信自我意识的关键在于不否定自己，忠于自己。

如果你能保持坦诚，那你从失败中学习到的经验会比成

功更多。成功时，你会认为这是理所当然的，然后继续下一
项工作；失败则会强迫你反思出了什么问题，怎样才能做得
更好。

当然，你也可以把所有的错误都推到别人头上，但面对
失败正是你担起责任的良好时机。我曾经失败过很多次，每
一次经历都让我变得更加强大。

真诚领导者的目标并不是要追求完美，而是要在成为一名高效
领导者的过程中始终忠于自己的真北。你需要学会不断反省，接受
大家的反馈和支持。波特拉克便是如此，不断地学习，不断地提高
自己的领导能力。他不想让人觉得他不值得信任，但他发现自己的
一些激进行为让他的同事们产生了这种看法。

为了取得成功，波特拉克并没有掩盖自己的本性，而是试图挖
掘并分享他的行为背后的深层原因，比如弱点和恐惧。此举最终帮
助他赢回了同事的支持。

剥洋葱法：接纳真实自我

认清自己就像是一个剥洋葱的过程（见图 4.2）。"洋葱"的外
壳就是你向外部世界所展现的自己：你的外貌、着装、肢体语言以及
你的领导风格等。在很多情况下，为了保护自己免受外部世界的伤
害，这些外壳都是粗糙而坚硬的。

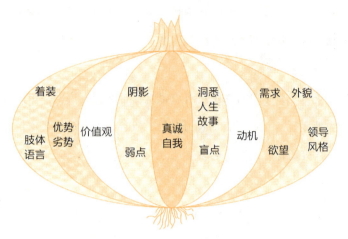

图 4.2　剥洋葱

认清更深层次自己的第一个必要步骤就是理解自己的外壳，因为外壳往往是你通往内核的入口。打开这些外壳之后，你开始了解自己想从周围的世界得到什么，开始理解自己的优势、劣势、价值观和奋斗的动机。

剥开这些外壳之后，你就开始洞悉自己的人生故事，并开始理解这些经历如何影响你的生活。当你接近包围你内核的最深一层时，就会看到自己的盲点和弱点。在你整个人的核心之处，你会发现真诚自我以及你的真北。

在探索自己的过程中，每剥掉一层外壳，你就会发现下面有一个更深，而且往往会更加有趣的层面。越是接近自己的内核，你就会发现里面的内层越是柔软脆弱，因为这些内层往往没有受到外部世界的攻击。

当感觉不够安全时，你就会保护自己的内核免受外部世界的伤害，在这个过程中，你会逐渐形成错误的自我意识。这往往会导致你形成一个虚假的自我或角色。这种虚假的自我会导致你难以与他人建立真诚的联系。最重要的是，它会导致你无法接纳真正的自己。

展现脆弱是领导的开始

当我们表现出脆弱的一面，暴露出真实的自己，这意味着什么？再也没有任何虚假的保护层了。起初，这样做可能会比较艰难，但是我们逐渐能意识到别人会接受并且爱上真实的我们，这是一种释放，让我们做回真实的自己。

但是许多人都担心一旦承认自己犯错，承认自己的弱点或者表现出脆弱的时候，别人会拒绝我们。他们会因此看不起我们吗？他们会不会利用我们的弱点？

虽然我们总是在试图回避这些问题，可当我们感觉到脆弱的时候，它们还是会不断地浮现在我们的脑海里。多年来，我总是觉得我需要把事情做得完美，掌握所有答案。但是我缺乏自信，不敢分享我的弱点、恐惧和渴望。当我最终学会了展示脆弱之后，事情开始变得越来越好了，而且我与同事的关系也得以改善。最重要的是，我感觉浑身上下都很舒服，幸福感大幅提升。

约翰·霍普·布莱恩特（John Hope Bryant）在十几岁时就经历了 6 个月无家可归的日子，他在其著作《爱的法则》（*Love*

Leadership）中表明："脆弱是一种力量。"当我在课堂上分享这个理念时，所有人的脸上都是不可思议的表情。然而，布莱恩特用自己的人生故事提供了有力的证据。"我在洛杉矶南部一个贫困街区长大，"他回忆说，"在我 5 岁时，父母就因为钱的问题离婚了，这是美国夫妻离婚的头号原因。"

布莱恩特的人生犹如过山车一般跌宕起伏。他有强烈的工作热情和企业家的才华，并在早期获得了商业成功。然而，在他十八九岁时，布莱恩特的生活非常艰苦。"我不知道自己的真北是什么，也没有任何榜样能帮我找到自己的真北。"他解释道。

我假装自己是个大人物，在夜里戴太阳镜，但其实我只是为了掩盖自卑。我让人失望的次数太多：投资者想撤资，我却没法把钱还给他，最后落得无家可归的地步。我从马里布的海滨别墅搬出来，租了一辆吉普车，停在一家餐厅后面。所有人都知道我因为过于嚣张而失去了一切。他们在为我的失败欢呼。

生活的 10% 是发生在你身上的事情，90% 是你对这些事情的回应。我已经陷入了混乱，不得不另找工作，另寻出路。这次经历强化了我的适应力。没有去过山谷深处，怎么能抵达最高的山峰？成功的关键在于找到应对痛苦的最佳方法。

1992 年，洛杉矶警方在逮捕罗德尼·金时过度使用武力，殴打罗德尼的情形被拍了下来，但法官审理后判殴打罗德尼的警察无罪，住在布莱恩特附近的人们发起了暴动。

"我当时询问了杰西·杰克逊牧师我能做些什么，他告诉我我们需要投资商重建这个社区，要我发挥我的商业才能，帮助这个社区恢复生机与活力。"

就这样，19 岁的布莱恩特立即采取行动。第二天他就组织了一批银行家，让他们乘坐巴士前往洛杉矶中南城区观光游览。最终促成了旨在消除贫困、发展美国经济的"希望行动"。作为"希望行动"的 CEO，他努力为低收入人群谋求财政自由并建立了属于他们自己的企业，被人们认可，受到人们的敬重。

布莱恩特反思自己的经历时表示："脆弱是自由的关键。"

> 如果我没有什么可隐藏，并且在你们指正之前就承认了自己的错误，你们还能对我做什么？有自我意识却不愿意接受伤害，会因为缺乏表达而引发抑郁症和精神分裂。我们都在错误的地方寻找爱。
>
> 所有的瘾症皆因为我们不能处理好自己的情绪。所以我们依靠药物、酒精、购物、过度工作和性来麻醉自己。明天，我们将需要更多这样的诱惑，才能刺激我们的激情。

他说，另一个自由的关键是自信，与我们接受伤害的意愿有直接的关系：

如果我不够自信，就绝对没办法接受伤害，展现自己的脆弱。所以我创建了一个虚假的角色，让自己活在谎言中。人们总是在想哭的时候露出笑容。看似在笑，其实内心苦不堪言。前行的唯一道路就是疗伤：你必须找到自己的真北。

你可以采取三种方法：一种是自取灭亡，不管是生理、心理、精神或情绪上都任由其自行毁灭；另一种则是应对，这是大多数人所采取的方法；最后一种就是治愈。治愈是唯一一条前行的路径，但它也是最需要勇气、最可怕的路径。

要想获得治愈，你一定要克服恐惧，做回自己。大多数人的童年时光，都有一个强势的母亲和一个恶语谩骂或长期缺席的父亲，也可能有被忽视、责罚、骚扰或欺凌等经历。如今许多恶霸都带着大把钱晃来晃去在那里装酷，其实他们是在逃避孩童时期戴着厚厚的眼镜被别人欺负的回忆。

布莱恩特从来没有享受过安逸的生活，却有迅速从逆境中重新振作的韧性。他也有足够的勇气向他人分享自己的故事，激励他人。他在我的课堂坦陈自己曾经因为无家可归而痛苦不堪的经历。布莱恩特虽然不是完美之人，但是他的经历让他变得更有爱心、更可靠，也更有说服力。

布莱恩特的脆弱就是他的力量。他的真实性加强了别人与他的联系。比尔·克林顿、美国前驻联合国大使安德鲁·扬（Andrew Young）以及多名财富500强企业的CEO都与布莱恩特有合作关系。

他有一个无畏的目标：建立 1 000 个"希望之火"驻点，将"希望行动"发展成为全国性的组织，为全美低收入人群和苦苦挣扎的中层阶级创造安逸的生活。

过渡时期：反思与内省

我们要如何形成自我意识、接受自己？最好的方式就是自我反思和从其他人那里收集真实的反馈意见。在一刻不停高速运转的世界里，我们用电子设备与外界保持 24 小时的联系，但我们需要做一些日常训练，暂时放下手机和电脑，专注于自己，重新审视自己的行为和压力，然后深入自己的内心。

反思自己的人生故事和经历过的磨炼，让自己在一个更深的层次上理解它们，这样你就可以重新解读自己的人生。你对自己了解得越清楚，你的人生理想就越清晰，就越能确立你的人生方向。

跳出"成功"快车道——卢卡斯影业游戏公司前 CEO

卢卡斯影业游戏公司前 CEO 兰迪·科米萨也是在经历了很长一段时间的反思之后才认清自己的人生方向的。在卢卡斯影业游戏公司时，他经常和公司的创始人、奥斯卡获奖导演乔治·卢卡斯（George Lucas）发生争执。由于感到在卢卡斯影业游戏公司缺乏独立性，他加入了对手公司晶体动力公司（Crystal Dynamics），并成为这家公司的 CEO。但是后来他发现，这是他做过的最糟糕的决定，因为科米萨很快意识到商业并不能激发他的热情。

我找不到待在这家公司的理由。公司经过一番挣扎，最终取得了成功，但我个人却失败了。首先我必须承认自己的错误，然后我遇到了一个非常严峻的问题：我这一辈子到底应该怎么过？我完全可以在晶体动力度过整个职业生涯，但代价呢？我从来没有问过自己这个问题。

一年之后，科米萨辞去了工作，拜了一位禅师做导师，开始通过修行来厘清自己的思路。"这段时间来得正是时候。修行开始成为我开启新的人生的一个重要过渡阶段。"经过反思之后，科米萨意识到自己内心深处的挣扎，其根源来自他人生当中最为重要的两个人——父亲和祖母。

科米萨的父亲是一名推销员，曾经供职过无数家公司，他非常渴望物质上的成功，经常赌博。"每次只要一输钱，他就担心无法支付我的学费。我也会担心自己可能无法毕业。当我还是一个孩子的时候，就因缺钱而缺乏安全感。"科米萨回忆道。

科米萨跟他的祖母非常亲近，在他 10 岁那年，祖母去世了。"祖母是我最亲近的人，"他说，"因为她对我的生活产生了难以置信的影响，所以她的死对我来说无疑是一场灾难。她是一个非常慷慨、友好的人，有着了不起的人格魅力。她喜欢自己身边的人，人们也喜欢她。"

科米萨意识到他需要摆脱以往的成功形象，学会接受自己。

我当时正驶在快车道上，但我知道那份成功不属于我。我的内心斗争异常激烈，一方是我实现自我的要求，一方是我追求父亲眼中的成功。现在，我必须放弃眼前成功的幻觉，学会接受现实，因为我意识到前路漫长而曲折。

当领导者学会跳出不属于自己的快车道时，就更容易接受自己。领导者要集中注意力和精力，最有效的方法之一就是冥想。近年来，冥想已经逐渐成熟，成为主流。2014 年，《时代》周刊将冥想导师乔恩·卡巴·金（Jon Kabat-Zinn）博士的理念印在了封面上。45 年来，金博士一直在向世人提倡正念减压，创立了"正念减压疗法"。阿里安娜·赫芬顿在她 13 岁时就开始练习冥想，却因为种种原因未能持续下去。直到 2007 年摔倒后，她才又坚持每天早上冥想 20 分钟。她表示：

我尊重佛教原理，也将它们融入了我的日常生活中。与冥想导师的对话给我带来了巨大的影响。他依托神学知识来说服抱有怀疑态度的我们，劝导世人用冥想和慈悲的力量来改变我们的生活与世界，这种方法让我对他极为敬重。

我的工作经常让我从黎明熬到深夜，晚餐也非常晚，回到家之后总是疲惫不堪。我曾经因为患有高血压，在购买人寿保险时遭到了拒绝。1975 年,我在妻子的坚持下参加了一场长达 4 个小时的"超越冥想"项目，之后我开始每天打坐两次，不以精神修行为目的，单纯地出于健康原因。40 年后的今天，我仍然坚持这个习惯。

冥想是我让自己冷静下来，与忙碌的工作分隔开来并与世界建立联系的最佳方式。以自己为中心，我能更好地集中注意力，明白什么是最重要的，并且发自内心地感觉快乐。通过冥想，我可以清晰地分辨出问题的关键之处。我的一些最有创意的想法都来自冥想时间。最重要的是，冥想让我有足够的适应力度过艰难时期，帮助我成为更好的领导者。

情商就是解决方案——谷歌正念冥想项目创始人

顶尖公司如通用磨坊、安泰保险金融集团、黑石集团以及高盛集团都鼓励员工养成冥想的习惯。谷歌也许是世界上最具创新精神的公司，那里就非常流行冥想。谷歌最知名的"开心一哥"陈一鸣（Chade-Meng Tan），教过数以千计的员工打坐。

陈一鸣出生于新加坡，父母都是华侨。他非常聪明，17 岁便获得了全国编程大赛的冠军。尽管有如此成就，陈一鸣还是说："因为不合群，所以我的童年并不快乐。我一直都觉得自己不值得被爱。直到我从加州大学圣塔芭芭拉分校获得了硕士学位，作为 107 号员工加入了谷歌之后，才有所改变。"

1991 年，我发现了冥想，取得了人生中的第一次突破。那一瞬间，我生命中的一切都变得有意义了。在成为冥想者之前，我非常消沉。自从定期打坐之后，我渐渐地变得快乐了。

这是一个相当大的改变。通过冥想，我冷静地思考自己需要什么，时刻保持清醒的意识。我修行的关键部分是保持仁爱与慈悲之心。如果你对自己都没有慈悲之心，怎么可能会由衷地同情他人呢？

当谈及谷歌公司冥想项目的创立，陈一鸣说：

2003 年，我突然灵光一现，觉得我们应该启迪心灵、敞开心扉，将内心的平静、喜悦和慈悲放大到世界范围内，共创世界和平。解决方案就是情商。于是我走访了一些世界顶级专家，一起建立了"搜寻你内心的关键字"项目。

我们除了教导 2 000 余名谷歌员工冥想之外，还创立了非营利性的"搜寻你内心的关键字"领导力机构，还为 SAP 公司、凯撒集团等管理培训客户提供培训服务。

冥想并不适合所有人。所以除了冥想，领导者还可以采用其他反思和内省的方法，比如归心祷告、长距离散步、与深爱的人进行深入讨论等。重要的是你能每天都进行自省。

走出自我，获取真实反馈

领导者需要掌握的最重要技能之一，就是以别人的角度来看待自己。大多数人都会对领导者讲他们爱听的话，所以诚实中肯的建议通常都很难得。因此，真诚领导者必须从同事和下属中找出真实的反馈。最好的方法之一就是匿名 360 度反馈。

反馈是走出自我的最佳方式，它能够让我们听到自己可能不想听，但非常具有建设性的批评。威瑞森（Verizon）通信公司的朱迪·哈伯肯（Judy Haberkorn）说：

> 他们称我是反馈女王。在这个世界上，你能找到的最好的东西，就是那些真正关心你的人提出的反馈意见。有些人的确比其他人更能认清自己，但很少有人能够从别人的角度看清自己。

克罗格（Kroger）零售集团 CEO 戴维·迪龙（David Dillon）大学期间曾输掉一次重要的选举，那时他便发现了反馈的重要价值。当时他的第一反应是为自己辩解："我比那家伙好多了。为什么他们不选我？"经过认真反思之后，迪龙意识到自己怎么看这个问题并不重要。重要的是别人怎么看。

通过反馈，迪龙发现自己有些方面的确需要改进。后来他当选为学校的学生机构负责人，迈出了成功领导的第一步。迪龙说："反馈可以帮助你直面现实，看清真正的自己。"

迪龙要求他在克罗格的同事继续给自己提出反馈意见，在这个过程中，如果对方提出的问题过于尖锐，他也会为自己辩解。

辩解完之后，我就会向对方道歉。我会告诉他："我的反应是针对我自己的，而不是你。我的辩解只是我的一种自我保护。我可以向你保证，听到你的反馈之后，我会更加尊重你。"

在第 7 章里，我们将会讲到支持团队的重要性，其中包括配偶、朋友、导师和团队成员，他们会给你诚实中肯的反馈。

乔哈里资讯窗：主动暴露的力量

1955 年，乔瑟夫·勒夫（Joseph Luft）和哈里·英格拉姆（Harry Ingram）设计了乔哈里资讯窗（Johari Window），这是一种提高自我意识、表露自我的工具（见图 4.3）。

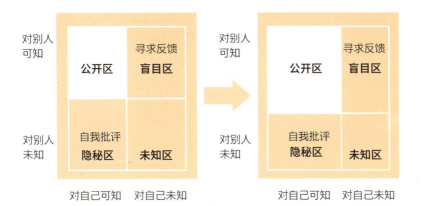

图 4.3 乔哈里资讯窗

对大多数人来说，第一象限公开区，即自己和他人都知道的资讯，极其微小。扩大这个象限能让你变得更真诚。而要想扩大第一象限，最简单的方法就是缩小你自己知道而他人不知道的隐秘区，即第三象限。这需要你公开自己的人生故事和艰难时期，主动暴露弱点。这么做有助于我们得到更多人的支持，而不是像多数人担心的那样被拒绝。

第二象限是盲目区，别人知道关于我们的资讯，但我们自己并不清楚。这无疑是最难搞定的区域。几乎所有人都有别人能看到而自己无法得知的特征、习性和倾向。发现盲目区的唯一方法就是从别人那里获取诚实的反馈，将这些反馈放心上。发现盲点，缩小第三象限，扩大第一象限，能让我们成为完全公开、真实和透明的真诚领导者。

为少数群体发声的权利——高盛全球董事长兼CEO

担任高盛集团董事的 5 年里，我与约翰·布朗勋爵坐在一起；他后来成了英国 BP 集团的 CEO。布朗有着出众的金融头脑，是高盛集团审计委员会的优秀成员。同时，他也是一名同性恋者，不过我们从未谈论过此事。2007 年 5 月，他因在认识杰夫的问题上向法庭撒谎，以"做伪证"的缘由被迫从 BP 集团辞职。

他在 2014 年出版的《光鲜亮丽的柜子》（The Gloss Closet）中写道："40 年来，我一直隐瞒自己的性取向。我想隐瞒性取向的欲望无比强烈，在这个可怕的时刻达到了顶点。"

我长期守护的秘密被公之于众，我也没什么可隐瞒的了。我对公众隐瞒了性取向，是因为我缺乏自信。我把不安深深地埋在心里，几乎每天都要经历内心的煎熬。当你羞于面对真实的自己时，你就很难变得自信。

我们不能时时刻刻躲在柜子里，因为生活在谎言中的代价太大。生活不应该以取悦少数对你的性取向反感的人为目的，而应该是为了与那些真正重视你的人建立认真、真诚的情感联结。

尽管针对同性恋的法律障碍正在迅速减少，但悲剧的是，社会上仍然还有许多陈旧的准则阻止他们坦诚地做回自己。布朗是《财富》500 企业中第一位公布自己是同性恋者的 CEO，他的坦诚鼓励了其他人。2014 年，苹果公司 CEO 蒂姆·库克发表文章宣布了自己的性取向，他写道：

虽然我从未否认过我的性取向，但是在此之前我也从未公开承认过。在此，我想清楚地表达自己的立场：我为自己是同性恋者而感到自豪。同性恋者的身份让我更加理解成为人群中的少数是怎么样的感受，同时也给我提供了一扇窗口，了解其他少数群体每天都面临哪些困难。

这让我更能感同身受，也丰富了我的人生。有时候，这种感觉很难受，很不舒服，但它也给了我做自己的信心，让我能够追寻自己的道路，让我能超越敌意与偏执，作为苹果的 CEO，迟早会用上这一点。

库克表示他的身份并不是由性取向来决定的："我是一名工程师、一位大叔、一个大自然热爱者，还是美国南部亚拉巴马州的儿子，等等。"这份声明让我们看到了他的灵魂。库克不仅接受了他的性取向，更接受了自己。

2011 年，当各大银行承受着巨大的压力时，高盛全球董事长兼 CEO 劳埃德·布兰克费恩（Lloyd Blankfein）勇敢地站出来支持同性恋者应该享受同等待遇，他称之为"当下的民权问题"。布兰克费恩毕业于哈佛大学，婚姻幸福美满，有 3 个孩子，由于早期受到反犹太主义的压迫，深知被歧视的感受。

当其他 CEO 在这个问题上畏缩不前时，布兰克费恩站出来表示支持同性恋者应当享受同等待遇，并成了全国同性恋、双性恋和变性者平等运动的发言人。

当明尼苏达州欲修改宪法，将禁止同性婚姻列入法规时（我称之为"歧视合法化"），布兰克费恩应我的邀请来到明尼苏达州，发表了深刻的演讲，力挽狂澜，不仅阻止了这项修正案的实施，更促进了明尼苏达州的立法机关在半年后将同性婚姻合法化。

每个人都有不情愿甚至耻于向最亲密之人透露的秘密。你躲在哪个柜子里？如果你将秘密讲给亲近的人听，感觉不是更好吗？打开隐秘区对于接受真实的自己来说非常重要。布朗的明智选择适用于我们所有人。只有向他人展示真实的自己，我们才能感受到更深层的幸福。

时刻准备你的真诚之心

有了自我意识，我们就能欣赏自己，欣赏我们在生活中所遇到的一切困难和挑战。只有欣赏自己，我们才能欣赏别人，在别人面临困难的时候关爱他们。接受自己的关键在于能够无条件地爱自己。

在《自怜诗》（*The Poetry of Self-Compassion*）中，诗人戴维·怀特（David Whyte）谈到了自己是如何处理自己的弱点和阴影，并学会接受自己身上最不令人满意之处："你必须深入自己多年来的人生经历，找到自己内心深处那个等待机会重新浮现的天真孩子。"怀特相信，一个人不可能将自己与以往的经历完全隔绝开来。你必须像戴维·波特拉克一样，学会直面它们，无条件地接受自己，并且学会像爱自己的优点那样爱自己的弱点。这种自我欣赏的态度可以助你发现你的真北，最终真正地接受自己。

我们很容易喜欢自己擅长的东西，喜欢沉浸在成功之中。人人心中都有一个那西塞斯（Narcissus）①都可以做到这一点。

要想无条件地爱自己，我们必须学会接受眼前，哪怕是有很多缺点的自己，而不是一味希望自己变成其他样子。里萨·克拉克·金

---

① 源于希腊神话。他是一位长相十分清秀的美少年，却对任何姑娘都不动心，只对自己的水中倒影爱慕不已，最终在顾影自怜中抑郁死去。化作水仙花，仍留在水边守望着自己的影子。

曾经说过："我非常满意自己的肤色。我能够接纳自己，而且已经学会了接受我的种族和性别。"

一旦认清并接受了自己，你就能更好地控制自己。就像戴夫·狄龙所说，人之所以会愤怒，是因为其他人拆穿了你的某些弱点，或者是一些你无法接受自己的地方。

接受了自己，你在面对这些攻击时就不会那么脆弱，并且时刻准备以真诚之心应对那些进入你生活的人——你的家人、朋友、同事，甚至完全陌生的人。一旦不再需要装腔作势，你就能全心全意地释放自己的激情，追寻自己的梦想。

从大脑到心的旅程

鉴于当今世界的巨大压力，加上许多领导者都在领导的征程中铩羽而归，人们越来越关注"正念"这个理念。正念是一种集中注意力，关注你当下的想法、情绪和感受的能力。

心理学家埃伦·兰格（Ellen Langer）被称为"正念之母"，她在1989年出版了第一本著作《正念》（*Mindfulness*），那时的主流文化并不重视这一理念。兰格认为正念是领导力的核心。她表示：

> 不管你做什么，你要么专注地做，要么不用心地做。不管你呈现出何种状态，都会有无数种后果。事实上，我们所经历的不幸都是不用心造成的后果。越重视正念，我们的效率就越高，并且会变得更健康，提升整体幸福感。

1979 年，佛教禅宗僧侣一行禅师（Thich Nhât Hanh）的话让我学到了重要的一课："一个人的大脑到心的距离是 18 英寸（约 45 厘米），那是他一生必走的最长旅程。"心是热情、爱心和勇气等基础领导素质的所在。践行正念，正念领导者能在实际行动中呈现最高水平的自我意识和目标感。

高效能领导的关键在于将头（IQ）与心（EQ）联系起来。正如乔恩·卡巴·金博士所说的那样：

> 大脑和心是指同样的东西。正念不仅关乎我们的大脑，也关乎我们整个生命。如果我们完全用大脑思考，事情就会变得僵硬死板；如果我们完全用心思考，事情就会混乱无序。
>
> 这两种情况都会导致不好的结果。但是如果我们同时用大脑和心来思考，心以情感来主导，大脑则用专注力来主导，事情就能圆满完成，我们也能成为友好和睦之人。

练 习

你是否已接纳真实自我?

读完第 4 章之后,下面的练习将会帮助你正确评估自己的领导优势、劣势、弱点和盲点以及你未来的发展需要,帮助你更好地认清自己。

1. 你的弱点、盲点和阴影是什么? 你会采取一些防护性的措施保护自己免受侵害吗?

2. 遇到不开心的事情时,你是否能够在做出反应之前抽时间仔细考虑? 听到别人的批评时,你是否能够虚心接受,而不是立刻为自己辩解?

3. 你很了解别人的情绪变化和情感需求吗? 在感受别人的需要并及时提供帮助方面,你是否足够敏感? 你是否很擅长与他人建立持久的关系?

4. 你是否能够接受现在的自己?

第 5 章

以价值观为中心行事

有原则的领导者不容易被诱骗，也不容易改变自己的决定，因为他们能在沙地里划出一条清晰的线条……最柔软的枕头是一个清醒的良知。

——纳拉亚纳·穆尔蒂（Narayana Murthy） **Infosys 科技公司创始人**

在发展自我意识的过程中，你必须确定指导你领导力的价值观和原则。你的价值观是构成你的真北的基础，而价值观源于你的信仰和信念。始终以这些价值观为中心行事并非易事。外部世界的诱惑和压力往往会迫使你偏离真北。

四届白宫顾问：在世界权力中心的坚守

戴维·格根想要过上一种与自己的价值观（从自己的家庭以及自己从小长大的杜尔海姆社区学到的价值观）一致的生活。他是美国历史上第一个先后为 4 位总统——尼克松、福特、里根、克林顿担任过顾问的人。

在尼克松总统的第一个任期，28 岁的格根被召入白宫，成为尼克松的演讲稿撰写人。就这样，他成了美国历史的见证人。"刚开始到白宫的时候，我脑子里满是权力、荣耀、地位之类的东西。"他说道。但接下来几年里发生的事情让他开始意识到自己的想法是多么幼稚，当时的行为是多么天真。

他的野心让他开始成为尼克松政府中一颗冉冉升起的新星。他回忆道，"我紧紧地把握住这次机会，和所有其他人一样野心勃勃，甚至比他们更有野心。"

1972 年尼克松再次当选之后，格根被任命为总统演讲稿的撰写和研究团队的负责人，负责管理 50 名下属。"这时我很容易就相信自己已经变成了一个重要人物，根本没有想到人们之所以认为我重要，完全是因为我所处的位置。我有一种与那届政府里的其他人一样的自大和狂妄。"他坦诚道。

1973 年上半年，当人们开始纷纷议论"水门事件"时，格根最初并不相信它是真的。"我们一直坚信，无论是尼克松还是白宫里的其他人，都不会犯错误。"他解释道。"尼克松直接承认了这件事情，海尔德曼（Haldeman）等人也用最肯定的方式对此进行了确认。"

1973—1974 年，当公众对"水门事件"的关注持续升温时，白宫内部越来越多的人也开始辞职离去，但格根感觉自己不能离开。"如果我在这个时候辞职，那就说明我在公开表示自己对尼克松总统的人品缺乏信任。所以我坚持留下来，希望能够证明他是无辜的。"

直到 1974 年 8 月，在正式新闻公布之前 2 天，格根才知道尼克松的罪行。可即便是到了这个时候，格根还是感觉自己不应当离开，那样他会被看成一只"跳离沉船的耗子"，尤其是当尼克松总统要求他为自己撰写辞职演说稿的时候。当他最后一次看着尼克松坐上直升机离开白宫时，格根感觉自己的职业生涯也随之结束了。他想起了 1919 年美国大联盟冠军赛芝加哥黑袜队，由于球员被指控舞弊，结果被判终身禁赛。"我想我的职业生涯可能也要就此结束了。"他说道。"'水门事件'对我是一个警示。一直以来，我都认为手中的权力和荣耀能够打败任何挑战，但事实并非如此。"

几乎就从那一天开始，格根的电话再也不响了。"突然之间，你变得不再重要。真是来也匆匆，去也匆匆。"在随后的那段孤独而令人沮丧的日子里，居然还有那么多朋友，来自杜尔海姆的老朋友和大学同学一直支持他，这让他终生难忘。

当你陷入困境，所有的辩解都是那么苍白的时候，你就会开始意识到什么东西和哪些人才是真正重要的。这时你就需要重新回到自己的根源，回到自己最基本的价值观上。

那些正直的人后来都在自己的职业生涯中取得了较大的发展。比如说亨斯迈公司创始人和主席乔恩·亨斯迈就是其中一位。还有汉克·保尔森也挺过了这段时期，并最终成为高盛集团 CEO，之后担任了美国的财务部部长。

"自从'水门事件'这次令人痛苦的经历之后，"格根总结道，"我一直主张要公开透明。"

"水门事件"的教训一直印刻在我的脑海里，我会经常反驳自己的上司。这些教训不停地提醒我应该坚守自己的真北。尼克松正是因为没有一个明确的道德指针，才会瞬间崩溃的。

这次经历帮助戴维·格根成了一名真诚领导者。他意识到自己一直在被称为世界权力中心的荣耀和声望所干扰，现在需要重新回到自己的根源，回到那些在自己的世界崩溃时一直支持自己的人身边。这次经历让他更加懂得该如何与总统打交道。

格根在哈佛大学肯尼迪学院担任教学工作，并作为公共领导力中心主任专注培养下一代领导者。该中心为有才干的领导者提供奖学金，并由格根担任他们的导师和教练。此外，作为 CNN 评论员，他还分享了许多自己对国家大事的看法，给观众带去了客观、睿智的论述。

知行合一：价值观、原则和道德界线

你可能做过价值观的排序练习。虽然这些练习的确有助于你认清生命中到底哪些东西是真正重要的，但在没有遇到压力的时候，你往往很难判断自己真正的价值观到底是什么。当人生一帆风顺时，列出并遵守自己的价值观是一件相对容易的事情。形成你真北基础的价值观通常来自你的个人信念。

在定义自己的价值观时，你首先必须确定自己生命中最重要的东西是什么。是维护个人尊严,改变世界,帮助他人,还是照顾家人?价值观没有对错之分,有人重视人际交往,有人则重视成败输赢,只有你才能做出最终的决定。而一旦做出决定,你就可以更好地与具有相同价值观的人或组织站到同一条战线上。

当你清楚地理解了自己的价值观及其重要性时,你就可以确立一套清晰的领导原则。领导原则是转化为具体行动的价值观。它们就像水手在大海上航行时用的导航工具,可以帮助水手通过找准北方来调整自己的方向。比如说,"关心别人"可能会被转化为诸如"创造一个让每个人的努力都能得到尊重,为人们提供职业保障,让他们可以发挥自己潜力的工作环境"。

所有领导者都会按照自己的原则进行领导,即使当他们没有意识到自己正在这么做时也是如此。我们经常会问自己一个最基本的问题:"什么能激励人?"有些领导者认为偷懒是人的天性,所以他们就会建立一套严格的行为标准和规章制度,并严格执行这些标准和制度强迫人们努力工作。但面对同样的问题,有的领导者可能会相信,每个人都希望能很好地完成自己的工作,从而获得生命的意义。这时他们就会向自己的下属进行充分的授权,鼓励他们取得优秀的业绩,并且完全信任他们,让他们自己监督自己。

确定领导原则之后,你需要为自己画一条清晰的道德界线。价值观决定了你的生活原则,道德界线则是你在采取具体行动时的指导原则。你将会在生活和工作中碰到许多灰色地带。当你判断哪些事情可以做,哪些事情不能做时,你的标准是什么?

表 5.1 清楚地勾勒出价值观、领导原则和道德界线之间的关系。那些有着清晰的价值观、原则和道德界线的人才能做好更充分的准备，挑战危机，保持真北，让自己在压力和困境之中做出正确的决策。

表 5.1 定义你的价值观、领导原则以及道德界线

价值观	那些在你生命中最重要的事情。
原则	从你的价值观衍生而来，是你在担任领导工作时所遵从的标准，是转化为具体行动的价值观。
道德界线	根据道德原则，你在工作中为自己定下的标准。

财务问题之上是道德准绳——Infosys 科技公司创始人

Infosys 科技公司创始人纳拉亚纳·穆尔蒂是一位成功的企业家，他有一套清晰而坚定的指导原则，在他的领导生涯中从来没有背离过这些原则。穆尔蒂出生在印度南部的一个中低等收入家庭。他的父亲是一位公务员，总是以自己能够遵守道德准则而感到自豪。

青少年时期，穆尔蒂就非常注重遵守自己的价值观。年轻时的穆尔蒂曾经深受圣雄甘地的影响，并参加了社会主义青年组织。他深信只有对财富进行再分配，才能有效减轻印度大众的贫穷问题。

20 世纪 60 年代末，穆尔蒂大学毕业，教授提名他去巴黎戴高乐机场安装物流和包裹处理系统。在巴黎，穆尔蒂深深地被他在巴黎咖啡馆里遇到的那些知识分子打动了。

在描述自己在巴黎的时光时，穆尔蒂说道："当时我只有 23 岁，是一名深受尼赫鲁社会主义哲学影响的印度青年。在那里，我得到了灵感，知道了什么是'慈悲的资本主义'。我了解到法国人是如何把集体利益放在个人利益之上的。"

1982 年回到印度之后，穆尔蒂和一群年轻的同事创建了 Infosys 科技公司，并将其发展成为印度最顶级的 IT 外包公司。Infosys 为穆尔蒂提供了一个平台，让他可以将自己的价值观转变为商业原则，并清楚地确定了自己的道德界线。"我们的梦想是告诉世人，我们在印度也可以建立一家卓越的公司，并通过合乎法律和道德的方式创造财富。"他解释道。

从一开始，穆尔蒂和他的同事就想创办一家在印度最受尊敬的公司。虽然创办过程中经历了各种各样的困难，但穆尔蒂和他的团队始终坚持自己的原则。由于穆尔蒂拒绝提供任何贿赂，公司甚至要等上一年才能装上一条电话线。"真正消耗你的激情和能量的并不是财务问题，而是那些违反你价值观的事情。"穆尔蒂说，

讲究原则的领导者都会在沙地上画上一条清晰的线，所以他们往往不容易被欺骗或被诱导。我总是相信，这个世界上最柔软的枕头就是一个清醒的良知。让我感到非常幸运的是，我们从来没有因为做错什么事情而睡不着觉。

最终，政府官员不再向穆尔蒂索要贿赂。"只要你在刚开始几

次打交道的时候表示出坚定的立场，"穆尔蒂说道，"他们就会逐渐地把矛头转向其他人。"

遵循稳定的价值系统为我们创造了一个理想的工作环境，每个人都对未来充满了期待，都有着高度的自尊，对未来充满信心，并且个个充满热情，愿意接受那些比较困难的任务。领导者必须做到言行一致，表明自己会坚守公司的价值系统。我们公司的价值系统和我们在过去 24 年间所取得的成功有着直接的联系。

穆尔蒂在法国的生活经历对他的价值观产生了决定性的影响，并且直接促进了 Infosys 的发展和成功。我很少会遇到像穆尔蒂这样会如此在意自己的价值观和领导原则的领导者。穆尔蒂不仅拥有足够的勇气坚守自己的价值观，敢于对抗印度的许多世俗规范，更可贵的是他在整个职业生涯中都坚持自己的原则。

成立 30 多年后，Infosys 取得了非凡的成就。该公司的市值已经超过了 350 亿美元。当穆尔蒂 68 岁离开公司时，他拒绝担任公司的名誉主席。他说，如果现在的领导团队能承担起全部责任，那公司自然能够治理得很好。

打造缺少领导者也可良性生存的组织——IBM 公司 CEO

彭明盛（Sam Palmisano）于 2002—2012 年担任了 IBM 公司

的 CEO，他将 IBM 的企业文化从"以管理为目标"转变成了"用价值观进行领导"。这种方法将 IBM 的全球员工团结成信息系统领域一股强大的生力军。

当从自己的偶像郭士纳（Lou Gerstner）手中接过 IBM 的时候，彭明盛既没有创建新的价值观，也没有单纯地重复创始人托马斯·沃特森（Thomas Watson）所标榜的价值观。他只是在全公司范围内启动了一个全球性的议程，整个议程为期 3 天，在这 3 天里，所有 IBM 人都可以通过在线讨论的方式商议 IBM 究竟应该成为一家怎样的公司。在《IBM 2003 用价值观进行领导》新方案中，彭明盛写道：

> 近些年来，许多人都变得越来越愤世嫉俗。他们觉得企业、政府或者任何机构都不可能以坊间常谈的持久信念作为文化基础，他们已经丧失了信心。真是可惜。如果有更多人经商，人们也许就不会这样想了。如此，不只是领导者，还有各个层级的人都会站出来，宣扬自己的信念，采取有意义的行动将自己的价值观付诸实践。
>
> 你如何整理出拥有 316 000 名员工，客户遍布 165 个国家的企业的集体愿望？我们可以依赖传统的过程管控体系，但这个体系会影响我们为客户提供服务的响应能力，客户根本无法忍受。当然，你们也不能接受这个体系，因为它会扼杀你的创造力。我们不能用工业时代的管理方法来处理超工业时代的需求。

彭明盛重新总结了 IBM 的价值观，执行了一套完整的企业解决方案，他举办"价值观大讨论"在线活动，频繁地在公司内网发布消息，将公司 35 万名员工凝聚成了一个全球性的整合化网络。私下评论这个项目的时候，他说道："这是 IBM 难得的机会，我们不仅要在技术方面，更要在其他方面为其他企业树立榜样。"

我在埃克森美孚公司董事会与彭明盛共事时，亲眼看见了他将自己对员工的信任和授权原则付诸行动。"企业依靠一个超级英雄的模式已经过时了，"他如此说道，"千万不要把个人魅力和领导力混为一谈，领导者的首要工作是让一个组织在缺少他的情况下也能良性生存，这一工作的关键是建立一种可持续的文化。"对彭明盛来说，价值观就是建立可持续文化的机制所在。

当事情进展得很顺利时，践行自己的价值观很容易。要想真正地了解自己的价值观，你就得回顾过去正处于压力状态下的自己。哪些行为是真实可靠的？你对哪些行为感到后悔？价值观会塑造你的行为。当你的价值观与组织的价值观相互冲突，或者你的价值观之间彼此冲突的时候，你需要对自己的人生有一个清晰的定位。

通过反思自己的行为，你就能够明白隐藏在这些行为背后的价值观。你是否秉承了诚信为本的价值观，即便需要付出巨大的个人代价？还是说你曾掩饰事实或夸大事实，现在感觉非常羞愧和内疚？通过反思，你可以知道自己的价值观与内心的是非观是否一致。

下定了决心，你就能够克服那些可能会导致你偏离价值观的弱点。你将会有许多机会调整价值观，并改善你在生活中践行价值观的方式。

让所有债权人都能拿回自己的钱——化工巨头亨斯迈公司创始人

在外人眼中，市值 130 亿美元的亨斯迈公司创始人乔恩·亨斯迈似乎在过着诗一般的生活，他拥有清晰的价值观，完整的人格，一个庞大而成功的家族，雄厚的经济实力。但亨斯迈一生当中至少经历过 3 次巨大的考验。每次考验都迫使他深入自己的内心，重新审视自己的价值观。亨斯迈非常重视价值观的力量，而且也非常清楚价值观在生活中的重要性。

> 每个人都有一个道德导航仪，一种由父母、教师、教练、祖父母、牧师、朋友和同事共同创造的道德指针或良知。这个指针本身就是我们生活的一部分。它会告诉你哪些行为是恰当的，哪些行为是不恰当的，直到你离开人世的那一天。

亨斯迈出生在依达荷乡下的一个贫困家庭里，他说自己的价值观和领导方式与他的家庭有着密不可分的联系。虽然和自己的母亲保持着密切的关系，但他一直没有与严肃而自律的父亲建立任何密切的关系。"我的母亲是一个非常温和、充满爱心的人，她从来不会说任何人的坏话。正是因为她，我的内心才会如此柔软。"他说道，"父母教导我要遵守规则，要强硬，要有竞争心，但要公平。"

我们孩童时代学到的这些原则既简单又公正。我们很早以前就找准了自己的道德指针，这些价值观保证我们能过上富足的生活。一个人的心理和道德的发展，有利于获得创造成功的机会。

年幼时，亨斯迈的领导能力就已经开始显现出来。六年级时，他被选为班长，有了第一次成为领导的机会，并在七年级、八年级、九年级继续担任班长。后来他转学到了帕拉奥托高中，仍然担任十一年级的班长。

在宾夕法尼亚大学，亨斯迈成为兄弟会负责人，并被兄弟会国际组织选为杰出毕业生。每次担任领导职位的时候，他都会为自己确立一个明确的目标，并努力让所有与自己相关的人都接受这个目标。

在他大学毕业后不久，他的母亲患上了乳腺癌，50 多岁就去世了。"她受的苦太多，让我的心都碎了。"他说道。母亲并不是家里唯一一个得了癌症的人。他的父亲死于前列腺癌，继母也死于卵巢癌。癌症就像一片乌云笼罩着整个家族，后来它又连续两次向亨斯迈发起攻击，但他都挺了过去。

从母亲去世的悲伤中恢复过来之后，他下定决心，迟早有一天要创办一家癌症研究机构。几十年后，在 1995 年，他终于实现了自己的梦想——他和妻子凯伦共同创办了亨斯迈癌症机构。由于亨斯迈本人也曾经患过癌症，所以他相信，治疗癌症最好的方式就是知道别人是多么关心自己。在他的办公桌上，放着一块牌子，上面写着："对人心最大的考验就是弯下腰去，抬起别人。"他说道："这就是生活的真正意义所在。"

就像戴维·格根一样，在"水门事件"爆发之前不久，在1972年开始为尼克松政府工作的时候，乔恩·亨斯迈的道德标准也曾经受到过类似的考验。创办自己的公司之后，他接受了美国健康、福利和教育部部长艾略特·理查德森（Elliot Richardson）的邀请，开始成为理查德森的社会服务首席助理。

由于成功地安装了一套目标管理软件，在6个月中便为政府节省了1亿美元开支。他开始受到了白宫方面的重视。此后不久，他应邀为尼克松总统的联席参谋长海尔德曼工作。他发现从海尔德曼那里接受命令让他有一种"非常复杂的感觉"。

> 我一直都是一家公司的CEO，当时也在健康、福利和教育部管理着一个很大的部门。我不喜欢接受命令，无论它在道德上是否正确。由于海尔德曼所做的很多事情都是令人质疑的，所以我们曾经发生过几次冲突。当时整个白宫都弥漫着一种非常不道德的气氛。

有一天，海尔德曼要求亨斯迈想办法给一位总是反对白宫议案的加利福尼亚参议员设个圈套。这位参议员拥有一家工厂的部分股份，据说这家工厂雇用了一些没有记录在册的工人，所以海尔德曼想要收集一些信息让这位议员难堪。亨斯迈的任务就是要从自己的公司里挑出几名来自拉美的员工，让他们潜入参议员的工厂里当卧底。他说道："当时海尔德曼命令我立刻拨通我工厂经理的电话。"

有时候我们需要立刻采取行动，却没有意识到什么是对，什么是错。从本能来说，我知道这样做是不对的，但我花了几分钟时间才真正意识到这一点。15分钟过后，我内心的道德指针开始发挥作用，我意识到这样做是不对的。

那些从童年时代便陪伴着我的价值观开始发挥作用。就在和工厂经理交谈到一半的时候，我告诉他："还是不要这样做了吧。我不想玩这个游戏。忘了我曾经打过这个电话吧。"

我通知海尔德曼我不会派自己的员工去做间谍。我清楚地知道自己是在拒绝一位全美第二号的权势人物。他并不喜欢我的做法，因为他把这看成一种不忠诚的表现。但没有关系，我随时可以辞职。6个月之后，我离开了白宫。

就像我们从他那张有73位家族成员的圣诞卡片上看到的那样，亨斯迈为拥有这样一个大家族感到非常自豪。离开白宫一年之后，随着他和凯伦的小儿子马克的问世，他们遇到了人生中最大的考验——马克患有严重的先天性智力障碍。

医生告诉亨斯迈，马克可能一辈子都无法读书和写字，因为他的智力最多只能达到4岁孩子的水平。在这种情况下，医生建议亨斯迈把马克送进特殊教育机构。对亨斯迈来说，这个建议几乎是无法想象的。在他看来，家庭永远是最重要的，马克和其他孩子一样，都是家庭的成员。亨斯迈决定，无论付出多大代价，都要让马克留在家里。

当彭妮和我在 2002 年去参观亨斯迈的癌症机构和医院的时候，亨斯迈骄傲地把他的儿子马克介绍给我们，马克一边友好地冲我们微笑，一边热情地拥抱了我们。

"马克并不知道人们是做什么的，在他看来，一位看门人和一位 CEO 并没有什么区别。"亨斯迈告诉我们。

> "他只是从对方的心地来判断对方。他很快就能作出判断，而且会立刻看出对方是不是个坏蛋。如果他们的心地是好的，他就会热情地拥抱他们。每一天我都能从他身上学到很多东西。他是我们的榜样，是整个家庭的主心骨。"

2001 年，亨斯迈遇到了职业生涯中最大的挑战。当时他的公司已经濒临破产。公司的处境与其说是管理失误造成的，倒不如说市场的疲软才是真正的罪魁祸首：竞争对手不断推出新产品，导致严重的供大于求，产品的价格和生产商的利润迅速下滑。更糟糕的是，能源和原材料的价格近乎失控。结果，亨斯迈不得不将自己的高息债券以低价大肆抛售。

虽然已经让儿子皮特担任公司的 CEO，但亨斯迈仍然是董事会

主席，也是公司最大的股东。记得有一天，金融专家、律师、87 位
债权人代表，以及来自纽约和洛杉矶的破产专家一起来到了盐湖城，
一起向亨斯迈给出了两个选择：要么请求法庭按照第 11 条款宣布破
产，要么坐在那里，无助地看着债主们关掉公司。

在耐心地听完了这些人的分析和要求之后，亨斯迈告诉自己：
"我不会让这帮律师、银行家，以及高薪的管理顾问抢走我的公司。
他们根本不懂得什么叫'人品'，什么叫'诚信'。"亨斯迈的回答
只有一个字："不。"他绝对不会选择破产。他的名字就刻在大门上，
他将承担所有的债务。他非常清楚地知道自己的人格正在经受考验。

> 有时候那些顾问、律师，还有来自外界的专家们会试图告
> 诉你该怎样做。我们是做可靠、善良、正直的人，还是去接受
> 其他人的鼓动？当我们离开这个世界的时候，我们必须决定
> 自己希望后人对我们做出怎样的评价。

在这段最为黑暗的日子里，亨斯迈日复一日地把自己的团队召
集到一起，并告诉他们：

> "我们必须成功。这事关我们的声誉。我们必须去拜访这
> 87 位债权人代表，设法和他们达成协议。我们将收回我们的
> 债券，哪怕是要用产权作抵押。"

由于亨斯迈拒绝放弃，整个公司经历了整整 3 年的动荡。在整个危机期间，始终站在他身边的只有一个人：他的妻子。正像他所说的那样："凯伦是一位伟大的啦啦队长和支持者。"

> 这时你需要有人能够真正理解你。我生命中那些亲密的合作伙伴都离开了我，凯伦是唯一一位始终支持我的人，因为她是最了解我的。她知道保持尊严对我来说有多重要。如果在这个问题上有任何动摇，那我就会失去做人的尊严。

在整个过程中，亨斯迈的心脏病还发作过一次，而且由于免疫系统功能减弱，他还染上了艾迪生氏病。可他还是骄傲地说："我付清了所有的债务。"

> 今天，所有的债券持有人都拿到了自己的钱。亨斯迈公司的债主们并没有任何损失，所以他们纷纷提高了我们的信用级别。亨斯迈公司在纽约证券交易所上市，并且取得了不错的表现。我们的收益达到了历史最高水平。

回想起那次几近破产的经历，亨斯迈说道："最后还是债权人救了我们，保持诚实、善良，秉持正直的人格……当你陷入困境的时候，这些品质会挽救你。"

　　有时候，我们必须问问自己：是要让自己慢慢陷落，还是要奋然挺身去改变这一切？生活本身就是答案。如果我这辈子曾经欺骗过某个人，或者说没有遵守规则，那么当我陷入困境的时候，他们就会动用自己的权力来把我逼到死角。只要我们能够不受外界影响，我们的心和我们的灵魂自然会释放出一种巨大的力量，用一种积极的方式来改变我们的人生。

　　你在类似的情况下会做出怎样的反应？你在自己的生活中会奋起捍卫什么？要想做好迎接危机的准备，唯一的方式就是认识自己的价值观，然后确定自己的领导原则。亨斯迈坚持自己的原则，在商业上取得了莫大的成就，并在慈善事业上做出了巨大贡献，富兰克林研究所于 2015 年授予其"鲍威尔美国年度最佳商人奖"。

靠局外人头脑长期赢利——华尔街最具权力的女性

　　萨莉·克劳切克（Sallie Krawcheck）曾一度被描述为华尔街最具权力的女性。她是花旗集团的首席财务官，美国银行全球财富与投资管理部负责人，手握美林证券和 U.S.Trust 在内的全球最大投资管理大权。克劳切克的价值观以"顾客第一"为驱动。她说：

　　　　做理财业务时，你必须有能力与那些家庭坐在一起，制订计划，帮助他们规划理想的人生。这对于一个人来说是非常重要的。这是一项使命，也是一项高尚的事业。

尽管她认为是短期的金融压力迫使金融行业偏离了自己的使命，她仍然对华尔街的文化少有美词。作为首席财务官，她看着分析员在 CEO 没有讲自己将如何达到季度目标时不停地翻白眼。因为短视，人们不断地买入对冲基金和共有基金又迅速卖出。

金融服务行业曾有机会做出巨大的改变，却在宇宙历史中最重要的时刻卷进了一场游戏中。让股票涨起来才是他们的关注点，而不是他们的终极使命。

金融危机期间，克劳切克担任花旗集团美邦经纪公司的负责人，主张将某些产品的资金退还客户。她直言，花旗推出的低风险另类投资其实风险很大，破坏了客户的信任。花旗集团 CEO 维克拉姆·潘迪特（Vikram Pandit）坚决不同意。于是克劳切克向董事会表达了自己的观点：

这样做也许会影响本季度的业绩，但能让公司获得长远收益。如果我们不这么做，客户将震怒，这是理所当然的。他们会弃我们而去，这也是理所当然的。我们可以做得很好，赚很多钱，但没有必要每个季度都如此。我们必须从长计议。

克劳切克说，偿还客户的部分损失是正确的，因为这表明了银行把客户的利益摆在了首位。董事会站在了她这边，潘迪特却在几个月后将她辞退了。克劳切克说她很清楚，提出这种立场一定会被解雇。当问及是否因为站在如此具有争议的立场而后悔时，她笑了笑，回答道："我之所以能成功，就是因为我看待事物的角度不一样。"

克劳切克的经历让她成了局内人，但她一直保持着局外人的头脑。她对每一个违背自己价值观的处境都深思熟虑。她有勇气让工作忠于自己的价值观。虽然她付出了被花旗集团罢免这样高昂的代价，但她问心无愧，每晚都睡得非常好。

化解内心的冲突——Ariba 公司前 CEO

当价值观之间发生冲突时。在你自己的价值观发生冲突，或者你发现自己的价值观和你的同事的价值观有很大不同之前，你可能并不清楚自己的价值观到底是什么。

Ariba 前任 CEO 凯斯·克拉克（Keith Krach）在三十多岁时曾遇到过这种情况。在那之前，克拉克已经在通用汽车取得了较大的成功，并成为通用汽车历史上最年轻的副总裁。后来他离开通用汽车，前往硅谷一家名叫 Qronos 科技的新兴公司担任 COO，并且希望能够在一年之内成为这家公司的 CEO。"我的职业生涯就像一场百米冲刺，没想到一下子撞上了铁栅栏。"他说道。

> 这家公司与我的价值观完全不同。CEO 会经常告诉我："这件事不要告诉董事会。"几个月之后，我开始清楚地意识到自

己犯了一个错误。如果一味按照这种价值观行事，这家公司永远都不会成功。我从来没有在任何事情面前退缩，但这次我意识到，如果继续留在这里，我迟早会害怕面对自己。

克拉克一直为自己的忠诚和诚信而自豪，所以当时有两个价值观在他的内心产生冲突。虽然那时的处境非常艰难，他也不想放弃，但他感觉自己并没有忠于自己。他最好的朋友告诉他："你的状态看起来并不好。当你富有激情的时候，你是一个 A+ 级的斗士。但你现在已经失去了激情，你看起来就像是一个 D- 级的家伙。没什么好想的了，赶快辞职。"

可直到第一个孩子出生时，克拉克才看清了这一点。妻子生产的时候，克拉克在产房外等候，公司 CEO 却不停地打电话催他回去工作。"我们今天要和 IBM 一个非常重要的合伙人开会。"CEO 告诉他。克拉克回答道："这根本不可能，我要亲眼看着我的儿子出生。"几分钟之后，克拉克的价值观开始产生作用，他一下子想明白了。于是他拨通了上司的电话，告诉对方："我辞职。"

这是我一生当中的一个重要时刻，我立刻感觉到了一种解脱。我在 Qronos 学到的东西比我在任何地方一年之内学到的东西都多，我更加清楚地体会到了价值观、信任和个人尊严的重要性。这就像一个锻造钢铁的过程，他会让我更加坚守自己的价值观。

目前，克拉克在一家提供电子签名服务的公司担任 CEO，我相信他在找到自己真正的价值观之后，能够坚持一生。

《纽约时报》测试：对公众负责

当你受到诱惑或压力，或者开始为自己的某些决定寻找借口时，你的道德标准就会为你的做法画出一条清晰的界线。如果能够尽早确立清晰的道德标准，你的道德指针便会在你即将突破道德界线时告诉你应该停止，哪怕为此要付出很高的代价，当安然的领导者肯·雷（Ken Lay）和杰夫·斯基林（Jeff Skilling）做出一些欺诈性的决定，并最终断送了公司前程的时候，他们所缺少的就是这样一种道德标准。

对于一名领导者来说，要想明确自己的道德界线，最好的方式就是进行"《纽约时报》测试"：在做出任何决定之前，问问自己："如果整件事情，包括我们的对话，都被登在《纽约时报》头版，我是否会感到高兴？"如果你的答案是否定的，那就说明你应该重新思考自己的行为了；如果答案是肯定的，那就说明无论别人以后是否会批评你的做法，你仍然可以坚持自己的决定。

错误会被掩盖而不会消失——威瑞森通信公司前总裁

威瑞森通信公司前总裁朱迪·哈伯肯在处理客户关系时有一套清晰的原则："一定要保持开放，保持透明。"当哈伯肯还在担任中层管理职位时，她的一名下属犯了一个严重的错误，一个让她感觉自己足以被开除的错误时，哈伯肯的原则受到了严峻的考验。为了省钱省事，哈伯肯的这名下属在给用户邮寄电话 PIN 码时没有黏合信封。结果当信件被投进客户所在大楼的邮箱时，任何人都可以看到客户的姓名、电话号码以及 PIN 码。

当哈伯肯知道了这件事情，并把自己的担心报告给上司的时候，上司却告诉她："不用担心，这事自然会平息下去的。"万分沮丧的哈伯肯回答道："这对我们是一次考验，就好像强生公司的对乙酰氨基酚事件一样。"

如果我按照对乙酰氨基酚事件的处理方式处理这件事情，他们就会立刻解雇我，并让其他人接替这项工作。但只要我还在负责这件事，我就会按照对乙酰氨基酚事件的处理方式来处理这件事。我会给每一位用户发去电报，向他们详细解释整件事情。我们会承担所有由此而导致的费用，并且会立刻给客户一个新的智能电话卡号码和 PIN 号码。我今天晚上就召开媒体见面会，告诉大家到底发生了什么事情，以及公司打算怎么做。

最终，这件事情顺利地平息了。回想起这次经历，哈伯肯说：

我们犯了一个错误，并付出了代价。但毫无疑问，我们做出了正确的选择。如果客户感觉我们根本不关心他们的隐私，那我们面临的灾难将会更大。

说服上司并不是一件容易的事。大多数人都相信，只要上司说没事，自己就可以免受其责。但对于哈伯肯来说，为了坚守自己的原则，她甘愿冒犯上司，并不惜一切代价来修正自己的错误。这种做法需要很大的勇气，这也是真诚领导者的一个典型特点。

将价值观领导哲学融入企业文化

1989 年，在我刚刚加入美敦力公司时，公司创始人厄尔·巴肯（Earl Bakken）第一次让我体会到了什么是"用价值观进行领导"。在接下来的 13 年里，我们一直在用公司的价值观将所有的员工团结到一个共同的目标周围。

刚开始时，公司的一些员工，主要是国际部门，并没有把我们的做法当真，还是继续按照当地的做法行事。内部的监督报告不断地发现在这些国家存在违反公司规定的行为。

发现这件事情之后，我知道我们别无选择，只能对管理层做出调整。进行调整时，我们没有从底层员工开始，而是将一些国际部门，包括欧洲、亚洲和拉丁美洲等部门的领导者，替换为懂得如何利用价值观进行管理的领导者。

一旦发现有违反公司规定的行为，我们就会立刻将发生的事情，以及公司准备采取的应对措施公之于众。新上任的国际部门管理人员向我们保证，我们完全可以迅速扩张公司的业务，而丝毫不用担心公司内部会有任何违反道德准则的事情出现。当公司在 20 世纪 90 年代末期进行一系列快速扩张时，价值观领导哲学成为一种新员工快速融入公司的重要工具。

近年来，生于孟加拉国的奥马尔·伊什拉克（Omar Ishrak）出任美敦力新任 CEO，在他的领导下，美敦力在国际市场的份额迅速扩大。伊什拉克用公司健全的价值体系为美敦力在中国、印度、拉丁美洲打下了坚实的基础。

在我们寻找真北的过程中，非常重要的一点就是：我们必须承认自己很容易被拖离生活的原有轨道。实现业绩的压力，对于失败的恐惧感以及成功所带来的荣耀等都会使我们很容易偏离自己的价值观。只有确立明确的道德界线，并在面对压力时顽强地经受住考验，我们才能及时返回原有的轨道。

练 习

你遵守怎样的价值观和原则？

开始第 6 章之前，你可以通过以下练习，分析和确认你的价值观、领导原则和道德界线。

1. 列出对你的人生和领导工作极其重要的价值观。列完之后，将其按照重要性进行排序。
2. 回想一下你的价值观相互冲突的场景。你是如何解决这种冲突的？你对结果有多满意？
3. 回想一下你的价值观受到考验的情形。

 ◎ 遇到压力的时候，你会在多大程度上偏离自己的价值观？

 ◎ 遇到压力的时候，你会诉诸哪些价值观？

 ◎ 如果能够从头来过，你会做出哪些改变？

4. 列出你在领导别人的过程中所遵守（或者是想要遵守）的原则。按照重要性进行排序。

5. 写出一个你曾为实现目标而不惜偏离真北的情形。

◎ 如果将来遇到类似的情况，你会如何处理？

◎ 你怎样才能感觉到从"小小的偏离"将会发展到严重偏离的过程？

◎ 当你发现自己被拖离真北时，会怎样返回自己的轨道？

◎ 列出你不会逾越的道德界线，将其按照重要性进行排列。

第6章

把握最佳平衡点

一年中的每一天我都在做自己喜欢做的事。我欣然扑向工作，到了公司我会觉得工作就好像是让自己仰面躺下，用手中的笔在天花板上画画一般轻松。

——沃伦·巴菲特　伯克希尔·哈撒韦公司 CEO

　　在这一章，我们将探讨如何找到你的最佳平衡点，你的个人动力和核心能力的交集。当你找到了自己的最佳平衡点，就能在工作时发挥自己的长处，从而对工作充满激情，有信心能把事情做得非常好。要想在工作中发挥自己的最大长项，你首先要知道自己的动力在哪儿，并且客观地了解自己的优势和劣势。只要能做到这一点，你就可以找到了你的最佳平衡点，你就能与自己的真北保持一致，甚至有能力改变世界。

沃伦·巴菲特：以投资为动力，用优势追求卓越

　　股神巴菲特比任何人都清楚自己的最佳平衡点是什么，也在过去的一个世纪里比任何一个商人都成功。自 1965 年以来，他通过领导伯克希尔·哈撒韦公司为股东创造了几千亿美元的价值。

　　尽管他被称为近代投资者的最佳榜样，巴菲特依旧谦逊。他本人非常豁达，没有丝毫傲慢。即使是在高龄之际，他也依旧遵循自己的最佳平衡点——以投资为动力，并非为了金钱本身，而是追求用自己的优势打造卓越企业的快感。

　　2006 年，巴菲特宣布将 300 亿美元交给了他的朋友比尔·盖茨所建立的慈善基金会来管理，此举震惊了整个世界。这份大礼让盖茨基金会在卫生保健和教育上的慈善能力翻了一番。巴菲特对这份礼物进行解释的时候说，自己擅长赚钱，但不擅长捐赠。巴菲特的一个特点就是他倾向于寻找一个信任的人来管理这份捐款，并且坚持每年最少捐出 15 亿美元。

　　尽管手握大权，总是很忙碌，巴菲特总是从容不迫、和蔼可亲。我的一名 MBA 学生跟我讲过他与巴菲特打交道的经历。彼时，巴菲特邀请了投资俱乐部的 80 名成员参观伯克希尔·哈撒韦公司。在巴菲特最喜欢的餐厅用过午餐之后，我的学生发现自己将相机落在了伯克希尔·哈撒韦公司办公室。巴菲特并没有派员工帮忙取，而是亲自驾林肯城市轿车将我的学生送到了办公室。

　　巴菲特还向这位年轻人提了一些建议，"维塔利，你一定要做自己所爱的工作。我并不想过上国王一般的生活，我只是热爱投资而已。"巴菲特说："除了钱之外，我与你在生活方式上并没有多大的差距。我吃的是简单的饭菜，开的是普通的汽车。我做了决定，当然也一样会犯错。"巴菲特还描述了他的童年以及在祖父的杂货店工作的经历。

即将到达公司时，巴菲特向这位学生说出了最后的忠告："要做一个好人。看看周边你所喜欢的人。如果你喜欢别人的某些特点，为什么不让自己也同样具备这些特点，让别人也喜欢你呢？"智者的劝诫，这就是巴菲特的典型特点。他讲的道理很朴素，却不简单。考虑到他在过去非凡成就，却鲜有人能听从他的劝告，遵守他的投资策略，着实令人惊讶。

巴菲特还慷慨地向新 CEO 提供自己的建议。安妮·马尔卡希（Anne Mulcahy）在 2000 年出任施乐公司 CEO 时曾与他有过互动。当时施乐公司的债务总额高达 180 亿美元，银行家和律师给马尔卡希施加了巨大的压力，财务顾问甚至建议她宣告破产。但是马尔卡希下定决心要挽救这个她深爱的公司，于是她拜访了曾邀请她前往奥马哈的巴菲特。

马尔卡希坦白，尽管知道巴菲特坚决不投资任何科技公司，还是抱着让巴菲特投资的心理去拜访了他。然而，她在巴菲特那里收获到了更有价值的建议。经过两个小时的会谈之后，巴菲特说道：

> 你以为是投资者、银行家和监管者让你生存下去的吗？把他们丢到一边，优先考虑你的员工和客户，想想错在哪里，该怎么补救吧。

在接下来的 6 个月里，马尔卡希遵循巴菲特的建议，到全国各地寻求所有人的支持。与此同时，施乐的股价持续下滑，但她无所畏惧。结果证明，巴菲特的建议奏效了。马尔卡希抵挡了破产的危机，偿还了 100 亿美元债务，继续在研发上投入资金。

你热爱商业，还是热爱金钱？

巴菲特出生于奥马哈，年仅 11 岁时就已开始自己挑选股票，买了人生中第一只股票。他在青少年时期便读完了本杰明·格雷厄姆的重要著作——关于价值投资的《聪明的投资者》(The Intelligent Investor)。格雷厄姆强调公司的基础价值就是股票基础价值。当股市价值脱离了公司的基本价值，机会就来了。从内布拉斯加州立大学毕业后，巴菲特赴美国哥伦比亚大学，在格雷厄姆的教导下研读经济学。

虽然巴菲特热爱投资，但他第一份全职工作是股票经纪人。这份工作根据经纪人的人际网和销售额进行奖励，两者都不是他的强项，所以这份工作让他非常痛苦。他觉得非常矛盾，因为只有通过推进客户积极地交易，他才能拿到佣金，尽管有时交易会有损客户的利益。巴菲特并无意成为优秀的经纪人，而是花大量的时间对股票进行基础分析。

当格雷厄姆邀请巴菲特到他的公司工作时，巴菲特甚至都没问过薪水几何就欣然接受了。在格雷厄姆决定关闭公司之前，巴菲特在他手下做了几年学徒。公司关闭之后，巴菲特不愿意再为别人工作，于是搬回了奥马哈，在 26 岁时创立了自己的公司。巴菲特得以将动力与他的核心能力集于一处，他找到了自己的最佳平衡点。

巴菲特在很多方面都青出于蓝。他的投资理念从专注于低价转变为确定企业是否有持续性的竞争优势和卓越的领导层。巴菲特只做友好收购，并与并购后公司的高管建立合作关系。作为一个长于识人的领导者，巴菲特经常向合作者提问："你热爱商业吗？还是热爱金钱？"他只青睐那些热爱商业的人。

不越界，只在适当时机出手

70 年里，巴菲特用最初的数千美元创造了 600 亿美元的个人财富。他的操作原理只是一条简单的原则，任何长期投资者都能模仿。他始终让自己的核心能力与公司的重心保持一致，从而获得了惊人的成就。

华尔街对对冲基金收取每年 2% 的管理费，抽取收益的 20%，但巴菲特坚决不向投资者收取一分一毫。尽管金融机构的交易速度越来越快，巴菲特表示他还是希望股票持有期是永久的。通过美国运通、可口可乐和富国银行等公司的长期收益，他证明了自己投资哲学的正确性。

激进投资者都会迫使董事会解雇那些没能创造短期效益的CEO，但巴菲特却几乎完整地保留了公司的领导层。他的投资哲学提倡完全透明，与对冲基金公司对其投资者和投资项目都保持机密的态度截然不同。巴菲特致股东的信不仅报喜也不瞒忧，他往往会用自我调侃式的语言指出了自己所犯的错误。

20 世纪 90 年代，科技股行情火爆，巴菲特熬过了批评者的声讨，避开了互联网泡沫的破裂，并继续投资于由能力出众的领导者所领导的价值型公司。在 1999 年微软 CEO 峰会上，我听着他冷静地向一位领先互联网公司的 CEO 说，任何互联网的增长都不可能让他的股票价值翻 100 倍。果不其然，互联网股市在一年内崩盘了，再也未能恢复其完全价值。

巴菲特还非常明智地避开了自己的劣势。如果他嗅到了某项交易夹带着火药味，他会立即回避。此外，他还对"亲力亲为"的管理模式敬而远之。公司领导可以打电话向他寻求意见，但是决策权还是在他们自己手上。因为巴菲特坚持自己的理念，伯克希尔·哈撒韦公司在过去的企业业绩，超出了标准普尔 500 指数一倍还多。在此背景下，巴菲特联合了 24 人，在奥马哈一个 5 000 平方英尺的办公室里让高盛和摩根士丹利的股东价值增长了一倍。

每年 3 月，3 万余人赴奥马哈参加伯克希尔·哈撒韦公司的年度股东大会。巴菲特与副主席查理·芒格（Charlie Munger）会进行一段长达 4 小时的问答。巴菲特说："伯克希尔·哈撒韦是我画的一幅画，所以我希望完成之后它会与我理想中的样子一致。"他真诚地希望，即使自己离开，公司也能坚持一贯的原则，持续成功。他指出："如果谁发行了最垃圾的债券或以最蠢的股价接手了这家公司，那就是一个悲剧，我们所做的一切都会化成泡沫。"

巴菲特以他的谦虚和智慧著称。他始终坚持自己的价值观，远离短期流动资金的诱惑。巴菲特依旧住在奥马哈那栋在 1956 年只花了 31 500 美元买来的老房子里，吃着高瑞特牛排馆的汉堡和牛排，开着老旧的汽车。巴菲特购置了企业专机，打趣地将其命名为"站不住脚"号（The Indefensible）。当我与他待在一起时，我发现他的谦逊和坚持自我的性格正是他获得成功的关键。

巴菲特服务过 20 多家企业的董事会，因此他对公司治理也非常了解。当所罗门兄弟公司深陷美国财政部丑闻时，巴菲特临危受命，在一个星期天接任了临时 CEO。巴菲特让联邦调查人员充分地进行了调查，放弃了律师与客户间的秘密特权，让所罗门兄弟公司避免了严重的刑事诉讼，从而保住了公司。他对员工说："你不需要越界交易。在适当的时机出手，你一样可以赚许多钱。"

巴菲特的爱将，热门接班人选戴维·索科尔（David Sokol）因路博润股票的内线交易被辞退不久后，我与巴菲特共进晚餐。当我问及他对索科尔的背叛有何看法时，他说道："我相信，信任别人总是有好处的。可能有人会辜负我的信任，但是我还是愿意继续信任别人。"

高水准的领导动力从内在获得

要想提高自己的能力，领导者就必须如巴菲特那样维持高水准的动力。一般来说，一共有两种类型的动力：外在动力和内在动力（见表 6.1）。外在动力，比如说取得一个好分数、赢得一场比赛，或者是赚很多钱，是由外在世界来衡量的。

表6.1 外在动力和内在动力

外在动力	内在动力
获取金钱	个人成长
拥有权力	完成一件工作之后的满足感
拥有头衔	帮助其他人成长
得到公众认可	找到工作的意义
获取社会地位	忠于自己的信念
战胜别人	改变世界

几乎所有的领导者从童年时代开始就积极追求成就感。他们中的大多数人在年轻时都参加过体育比赛，而且在学校里也都会力争上游。毕业之后，很多年轻的领导者会在一家大公司里找份工作。最终，他们的外在动力会表现为财富、权力、头衔、地位，以及在社会上的名望等。

尽管很多人都不愿意承认，但大多数领导者都是为了获得外在的成功而努力工作的。他们希望取得成功，而且非常享受伴随着提升和奖励而来的那种成就感。这种循环在他们早期就已经形成了。然而，成功会让人渴望得到更多金钱、名誉和权力。所以，许多领导者总会与那些比自己拥有更多财富、更大权力的人比较。外在动力会让领导者掉进危险的陷阱，像拉吉特·古普塔和兰斯·阿姆斯特朗一样迷失自己的真北，误入歧途。

　　另一方面，内在动力则是来自你对生命意义的感受——你的真北。它们和你的人生故事以及你理解自己人生故事的方式紧密相连。内在动力的例子有很多，比如追求个人成长、帮助其他人进步、关心社会发展、改变世界等。查尔斯·施瓦布帮助美国人实现经济独立的理想就是一种内在动力，虽然这样做也能让他变得富有。

　　当前社会对物质成就的关注已经达到了前所未有的程度，各种诱惑和社会压力也会迫使更多领导者纷纷追求世人的认同，而不是去聆听自己内心的声音。

　　这种压力在很早时就已经开始，大学生毕业时会相互攀比起薪酬的高低，后来会攀比公寓和别墅。作为 CEO 代表迪士尼收购了皮克斯、卢卡斯影业游戏公司和漫威影业的艾伦·霍恩（Alan Horn）描述了自己是如何有意地避开这些陷阱的：

　　　　在职业生涯早期，金钱的积累可以在很大程度上改变你的生活质量，它可以让你买一辆更好的车、一套更好的房子等，但有些时候，金钱的积累并不会对你的生活产生实质性的影响。事实上，购买的东西越多，你的生活就会变得越复杂，而不是拥有更多的享受。我之所以不想要更多的东西，是因为这些东西并不会让我感到快乐。

　　曾经在硅谷担任惠普 CEO 多年的德布拉·邓恩直言自己经常要承受来自社会、同行和家人施加的压力：

积累物质财富的道路就摆在你的面前，非常清晰。你知道该如何衡量它。如果你没有选择这条道路，人们就会怀疑你一定是哪里出了问题。要想避免陷入物质主义的陷阱，唯一的方式就是找到自己真正的幸福之源。

个人动力和核心能力的交集

激发潜能这一术语通常被用来描述你的动力和你的能力相互重合的部分，我将其描述为领导力的"最佳平衡点"（见图6.1）。积极心理学的开山鼻祖米哈里·奇克森特米海伊（Mihaly Csikszentmihalyi）曾经指出："要想找到你的最佳平衡点，首先要找出你擅长的东西，然后再找出你喜欢的东西。"就这样，奇克森特米海伊抛开了所有的专业术语，用两个简单的维度直接指出了许多受访者用了几百年时间才体悟到的东西。

图 6.1 能够激发你的潜能的最佳平衡点

只有找到自己的最佳平衡点，最大限度地发挥自己的优势，你才会创造真正卓越的表现，成为优秀的领导者。要想找到你的最佳平衡点，首先要找出你内心最深处的动力，诚实地找出你擅长的东西。追求一些你并不擅长的东西或追求你根本没兴趣的领导者角色，并不能让你成为一个成功的领导者。如果某种职业能极大地激励你并且你也真正擅长，那么你已经找到了最佳平衡点，就能成为优秀的领导者。

将这个框架用在巴菲特身上，我们能清楚地看到他的生活中的外在动力和内在动力分别有哪些。从外在看来，巴菲特非常在意公众认可，想要受到重视。此外，他还精通媒体之道，提升了个人知名度，扩大了交易通道。

然而，他这么做并不是为了积累个人财产。实质上，他的动力是教与学，通过频繁的媒体采访、长篇的致股东的信和伯克希尔·哈撒韦公司年度会议上的讨论分享自己的知识。

这些动力结合在一起，让巴菲特在充满挑战的时代表现得很出色，并让他成了美国最值得信赖的投资人。金融危机期间，高盛、通用电气等龙头企业都向巴菲特寻求投资，希望获得他的认可。他专注于自己的动力，用自己的优势设计了他的生活。

以向大师学习为乐——从沃伦·巴菲特助理到董事会

通常，那些追寻内在动机的领导者最终都能获得最多。沃伦·巴菲特的财务助理特雷西·布里特（Tracy Britt）的经历阐释了这一激励悖论。布里特成长在堪萨斯州曼哈顿城外一个家族农场，是商学院最年轻的毕业生之一。朋友都说她是一个善良、诚实的人。她在我的课堂上总是以可靠的方法来看待问题，察觉到商业问题中的人为因素。

当她还在学校时，布里特就与巴菲特成了忘年之交。她梦想与一位伟大的投资者共事——更重要的是，这位投资者也要是一位出色的导师。他们在布里特带领学生参观奥马哈时第一次碰面，此后，布里特一直都与巴菲特保持通信。此外，她还主动协助他处理一些事情，如阅读雷曼兄弟的破产申请。虽然她毕业后就职于富达国际，但是二人一直保持联系。

布里特抓住每一个机会向巴菲特学习。当巴菲特了解布里特之后，非常欣赏她的才华和正直。后来，他询问布里特是否有兴趣前往奥马哈，加入他的公司。布里特不假思索，连薪资和职位都没问就答应了。5 年后，布里特监管了数十亿美元的投资，进入了亨氏的董事会，还担任了伯克希尔·哈撒韦公司旗下 4 家公司的董事职务。布里特在 30 岁就登上了《财富》杂志和《华尔街日报》，但是这些都没有冲昏她的头脑。她最大的乐趣仍是向大师学习。

从急功近利到甘愿成为"二把手"——安进公司主席兼 CEO

安进公司主席兼 CEO 凯文·夏尔是当代美国最为成功的商业领袖之一，他年轻时曾一度被当 CEO 的雄心迷住，偏离了自己的真北。但是他从经验中汲取教训，在安进公司找到了自己的最佳平衡点，并在那里担任了 20 年领导者。

作为通用电气一颗冉冉升起的新星，夏尔希望能够尽快攀上人生的顶峰，而且他坚信自己可以战胜任何来自领导方面的挑战。40岁的时候，夏尔开始经营通用电气的卫星业务，成为整个公司范围内排名前100位的执行官。当猎头公司想为 MCI 有限公司物色一位新的销售和营销主管的时候，他立刻抓住了机会，给自己的职业生涯来了个蛙跳。

"每个人都可以成为这家公司的 CEO。" MCI 副主席向夏尔保证道。夏尔信以为真。可这次情况并没有像他想象的那样顺利。刚加入公司不久，夏尔就了解到公司的首席运营官已经做好准备就任CEO，他也不希望这位来自通用的野心小子打乱自己的计划。

加入 MCI 之后，夏尔没有浪费时间，立刻为公司制定了一套完整的转型计划。6个星期过后，他发现公司的营销部门在结构上有些问题。"我当时正处于一种最自大的状态，"夏尔说道，"我走进主席的办公室，建议他调整公司的销售部门。"夏尔的建议直接威胁到了 MCI 众多资深执行官的利益。由于并没有任何在电信公司工作的经验，夏尔发现自己在公司里根本无任何威信可言。此前一直春风得意的他第一次遭遇了失败。

"MCI 是我人生中的一次磨炼，"夏尔后来回忆道，"这次经历让我意识到，一个人要为自己的自大付出代价。"他还意识到自己的风格并不适合 MCI 高度竞争的企业文化。"在 MCI，人与人之间的竞争激烈，这与我的价值观完全不一致。"他解释道。

公司的内在竞争已经达到了卑鄙无耻的地步，我的工作效率越来越低，对公司的忠诚度也越来越低。当你的价值观与周围人的价值观不一致的时候，你就应该离开这个地方。

由于迫切想要离开 MCI，夏尔给杰克·韦尔奇打了个电话，表示想回到通用电气。韦尔奇并不喜欢夏尔当初甩手离开通用的做法。毕竟，通用电气为夏尔提供了很多机会。于是他说道，"忘了你曾经在这家公司工作过吧。""就在那一瞬间，"夏尔回忆道，"我知道自己已经被扔上了一条救生筏，开始独自一人在大海上漂泊了。"

我知道自己必须放弃手头的工作，但我不能再甩手离开 MCI。对我来说，那两年的确是一段刻骨铭心的时光，也是我职业生涯中最有挑战性、最不开心的一段时间。我不是一个好斗士，我开始失去控制，结果我一败涂地。

在家庭里我也遇到了困难。我太太不理解我正经历着怎样的困境，因为她从来没有在公司工作过。她总担心我被解雇，她的这种心态只会让我感觉更加孤独。毫无疑问，这是我一生中最艰难的日子。

凯文·夏尔和许多领导者曾经面临的困境完全相似。他们都曾经遇到过挑战，他们的自我开始进入一种更加复杂的环境当中，并因此开始学会直面自己的弱点和失败。如果他们有足够的自我意识和自省能力，他们就会调整自己的指针，重新回到真北的轨道上，把握自己的最佳平衡点。

夏尔在 MCI 遭遇的磨炼对他来说是一次极其珍贵的经历。这次经历让他感到羞愧，迫使他不得不学会控制自我意识，并开始意识到除了争取提升之外，生活中还有许多更重要的东西。就这样，一直心比天高的夏尔终于在 MCI 开始学会面对现实。

加入 MCI 两年之后，夏尔接到了一封信，信上问他是否认识有可能成为安进公司总裁的人选。由于从来没有听说过这家公司，夏尔到图书馆查阅了这家公司的资料，并决定自荐应聘这份工作，他最终被任命为安进公司总裁。

由于在 MCI 已经尝过了自大的苦头，所以这时的夏尔从一开始就承认自己对生物技术行业一无所知。"如果不是在 MCI 有过那次经历，我很可能又会在安进栽跟头。"他说道。

> 我最后一次接触保健领域是在九年级生物课上，因此我请公司的一位科学家给我上生物课。通过耐心的学习，我加入公司没多久就成了内部人士。我一点点学习公司的商业模式，直接给销售代表打电话请教业务，对每个人我都展现出了自己学习的渴望。

与自己早期的职业生涯相比，夏尔在跟随宾德尔的 7 年当中表现出了超常的耐心。在这段时间里，他拒绝了猎头公司的引诱，并告诉他们能够在一家快速发展的公司里做二把手要比"在其他任何公司学到的东西都多"。

终于，就在宾德尔退休的前一年，安进公司董事会向夏尔伸出了橄榄枝，"凯文，你得到了这份工作。在接下来的一年里，你要了解更多公司研发方面的情况。"于是夏尔开始从头了解安进的研发过程，整天泡在实验室里，向科学家学习研发方面的知识，一次又一次地参观竞争对手的研究设备。

当董事会宣布夏尔成为 CEO 之后，他逐个会见了公司前 150 名高管。通过倾听他们的反馈意见，夏尔开始对公司高层领导者的心态有了一定的了解。

> 这些会谈是我在成为 CEO 之后做过的最有价值的工作。我更清晰地了解了整个组织的现状。我们有着相同的愿景，并共同为安进未来 10 年制定发展战略。

凯文·夏尔的这段经历帮助他重新找到了自己的真北。虽然加入安进之后他身居高位，但他并没有忘记从自己早期的经历当中汲取经验和教训。他在接过大权之前对公司的业务进行了全面详细的了解，认真地向自己的同事们学习，并耐心地等待自己的机会。如今夏尔的努力早已得到了充分的回报。在夏尔担任公司 CEO 的 10 年当中，安进公司从一家只生产两种药品的公司发展成为一家高度创新的公司，新药物源源不断走出公司实验室。

15 年之后，在回想自己当初在 MCI 的经历时夏尔说："我们是各种经历的混合体。"

回想起来，在 MCI 的那段经历也不全是坏事。至少我知道了一家真正充满竞争力的公司能够做些什么，对进取精神和革新也有了更深的了解。一次类似这样的痛苦经历会更深刻地了解你身边的人。当你与自己的产品融为一体时，就会产生一种强大的力量。在 MCI 的时候，我从来没有对公司的打折长途电话业务产生过任何感情。如果有人走到你面前告诉你："你们的产品挽救了我的生命。"你就会感到自己对产品的感情是多么得强烈。

一旦领导者陷入外界的诱惑

聆听自己的内心，避开外在动力的陷阱并不容易。许多领导者在职业生涯早期已经习惯了不断地积累物质财富，以至于他们需要很大的勇气才能找到自己的内在动力。但大多数领导者还是意识到要想遵从自己的真北，他们必须解决一些更加困难的问题。

为了追求自己真正热爱的事业，许多人甚至会在职业生涯刚开始时便拒绝许多高薪工作。这样的人最终会成为真正的赢家，无论是从心理满足感还是从物质待遇上来说都是如此，因为在做自己喜欢的事情时都会比较容易成功。

安·莫尔从商学院毕业后曾经有许多选择，但她最终还是选择了其中待遇最低的那家公司——时代集团。"虽然有许多助学贷款要还，但我还是选择了这份工作，因为我喜欢杂志。当时我的同学没有一个人理解我为什么会这样做，但25年后我们再次相聚的时候，他们彻底明白了。"

杨·罗必凯公司CEO安·傅洁从商学院毕业时也是接受了薪酬最低的工作。她解释说："你不能单凭赚钱的多少来选择自己的职业。我当然希望能多赚钱，而且这份工作也的确给我带来了不错的收入，但如果只是按照收入来选择职业，我很可能会踏上一条完全不同的职业道路。"

Cowles媒体前任CEO戴维·考克斯（David Cox）引用了一个人的话："我可以用这份工作赚钱，然后在其他地方找到乐趣。"考克斯说听到这句话时他非常吃惊，他一边做了个鬼脸，一边说：

> 为什么要把时间花在那些你并不喜欢的工作上呢？这几年是你生命中最美好的一段时光。当你感觉受到重视，并且能够从事自己感兴趣的工作时，你浑身会产生一种巨大的能量。这样你才能创造出最大的价值。

对于那些非常注重成就感的领导者来说，外在世界给予自己的动力和肯定是一个自然而然的结果。他们非常享受伴随成功而来的外部认可。很多人都希望能够得到同辈的认可，晋升到更高的职位，获得媒体的赞誉，这是人之常情。当你取得一些世人眼中的成功时，这些东西自然会随之而来。

可真正危险的是，一旦领导者陷入了这些外界的诱惑，他们就会无法自拔。这时他们所面临的最大的危险就是失去自己的内在动力，彻底抛弃那些能够给他们带来更深层次的东西。

Medco 前任 CEO 贝尔·洛夫伯格提醒年轻领导者要注意选择自己的生活方式："在年轻时迷上高调的生活方式是一件非常危险的事情。"许多年轻的领导者会选择在刚开始时接受一些高薪的工作，以此来支付日常开销或积累存款，哪怕他们对自己的工作丝毫不感兴趣，也根本不想在这份工作上停留很长时间。他们相信，熬上 10 年之后，他们就可以换一份自己喜欢的工作。

但很多人由于非常迷恋当前的生活方式，以至于他们最终被套进了一份自己并不感兴趣的工作中。由于一直保持高消费的生活方式，他们根本不可能去做自己喜欢的事情。如此，很多人都无法去做真正让自己满意的事，也无法发挥自己的最大潜能。

外在动力像是一个多情的情人，它往往是靠不住的，但很多领导者都是在付出了惨痛代价之后才明白这个道理。一旦形势变化，他们的外在动力很快就会消失。

那些泛泛之交，或者那些只是为了他们的地位和财富而跟他们交朋友的人都会在关键时刻溜之大吉，而避免这些陷阱的关键就是把握好外在动力和内在动力的平衡。

走出舒适区，用激情迎接挑战

只有最大限度地发挥自己的优势，你才会创造真正卓越的表现。历史上很多成就斐然的人都有着严重的个人缺陷。撒切尔、甘地、拿破仑都有很多的缺点，但他们身上的某个方面却又会表现出超常的天赋，正是这些天赋帮助他们取得了惊人的成就。

通过认真的自我反省，唐纳·杜宾斯基（Donna Dubinsky）在30多岁的时候终于意识到了这一点。在苹果公司和 Claris 软件公司经历了连续 10 年每周 80 个小时的工作之后，她感到身心俱疲，于是决定前往巴黎休假一年。她在巴黎租了一间公寓，开始学习绘画、法语，并开始考虑自己下一步究竟该做些什么。

> 我认真反思了自己的优势和劣势，并思考了自己能够创造怎样的价值。我意识到自己并不是一名非常有创造性的革新思想者，在产品创新上我永远不可能达到史蒂夫·乔布斯那样的水平。我在科技行业待了 10 年之久，却从来没有产生一个伟大的创意。

当她进一步思考自己的核心能力时，她意识到自己非常善于发现别人的好创意和建立团队，并擅长设计一些关键的商业流程。"除了不会构想下一个伟大的产品，我几乎什么都会。"她总结说。唐纳最终找到了杰夫·霍金斯（Jeff Hawkins），一位曾经发明了 Palm

Pilot 笔式电脑的产品开发天才，于是在 1992 年，唐纳成了 Palm 公司的 CEO。两个人之间的能力形成了紧密的互补，以至于没过多久，他们两人就被视为硅谷最了不起的商业搭档。如今，他们正在一起努力创建第三家公司——Numenta。

当领导者走出自己的舒适区，开始接受新挑战的时候，他们常常会发现一些自己以前并没有意识到的能力。凯撒·孔德（Cesar Conde）是美国最大的西班牙语电视网络 Univision 的副总裁。卡斯特罗革命爆发后，为了让自己的孩子能有更好的发展机会，他的外祖父母帮助孔德的母亲从古巴逃到了美国。

Univision 雇用了很多第一第二代西班牙裔移民，而孔德的一个最大心愿就是为自己的同事们创造类似的机遇。有一天，孔德的上司把他带到公司的停车场，告诉他："15 年前，这里停的都是我们的员工买的破二手车。随着公司的发展，这里的汽车变新了，我们的员工如今也可以出钱让自己的孩子接受更好的教育了。"

孔德说："我可以感受到他当时的那种自豪感。当发现有机会为他人做更多事时，我们的内心会充满成就感。"孔德现在是 NBC 环球媒体集团的执行副总裁，是他的内在动力让他获得了如此成就。

优势、天赋和理想的集合体——华尔街的良心

30 多岁的时候，查尔斯·施瓦布经历了严重的低潮期。当时他刚离婚，职业发展前途也很不明朗。他报名参加了法律夜校，希望能像父亲和祖父一样成为一名律师。可仅 3 个星期之后，他就意识

到自己缺乏必要的阅读和写作技巧，所以只好选择放弃。

施瓦布一生都在跟阅读作斗争，但直到 40 多岁，他才知道自己有阅读障碍症。虽然阅读障碍症在学校里曾经给他带来过不少麻烦，不过他在数学方面却表现得非常出色。于是他开始在投资公司做兼职，并很快发现自己在投资研究领域有着惊人的天赋。

和很多领导者一样，施瓦布也需要时间和经历才能明白激励自己的因素到底是什么。最终，他开始把自己的激情引向创建一家能够将整个证券交易中介市场变得民主化的公司。到了 37 岁那年，施瓦布的动力和能力终于合二为一，成功创办了嘉信理财公司。

施瓦布相信，他之所以会对投资理财有如此大的兴趣，主要是因为自己生长于大萧条过后的时代。对于加利福尼亚伍德兰德的小农场主们来说，20 世纪 40 年代是一段非常艰难的时期。

二战期间，施瓦布的家人经常要用配给券才能买到食物，然后用这些食物才能交换自己想要的东西。施瓦布的父母一辈子都在寻求经济上的独立。"我们心里始终被大萧条时期的阴影笼罩着。"他回忆道。"父亲教会了我独立的重要性，我渴望取得经济上的成功，因为我不想在生活上受到太多限制。"

20 世纪 70 年代早期，证券交易所将证券交易的中介服务解禁，施瓦布感到自己成立公司的机会终于来了。在此之前，股票市场交易一直都是通过收取固定费用的大型中介公司进行。由于缺乏竞争，这些中介公司的收费始终居高不下，所以很多美国人都无法进入证券市场。1974 年，嘉信理财进入市场，一下子将中介佣金降低了

75%。很快，401（K）计划和个人退休金账户之类的个人账户开始大行其道。"只要你知道自己想买什么或想卖什么，我们就可以非常高效地为你达成交易。我们通常只收取小额的佣金，而且不会受到那些自命不凡的中介商的干涉。"

在整个采访过程中，谈到自己早年的艰苦生活，施瓦布表现得非常冷静。可一谈到华尔街的经纪人是如何漠视普通投资者的时候，他的脸立刻变得通红，并开始不停地打手势。

"我的心里有一张凳子，凳子的四个支脚是价值、客户服务、科技以及价格，而客户就在所有支脚的上面。华尔街却把凳子翻过来，他们坐在凳子的上面，客户却被压在下面。"他一边向前倾着身子，一边说："告诉你吧，他们就是一群小偷。无论这些交易商想要什么，他们都能得到！"

> 在资本主义社会，经济独立具有非常重要的意义。我想要让嘉信理财变成一个完全民主的地方，人们可以找到我们，告诉我们他们想要什么，并且以最低成本得到他们想要的东西，同时又不会面临中介行业普遍存在的利益冲突现象。华尔街应该成为你的医生，他们真正关心的应该是你的利益，而不是他们的利益。

就这样，通过创办嘉信理财，施瓦布的优势、天分和理想全部都汇聚到了一起。他的投资技巧与多年来在克服阅读障碍过程中形成的毅力得到了完美结合。自身的生活经历也让他学会了去尊重那些希望实现经济独立的人。通过建立一家能够体现个人信念的公司，他已经在实现自己经济独立的同时帮助成百上千万人变得更加独立。如今他的公司已经成为美国人心目中的崇拜对象：拥有 1.4 万名员工，市值高达 360 亿美金。

　　施瓦布的经历再次证明了发现自己的动力有多么重要：要想在工作中发挥自己的最大长项，你首先要知道自己的动力在哪儿，并且要客观地了解自己的优势和劣势。只要能做到这一点，你就可以发现激发潜能的最佳平衡点。

你的最佳平衡点是什么？

下面的练习将会帮助你更好地理解自己的动力。在完成动力部分的练习之后，你可以进一步了解怎样将自己的动力与能力结合起来，从而找到自己的最佳平衡点，你可以最大限度地将自己的优势用在最喜欢的工作上。

1. 你的外在动力是什么？哪些因素占主导地位？
2. 你的内在动力是什么？如何确保它们处于优先地位？
3. 回想一个或多个你的外在动力与内在动力发生冲突的情形。你当时做出了怎样的选择？
4. 你最大的能力优势是什么？你在生活和工作中如何利用这些能力？
5. 列出你的潜能——你既有能力完成，又很感兴趣的领域。
6. 列出你未来可能会在哪些领域发挥自己的潜能。

第 7 章

组建支持团队

要走得快，就一个人走；要走得远，就一起走。

——非洲谚语

如果你正面临着生命中的重大危机，如失去工作、患上危及生命的疾病、婚姻出现问题或所爱之人离世，你会向谁求助？

在充满挑战的时代里，你需要与那些关心你、能为你提供建议的人建立坚实的信任关系网。支持团队依赖于长期的人际交往，可能是爱人、家人、导师、好友或职业团队。

支持团队的成员非常信任你，可以帮助你更好地专注于自己的真北。在支持团队看来，你的职位和成就一点都不重要，他们真正关心的是你的本质。即便外人在攻击或批评你，只要支持你的人站在身边，你就有信心倾听内心的声音。支持团队能帮你度过最艰难的时期，让你确定自己生命中哪些东西是最重要的。

投资银行生存之道：与他人建立深度关系

派珀·贾弗雷投资银行的 CEO 泰德·派珀（Tad Piper）面临工作中的危机时，意识到了支持团队在应对困难挑战时多么重要。如今，派珀共参加了 3 个这样的群体，成员之间互相帮助彼此度过生命中最艰难的时期。

为了锻炼自己成为商业领导者，派珀在 36 岁前往他不断壮大的家族金融服务公司担任 CEO。作为一个富有经验的领导者，他总是感觉自己的生活太忙碌，没有时间参加社群活动，建立亲密联系。他回忆道："如果你在 20 年前告诉我应该加入三个群体，和大家一起讨论一些诸如自己的情感和信念之类的问题，我会告诉你，'谢谢，不过我从来不加入任何社群。'"

许多人都说"我很忙""不知道这样做能获得什么回报""明年再来"，用这样的借口来回避群体活动，拒绝与别人建立亲密的联系。派珀曾经接受过药物依赖性治疗，那时他才明白自己需要更多支持。"接受治疗时，家人告诉我，我的药物依赖对他们造成了巨大的影响。"他说，"真的很可怕。"

那次治疗结束之后，他加入了一个戒酒协会。派珀告诉我："他们都不是 CEO。"

那只是一群非常友好而勤奋的人，他们努力让自己保持清醒，希望能过上富足的生活，他们之间彼此坦诚相待，而且不忌讳暴露自己的弱点。我们甚至会告诉对方我们治疗药物依赖的情况，以此来鼓励对方坚持下去。我感觉自己的身边围绕着一群志同道合的人，他们不仅只是在口头上说说，还会采取实际行动。

在戒酒会以及夫妻小组和学习小组的帮助下，派珀重新振作了起来。虽然加入嗜酒者互戒会的初衷是治疗化学依赖，但是这三个小组给他的人际交往和生活都带来了巨大的改变。"大多数人都无法找到自己迫切需要的平衡，"他说，"但是那些遭遇过类似情况并走出来的人会为你提供更有价值的信息。"

派珀一改以往与朋友只进行表层谈话的坏习惯，在小组里学会了敞开心扉，谈论自己在生活中遇到的挑战。这些讨论更深层，更有意义。

派珀·贾弗雷投资银行是由派珀的祖母创建，曾在 1994 年遭遇经济和法律危机。在债券基金连续 5 年每年累积增长 90% 以后，为了继续维持高增长率，派珀开始启动一些风险更大，也更加复杂的新式金融衍生工具。然而在 1994 年，联邦利率开始下调，整个基金也随即下跌了 25%。

投资者大为震怒，他们的律师也开始群起而攻之。起诉书接连不断，纷纷指控派珀·贾弗雷投资银行没有向客户告知基金的风险，并且错误地将基金定义为"稳健投资产品"。派珀努力和客户一起解决眼前的问题，可要做到这点似乎越来越难。

"一旦遇到问题，"他指出，"你很快就会发现你们的关系到底有多坚固，哪些人是真正的客户，哪些人不是，以及谁会为了金钱而放弃你们之间的关系。很多平时很精明的人一时都不知道该怎么办了，变得极其幼稚。但不管怎么说，我们还是要为这件事情负责。"

公司的声誉和财务状况都因为债券基金的波动而岌岌可危。"过去的 99 年里，我们的客户服务一直都很好，以诚实守信受到了客户的信任，"他说："那些我们定位为相对安全保守的共同基金，事实证明并非如此。"《华尔街日报》一篇文章指出，派珀·贾弗雷投资银行的潜在债务是其资产的 3 ~ 4 倍，派珀意识到了公司已命悬一线。为了保住家族产业，他承受了巨大的压力。

> 我长时间地工作，试图找出一个可行的解决方案。我被压得透不过气来，只感觉到无助。也许我将辜负数以万计的客户。我问自己这会给 3 500 多名员工和他们的家人带来什么后果，得出答案后我告诉自己："我的天，我不能这么做！"

幸好，派珀应对药物依赖症的经验教会了他如何面对极具挑战的情形。他开始与妻子展开长谈，声泪俱下，还与其他最亲密的人分担了自己的压力。"这次困境解决与否并不会影响我们的情谊，"他说，"向知心朋友直言自己无法控制这一状况，让我如释重负。有了他们的支持，我才有勇气直面内心的恐惧和外部的困境。"

派珀内心的信念和外部支持团队帮助他理清思路、放下包袱，不再感到孤单。这种对自己的确认是极为重要的，因为他要保证员工和客户不对自己失去信心。随着资产管理部门的问题逐渐升级，派珀需要提高现有业务的业绩。正因为他有了可信之人给予的莫大的支持，派珀才愿意向高管团队，甚至一线员工敞开心扉。

派珀感觉自己的领导力从来没有如此强大过。这段经历让他的内心变得强大。他公开承认自己的前途有很多不确定性，并且愿意暴露自己的脆弱之处。"我们当时所做的最重要的一件事就是把我们全国各地分公司的领导者和他们的配偶邀请到一起。"

> 太太和我决定把我们的处境和盘托出。我们站在他们面前，直接告诉他们我们也非常害怕；我还告诉他们我开始依赖镇静剂，告诉他们我的信念。这是我们做过的最坚强的事——彻底暴露自己的脆弱。突然之间，整个团队中的每一个人，即便是那些持怀疑态度的人，也开始信任我们了。

他说："大多数领导者都害怕展现自己的脆弱，他们认为自己应该变得坚强，解决所有的问题。"奇怪的是，派珀坦诚的脆弱激励了他人坚持到底。派珀最终解决了诉讼，并重新建立了业务。股价很快攀升到了 1994 年的 3 倍以上。1999 年，联邦政府废除了《格拉斯 - 斯蒂格尔法案》(Glass-Steagall Act)，开始允许商业银行收购投资银行，派珀的公司被美国合众银行收购，他获得了更强大的资本基础。

建立以信任为基础的多元化支持团队

许多领导者宁愿自己默默地解决问题，都不会向别人求助。但没有支持团队为你指点迷津，你将很容易迷失方向，就像雷曼兄弟的理查德·福尔德。在危机当中，你最需要依靠的就是与之建立了长期信任关系的人。

没有一位领导者能够单凭一己之力取得成功。几乎每个人都知道领导者往往是孤独的，但迄今为止，还没有一个人能够找出解决这个问题的办法。其实每个人都缺乏安全感，只是有些人愿意承认，有些人不愿意承认罢了。就连那些看起来总是气定神闲的 CEO 也需要得到别人的支持和理解。所以真诚领导者大都懂得如何建立自己的支持团队，能够在自己遇到不确定问题的时候征求他们的建议，在遇到困难时向他们寻求帮助，在收获成功时与他们一起分享。

从本质上来讲，领导者在面对个人或者专业问题之时都会有两种选择：戴上面具，或者向最亲密的人吐露内心的想法和感受。许多领导者甚至在配偶、导师、团队和朋友面前也戴着面具。如果你不能像泰德·派珀那样把自己的脆弱、不确定告诉最信任的人，承认自己的恐惧，那么领导也就变得无比孤寂了。

建立支持团队，与他们分享你的人生，你将在需要的时候获得最有力的支持。强有力的支持团队能够为领导者提供必要的建议，最重要的是，他们还可以奉献爱。在经历过最艰难的岁月之后，领导者往往都会从那些自己感觉可以依赖，并且可以倾诉的人身上找到慰藉。在遭遇人生低谷时，他们会更加珍惜那些真正欣赏自己的朋友，而不是只看重自己的身份或地位的人。

怎样才能组建你的支持团队？大多数真诚领导者都会很擅长为自己建立一个多元化的支持团队，比如说他们的爱人、家人、导师、好友和职业团队等。许多有经验的领导者都要经过很长时间才能建立自己的支持团队，因为要想建立一支这样的团队需要与他们共同经历许多事，而且一方必须愿意向另一方敞开心扉，只有这样双方才能形成必要的信任。而且领导者在得到帮助的同时必须学会付出，只有这样，你和支持团队才能建立起真正互惠的关系。

爱人——能让你看清自己的人

你能给予自己和别人最好的礼物之一就是与他人建立一种信任的关系，在这段关系里，你可以完全地表现出自己的脆弱和担忧，表达自己的需求，而对方也能无条件爱你。如果一个人能够无条件地接受你的缺点，你内心的恐惧、挣扎，那他或她就是你真正的伙伴。

大多数领导者都会选择跟自己的配偶保持最密切的关系，也有人选择自己的其他家人、好友或值得信任的导师，当领导者感觉有一个人在无条件地爱自己时，他们就会变得更容易接受自己，不再过度依赖外部的肯定。

Safeco 公司 CEO 保拉·罗斯普特·雷诺德（Paula Rosput Reynolds）发现自己的第二任丈夫就是一个可以信赖的人：

当你在外面忙了一天，你的员工都在大骂你是个混蛋，或者你遇到了一些大麻烦的时候，你会非常渴望有人能告诉你："无论如何我都爱你。"

你的伴侣不仅可以信守对你的承诺和关爱，还会在你偏离真北时真诚地发出告诫。在对方眼里，你的职位和成就并不重要，他们真正关心的是你的本质。大多数领导者很少会听到批评意见，所以只有那些真正爱他们的人才能穿透他们的保护壳，直达他们的内心。

大哥哥大姐姐公司的朱迪·弗里登伯格和她的丈夫彼此非常尊重对方的价值观、性格以及品性。她曾经说过：

我嫁给了一位不会因为我的能力或职位而感觉受到威胁的人。他清楚地告诉我，他并不会因为我的职位而在我们两人的关系上做出让步。他并不关心那些在外人看来非常重要的事情。除了个人成就之外，他还非常看重我的品性、我的责任感，还有我的价值观。

然而，生活中，你总会遇上意料之外的问题，比如婚姻紧张、职业倦怠等。在这些情况下，你就需要有人来帮你分担忧愁。可以是你最好的朋友、导师、家人或一位专家。重要的是，你不用再独自面对困境。你可以经常征求他们的意见，尤其是面临一些艰难的抉择时。

大多数领导者都会从他们的家人那里找到慰藉。年轻的领导者会努力与自己的家人保持密切的联系，尽可能多地与兄弟、姐妹、父母或者祖父母待在一起。对他们的父母了解越深，他们就越能更好地理解自己。

随着工作时间越来越长，一些领导者开始严格地限制自己的社交生活。eBay 总裁约翰·多纳霍（John Donahoe）和他的妻子总是会尽量减少参加社交活动，抽出更多的时间陪伴自己的孩子。当乔治·舒尔茨成为美国国务卿的时候，除非总统或副总统坚持要求，否则他和妻子几乎不会参加华盛顿的任何社交活动。曾经任职于美国运通的玛丽安·托德达拉基在职期间拒绝了参加足球赛、高尔夫球赛等社交活动，尽可能多地陪着三个女儿。

导师——助你勇于直面挑战的人

很多真诚领导者都会找一位导师来帮助自己培养更好的领导技能，并建立真诚领导者所特有的自信。但很多领导者，尤其是那些很有抱负的领导者，都没有意识到与导师之间保持双向沟通的重要性。真正持久的关系一定是双向的。

最好的指导不仅能让指导者和被指导者双方互相学习，形成相似的价值观，而且会让彼此享受整个过程。但如果人们只是一味地从导师那里寻求帮助，而对导师的生活不感兴趣的话，他们之间的关系也不会持续太久。

真正能够让一段关系保持长久的，正是双方在沟通时所表现出来的双向性。

在培养下一代领导者的同时，我学会了站在他们的角度，体会对他们来说什么事最重要；了解他们的工作和生活，看到了他们在富足人生之路上的挣扎。尼廷·罗利亚院长是一位比我年轻很多的导师，但他的智慧让我在哈佛商学院担任教授的 12 年间受益匪浅。

年轻的霍华德·舒尔茨在不断地把一家羽翼未丰的公司推向成熟的过程中，意识到他需要找人来倾诉自己的恐惧和弱点。当星巴克还是个小公司时，舒尔茨听到了沃伦·本尼斯关于领导力的演讲，并告诉自己，"我可以从这个人身上学到些东西。"

当你想要向其他人显露自己的脆弱和不安时，你会选择谁作为倾诉对象？这个人可以是你的妻子、好友，也可以是一位曾经向你提出过建议的导师。

沃伦·本尼斯是我的导师之一，我每个月都会给他打一两次电话。他告诉我脆弱是一种力量，是一种人们非常重视的性格特点。当你展现自己的价值观、情感和敏感心理的时候，对方仍会感觉到你的力量，因为每个人的内心都不免有脆弱的一面。

很多人害怕与能指导自己的人交流，因为他们通常不愿意向别人寻求帮助。这样的人并没有意识到自己对于导师的意义。沃伦·本尼斯曾经告诫年轻的领导者:"要想遇到伟大的导师,你必须学会寻找他们。"他把寻找导师的过程比作在舞会中寻找舞伴。回想起自己当初寻找导师的情形,本尼斯说:"他们都很欣赏我的坦诚、活力、责任心以及自律力。"

当我在商学院读书的时候,莱斯利·罗林斯(Leslie Rollins)院长将我收之麾下,让我全心全意地变成一名领导者,引导我理解商界和社会中领导的深层目的。他教导我、支持我、挑战我,为我提供了无数机会发展自己更深层的领导力。他有时还让我无比愤怒,但这些深刻的教育对我产生了深远的影响。

导师并不一定能让你对自己感觉良好,也不一定能告诉你该如何实现自己的目标,有时最好的导师甚至对你非常严厉。克罗格零售集团CEO戴维·迪龙向我们讲述了自己职业生涯早期遇到的两位风格截然不同的导师。29岁时,他被任命为迪龙公司(被克罗格收购之前)Fry's超市的销售副总裁,直接效力于他的导师查克·弗雷(Chuck Fry)和该部门的总裁雷·罗斯(Ray Rose)。虽然迪龙并没有任何销售经验,但罗斯还是相信,任何懂得管理的人都能够轻松胜任这项工作。

有一天,迪龙接到了查克·弗雷的电话(后者将自己的家族企业卖给了迪龙公司)邀请他一起巡视一家Fry's商店。当他们在一个软饮料货架面前站定的时候,弗雷用了很长时间询问迪龙对于眼前看到的一切有什么看法。

迪龙说:"弗雷只是想提醒我应该多加注意店里发生的一切,可我根本没意识到他的这种想法。他解释说这种陈列商品的方式并没有考虑到消费者的感受，而只考虑到如何将经销商的利润最大化。"

很多年以后，迪龙终于了解到，弗雷之所以邀请自己进行这次巡视，真正的目的是想知道迪龙是否愿意跟自己学习。如果迪龙表示出一副不情愿的样子，弗雷就打算为其换一份工作。在接下来的一年中，几乎每一天迪龙都会和弗雷交流一个小时，有时是面对面沟通，有时是电话沟通。

> 回想起来，我意识到自己当时并不是一名合格的销售副总裁，而且甚至根本没有意识到自己的不足。我还认识到雷·罗斯对人员管理的看法是不正确的，因为你不可能找到那些懂得管理的人，把他们放到一个完全陌生的环境里，然后指望他们能够表现良好。你必须教会他们工作的一些关键要诀，而不只是书本上的理论。这是非常重要的一课。如果没有查克，我就不会在百货行业取得今天的成就。

迪龙的故事说明了拥有一名敢于挑战自己，而不是一味支持自己的导师的重要性。许多领导人只喜欢那些对自己听之任之的导师。对于一名导师而言，倾听别人，提供支持是一件相对容易的事情，但要想指出别人的弱点和盲点则需要更大的勇气。

同样重要的是，你一定要让团队成员知道你会在必要的情况下提供支持。美敦力的玛莎·古德伯格·艾伦森曾经和我提到过一个既对她充满信心，又愿意支持她的上司的故事。艾伦森告诉我，就在她刚刚接受一份新职位时，新上司对她说：

> 有时候你会感觉自己力不从心，像是挂在一根树枝上，当大风吹起的时候，你甚至会听到树枝"咔嚓咔嚓"的响声，这时你可能感觉自己会掉下悬崖。别担心，出现这种情况的时候，我一定会在你身边。

没过多久，艾伦森就在新的导尿管产品线上发现了一个严重的质量问题。她回忆说："这时候，我的上司果真出现了。"只要明确知道领导者会在遇到困难的时候随时出现，下属就会受到巨大的鼓舞，知道自己不需要一个人来承担一切，这样他们就可以为自己确立一些较有难度的目标，而且不会担心有人会在关键时刻断他们的后路。

每位领导者都该有导师清单——马克·扎克伯格

Meta 创始人兼 CEO 马克·扎克伯格（Mark Zuckerberg）是少数将自己的想法变成了上千亿美元生意的人之一。有几位导师给了他最大的支持，特别是华盛顿邮报公司 CEO 唐纳德·格雷厄姆（Donald Graham）。2005 年，扎克伯格初遇格雷厄姆，彼时格雷厄姆家族已经统帅华盛顿邮报长达半个世纪。格雷厄姆自己的导师沃伦·巴菲特为其提供了许多建议，例如让他侧重长期价值创造。

　　扎克伯格与格雷厄姆初次见面便觉得相见恨晚。扎克伯格回忆称自己当时想效仿格雷厄姆；反过来，格雷厄姆也被这位天才深深吸引，当即就想投资 Facebook。扎克伯格口头上接受了华盛顿邮报公司 600 万美元的投资，只是后来因为风投公司 Accel Partners 提供了更高的投资额而未能达成那次合作。

　　这次珍贵的经历让扎克伯格和格雷厄姆在未来的业务中往来更密切，扎克伯格平衡了作为 Facebook 股东的职责和自己做正确之事的愿望，这一做法让格雷厄姆赞赏不已。

　　同年晚些时候，扎克伯格花了几天时间跟随格雷厄姆学习如何做一名 CEO。格雷厄姆在关键的问题上向扎克伯格提出了建议，比如聘用谢丽尔·桑德伯格（Sheryl Sandberg）担任 COO。此外，格雷厄姆还鼓励桑德伯格接受了这份职位，接纳比自己年轻得多的 CEO。随着二人的关系日益密切，格雷厄姆也向扎克伯格咨询有关《华盛顿邮报》在线活动的问题。

　　扎克伯格的导师名单随着公司的壮大不断拉长。早期，他依赖西恩·帕克（Sean Parker）了解了如何在保留公司控制权的同时吸引股权资本。近年来，他又向比尔·盖茨和硅谷风投家马克·安德森（Marc Andreessen）寻求咨询，但他与格雷厄姆的联系从未间断。

触及所有利益相关者的精神——财捷集团前主席和 CEO

　　比尔·坎贝尔财捷集团前主席和 CEO，他被认为是硅谷最优秀的导师。北加利福尼亚的许多风险投资商和董事会都会在聘请新的

CEO 之前征求坎贝尔的意见。尽管他非常低调，可"教练坎贝尔"还是成了硅谷最受尊重的执行官之一。

坎贝尔曾为数十位企业家和商业领袖提供过指导，其中包括我们采访过的三位：兰迪·科米萨、唐纳·杜宾斯基和布鲁斯·齐森。人们之所以愿意接近坎贝尔，是因为大家觉得他是一位伟大的导师，总是愿意帮助自己身边的人释放自己的领导潜力。早在年轻时代参加橄榄球运动的时候，坎贝尔就已经培养出了一种宽厚无私的精神，正是这种精神帮助他建立了一个包含众多支持者和朋友在内的强大网络。

在哥伦比亚大学就读期间，担任后卫的坎贝尔曾经多次为前锋助攻得分，他的眼睛里至今还散发出那种进攻时特有的光芒。他宽大的肩膀，紧绷的下巴，略显生硬的态度，乍一看会觉得他好像随时都会向你发起进攻。但在这种强硬的外表之下，隐藏的是一颗真诚的关怀之心。"跟比尔在一起的时候，"科米萨回忆，"你从来不会感觉到他只是在考虑自己。"

还在苹果公司担任执行官的时候，坎贝尔在 1987 年领导了苹果下属的 Claris 软件公司，并为公司招募了一支颇有天分的年轻队伍，其中就包括科米萨、杜宾斯基以及齐森。他们三人非常怀念在 Claris 的那段岁月，对坎贝尔充满了深厚的感情。时至今日，他们仍然经常与坎贝尔联系，在一些比较棘手的问题上征求他的意见，享受与他的友谊，和他一起开怀大笑。他们就像一个亲密无间的大家庭，并且是一个强有力的家庭。

坎贝尔和他的门徒之间一直都有一种相互依存的关系。杜宾斯基、科米萨和齐森发现，坎贝尔可以帮助他们提高自身的技能，而他们则可以帮助坎贝尔把 Claris 发展壮大。

杜宾斯基曾经说过："比尔教会了我们如何与员工沟通，如何建立一个团队，以及如何经营一家公司。"齐森至今还记得每次与坎贝尔进行季度业绩评估时的情形，"他教会了我怎样看损益表，告诉我怎样制订工作流程，以及怎样包装产品。他是我的 MBA 导师。"

在实际工作中，坎贝尔总是会指挥受过专业律师训练的科米萨去推敲合同细节，让杜宾斯基掌管供应链，而让齐森去指挥公司的销售团队。

除此之外，坎贝尔还会不断督促门徒们超越自己，进而发现自己的真诚领导力。杜宾斯基发现，坎贝尔是一个非常懂得尊重别人的人。"比尔每天走进公司时都会花上几分钟与接待员交谈。他非常清楚接待员在生活上遇到了哪些问题，甚至知道她的孩子们都在做些什么。"

坎贝尔还知道什么是真正的关爱。他会不断地告诫自己的团队成员超越狭隘的个人利益，学会从公司的角度考虑问题。杜宾斯基指出："他总是给我施加很大的压力。他认为我是一个很有潜力的人，并且总是希望我能够照顾到公司的最大利益。"

最重要的是，坎贝尔会经常征求三个人的建议，暴露自己的弱点，并通过这种方式对三个人授权。科米萨指出："比尔经常暴露自己作为普通人的一面。"

他有时会在公司大会上告诉大家，"我们要这么做！"然而当我们走进他的办公室，关上门后，他告诉我："我非常担心。你觉得我们的团队能做到这一点吗？"这时展现在我面前的，就是一个非常脆弱的普通人，于是我告诉自己，在他遇到困难的时候，我一定要尽全力支持他。

通过暴露自己的弱点，并向下属征求建议，坎贝尔给了科米萨、杜宾斯基和齐森足够的自信和权力，让他们学会忠于自己的内心。科米萨表示，正是坎贝尔的教导让他学会了更好地接受自己。

坎贝尔给不仅给了我们鱼，还教会了我们怎样钓鱼。你可以感觉到比尔对你完全信任，而且非常关心在你身上所发生的一切。这是爱的最高形式的表达。

最好的导师会把被指导者的利益放在自己的利益之上。他们之间的关系可以发展成为坚固的个人友谊，尤其是当双方不在同一个职业领域的时候。而当被指导的一方开始向其他人提供指导的时候，这种循环又会不断进行下去。

友人——留下来陪你渡过难关的人

对于许多真诚领导者来说，交上几个能够患难与共的好朋友是一件非常重要的事情。好朋友往往都是建立在多年感情基础上的，大家彼此都能真正地了解对方。大多数人都只有少数几个好朋友，但他们彼此会定期保持联系。达维塔公司（DaVita）CEO 肯特·希里（Kent Thiry）把红杉树比作一种建立亲密友谊的标志。"红杉树是森林里最高、最强壮、最长寿的树。怎样才能种一棵又高、又壮、又长寿的红杉树呢？这需要时间。"

大学毕业之后，希里一直努力保持与几位好朋友之间的联系，他经常长途跋涉地去看望他们，每年都会组织各种聚会。他会用电子表格记录下每次与朋友之间的一些深度交流。除此之外，他还会想尽各种方法让大家知道这种彼此之间的友谊有多么重要。"没错，你完全可以种下一棵新的大树，但那需要时间，大量的时间。如果你只是因为感到疲倦而砍倒一棵大树，这难道不是一项罪过吗？"

亲密的好朋友会在你遭遇挫折，需要鼓励时站在你身边。而当你变得狂妄自大时，他们又会提醒你，让你不要过度自信。好朋友之间加强友谊的一个方式就是向对方暴露你的脆弱，因为开诚布公是培养友谊的一个重要途径。就如同提供指导一样，友谊也是一种可以让双方都受益的双向交流。如果只是一方不断给予，另一方不断接受，这种友谊是不会长久的。

当人们一同经历生活中不同阶段的时候，他们之间会更加了解。一同经历过风风雨雨之后，好朋友就会变得更加心意相通，当你需要提醒时，他们会第一个发现，并及时向你提出。而当你脱离轨道，他们也会及时感觉到，并且会立刻告诉你。

　　一些固定的活动可以让人们之间的友谊变得更加持久。美敦力紧急反应系统总裁克里斯·欧康奈尔（Chris O'Connell）在商学院里曾经交过 7 个最好的朋友。"我们每年都会聚到一起，到一个度假胜地过上 4 天。毕业 12 年来，这种聚会从来没有间断过，也没有任何一个人缺席。每次聚到一起的时候，我们大多数时间都用在了规划下一次旅行而不是享受当前的这次旅行上。我们每年都会花很多时间讨论这种问题。"

　　许多领导者都喜欢交一些与自己的组织或工作业务没有任何关系的好朋友。先锋集团公司 CEO 杰克·布伦南喜欢跟几位与自己的金钱业务毫不相干的医生和律师交朋友。"交上几位和工作毫无关系的好朋友是一件对自己非常有好处的事情。"

　　往往只有在那些最艰难的时刻，领导者才会发现谁是自己真正的朋友。唐纳·杜宾斯基回忆道，"2001 年，就在网络泡沫破灭之前，我曾经是一名'纸上亿万富翁'，很多人都发疯一样地追在我后面，希望成为我的朋友。可当网络泡沫破灭时，这些人都弃我而去，只有那些真正的朋友才会留下来陪我渡过难关。"

工作和生活中的"真北团队"

　　真北团队是帮助你获取智慧和建议，进而提高领导力的最有效来源之一。真北团队通常会定期聚会，讨论个人生命中那些最重要的东西。在聚会的时候，大家可以一起设计一个讨论框架，以保证谈话不会偏离主题。一场经过仔细构思的谈话会让每个人都沉静下来，认真探索内心，并向大家描述自己遇到的挑战。2011 年，我和贝克为那些想组建自己的真北团队的人专门撰写了《真北团队》一书。

对于如何应对生活中的意外，沃伦·本尼斯曾经告诉领导者："一定要建立一个可以告诉你真相，而你也可以跟他们坦诚相对的群体。"

如果你身边聚集了这样一群人，其他还有什么大不了的？类似"9·11"的灾难性事件是谁也不可能事先做好准备的，你也不可能像个预言家那样预料未来会发生什么。所有你能做的，就是尽可能地理解眼前的处境。

1974 年，我参加了一次周末度假活动，度假结束之后，我们一起组织了一个男子俱乐部，并决定在每个周三早晨开始工作之前举行一次 75 分钟的聚会。四十多年过去了，我们仍然坚持这种聚会形式。能与这样的群体分享内心最深处的感受是最幸福的事。我们一起讨论我们的精神和宗教信仰，以及疑惑、职业难题、婚姻和家庭问题，还有个人发展。每次聚会开始时，我们首先会了解彼此的生活情况，讨论彼此遇到的困难，然后根据八位成员中的某一位选定的主题，比如对文章、诗词或社评等进行讨论。

最近的一次碰面中，有一位成员提出能否中止计划，以便他就自己正面临的个人挑战征询我们的意见。那次讨论非常激烈，但我们争论的并不是是非对错。虽然各自不同的信念将成员们引向了不同的方向，但我们仍怀着互相关怀和相互尊重的心情聚在一起。

这么多年来，作为这个俱乐部的成员，我们一起经历了许多人生中的关键时刻，比如孩子出生、孙子出生、离婚、升职、失业、重病，甚至死亡。我们持续讨论的一个话题是我们与各自父亲的关系，因为大多数人与父亲的关系都非常复杂，我们试图弄清楚其中的原因。这么多年来，成为这个群体的一员对我来说大有裨益，因为它能让我向同事分享更多自己的缺点和弱点，保持真诚。

所有成员都觉得这个团体已经成了我们生命中最重要的部分，它让我们可以澄清自己的信念、价值观和对一些主要问题的理解，同时还可以为我们提供最重要的反馈。进行这些讨论的关键就是要保持坦诚，每个人都可以说出自己真正想说的话，不用担心会受到别人的评判或者是指责。此外，支持团队还有许多形式。我和彭妮在20年前与其他3对朋友组成一个夫妻小组，每个月都会聚会讨论我们的信仰、生活、家庭和个人成长。有时候我们会一起前往一个度假胜地旅行。

在我的"真诚领导力"课程中，我会要求每6～8人组成一个领导力发展小组，作为课堂教学成果的一部分。自2005年以来，"真诚领导力"课程成了MBA学生和高管教育最热门的课程。过去的10年里，一共有6 000人建立了自己的领导力发展小组。即便每周只有一次执行项目，团队成员之间的关系也非常紧密。每次课程结束之后，我们都会让参与者评估在课程中最有意义的事，无一例外，大家都认为小团队会议比所有其他学习方式更有效。

在领导旅途中，你可能会遇到很多意料之外的问题。生活总是充满挑战，既有道德上的挑战，也有职业生涯转变或者是职业倦怠，还有一些看似无法调和的人际关系上的挑战，包括婚姻和家庭问题等，有时候你可能感觉自己迷失了方向，甚至是偏离了自己的真北。想要单凭一己之力回到正确的轨道上来是一件非常困难的事。这时候你就需要一个支持团队。一定要在危机发生之前建立这样的团队，因为只有这样，你才可以在最无助的时候及时得到帮助。

练 习

谁能加入你的支持团队？

读完第 7 章之后，下面的练习将会帮助你对自己生活中的重要关系进行排序，并帮助你更好地建立自己的支持团队。

1. 列出生命中最重要的人际关系，包括当前的和以往的：

   ◎ 你最重要的朋友是谁？

   ◎ 为什么这个人对你如此重要？

   ◎ 你会怎样向这个人寻求支持？

2. 你的家庭出身对你的生活尤其是职业发展有怎样的影响？

3. 在你成长为领导者的过程中，哪些人对你提供过指导？是否有某位老师、教练或顾问对你的成长产生过至关重要的影响？他们是如何帮助你成长的？你们是如何建立一种双向关系的？

4. 遇到问题时你通常会向哪些朋友求助？你是否会坦诚地倾诉你所遇到的问题？你们能彼此坦诚相待吗？

5. 你是否有一支个人支持团队？如果答案是肯定，那么它在提高你的个人能力和领导能力方面起到了怎样的作用？

第 8 章

规划整合式生活

只要一不小心，你就会被这个世界所控制。所以要想真正认清自己，你一定要做出清醒的选择。

——约翰·多纳霍　**eBay 总裁**

　　成功的领导者往往过着复杂而且艰辛的生活。随着沟通日益多元化，商业的节奏也日益加快。然而，许多人还没有学会如何应对新现实。因为你需要为世界付出更多的时间，所以你根本没有足够的时间来做自己想做的事情，也无法找到生活中所有方面——事业、家庭、朋友和社会以及个人生活之间的平衡。因此，你不得不做出取舍。你的决策将决定你的生活。

　　真诚领导者总是能经常提醒自己保持平衡的重要性。为了做到这一点，他们会努力避免在人生攀上高峰时过于骄傲，也会尽量避免在遭遇低谷时迷失自己。为了忠于自己的内心，他们会尽可能与家人和好友们在一起，经常进行体育锻炼，经常做一些精神上的练习，做一些社区服务工作，或者回到自己儿时成长的地方。这对于提高领导效率非常重要，因为这可以使他们保持真诚。

　　为了避免工作主导自己的时间，保证自己的身体和精神的健康，真诚领导者必须优先考虑家庭并照顾好自己，不整合自己的生活会让你偏离轨道。

整合自己的生活是领导者所遇到的最大挑战之一。要想过上完满的生活，你需要将个人生活和职业生涯中的所有要素，包括工作、家庭、邻居、朋友都整合到一起，只有这样，你才能真正做到在任何时候都坚守本色。对于真诚领导者来说，无论是在家里还是公司，忠于自己是他们所遇到的最大考验，而个人的成功将是他们所得到的终极奖赏。

eBay 总裁的富足人生：高效领导来自平衡的生活

1983 年，eBay 总裁约翰·多纳霍当时还是一个年仅 23 岁、精力充沛的小伙子。秋天一个宁静的夜晚，在波士顿的一家餐厅里，他正和自己的未婚妻爱莲放松地享受晚餐。

虽然从大学毕业只有一年，但身为咨询分析师的多纳霍已经在贝恩公司为自己赢得了良好的声誉。一谈到自己的职业前景，他的眼睛就开始闪闪发光。

随着晚餐接近尾声，爱莲开始担心约翰可能会为了工作舍弃一切。她告诉约翰，他的频繁加班、出差以及工作时所承受的巨大压力很可能会让他们的感情变得不稳定。然后她话里有话地问道："这真的就是你想要的吗？"约翰坚定地回答："当然不是！"

接着他从口袋里掏出一张银行的收据，在背面写道：我不会一辈子做管理顾问。然后签上了自己的名字。约翰回忆道：**"她实际上是在告诫我，'要学会忠于自己的内心'。"**

当多纳霍逐渐成长为贝恩全球执行董事的同时，他也在努力让自己过上一种真诚的生活。他说："我最终的目标是要能够对这个世界产生某种影响，成为一名真诚的企业家、父亲、丈夫、朋友，一个我想要成为的人，这是我的最高目标，也是我的终极挑战。"

> 我每天都在挣扎，每天都在做出各种取舍，而且这种挣扎并不会随着年龄的增加而减轻。我的个人和职业生活并不会此消彼长。毫无疑问，是我的孩子们使我的工作效率大幅提升。拥有完整的个人生活让我的人生截然不同。

"处理工作与生活的关系是领导者所面临的最大挑战之一。"多纳霍反复强调，要想过上真诚的生活，你需要不断努力：

> 无论你在哪里，要想保持自己的真诚和自我意识，不断地学习和成长，你都需要付出持之以恒的努力。只要一不小心，你就会被这个世界所控制。所以要想真正认清自己，你一定要做出清醒的选择。有时候选择真的是一件非常困难的事，而且你也会犯很多错误。

多纳霍在他就读商学院期间做出了他一生中最重要的决定。

第一学期是他一生的求学经历中最紧张的一段时期。当时爱莲和多纳霍第一个孩子的预产期正是他期末考试的前一晚。那时多纳霍问自己，到底什么更重要？是孩子的出生，还是自己的分数？答案很快变得非常明显。

虽然此前他几乎在所有考试中都名列前茅，可这次多纳霍还是决定放弃对高分的追求："这真是非常奇怪，那次我给自己找了个借口，让自己不再追求高分数。我必须接受这样一个事实，我可能不会所有的科目都得 A。"虽然距离期末考试越来越近，可多纳霍还是决定花更多时间和爱莲在一起。当他的同学们感觉压力越来越大的时候，多纳霍却感到前所未有的轻松。

让他感到更加不可思议的是，多纳霍最终居然获得了全班最高分。"我不是班里最聪明的学生，我之所以能够取得这样的成绩，完全是因为我在某些问题上提出了一些与众不同的想法，"他说，"当人们感到巨大压力的时候，他们就会犯一些基本的错误。"这次经历让多纳霍意识到，生活原来可以成为自己的好朋友。

几年以后，多纳霍再次遇到了人生中一系列艰难的选择。法学院毕业之后，爱莲接受了一位联邦法官的聘用，但这份工作要求她每天早晨 7：30 就开始工作，而多纳霍的工作则需要经常到外地出差。多纳霍当时别无选择，只能每天亲自送两个孩子上学。多纳霍最后只好走进贝恩旧金山分公司总经理汤姆·蒂耶尼（Tom Tierney）的办公室，告诉他自己别无选择，只能辞职。蒂耶尼笑着说："约翰，我们可以想办法来解决这个问题。"然后他把多纳霍派给了一位本地客户，这样他就可以每天在赶往客户那里之前先把孩子们送到学校里。

多纳霍非常吃惊地看到，他的客户们居然完全理解他所做的选择。他坦诚地告诉自己的客户："这点对我非常重要。这并不是说我不愿意努力工作，但我真的没办法在 10 : 00 之前来到这里。"

> 客户对我的做法表示肯定，他也非常欣赏我的能力。如果是以前，我想我可能根本没有勇气告诉他这些。在工作的时候，人们总是想让自己显得强硬一些，似乎这样才能让周围的人感觉你可以控制一切。这一年对我来说无疑非常重要。

多纳霍还发现，他的生活越是完整，越是忠于自己的内心，他的领导效率就越高。"这一年客户对我的评价是最好的。当我们的客户对我的决定表示理解时，我就会变得更加放松。"他回忆。通过向自己的团队和客户们显露自己的弱点，他发现整个团队的表现都有所改进，客户关系也随之得到了进一步加强。

在接下来的 1 年里，多纳霍被任命为贝恩旧金山分公司的主管。担任这一职位 6 年之后，他开始对这种快节奏的生活感到精疲力竭，于是想要在两个儿子长大成人之前多抽些时间和他们在一起。

于是他把手头的工作交给了自己的同事，并给自己放了一次 3 个月的长假。"我开始重新思考自己的生活，也给了自己一个与家人走得更近的好机会。"他们一家人一起去了欧洲，然后多纳霍开始利用周末带妻子和四个孩子去旅行。

重回贝恩公司，他感觉自己浑身充满了干劲。1 年之后，他接替了蒂耶尼的位置，被任命为贝恩公司全球总经理。就在任命消息下达的同时，美国经济开始迅速下滑。这时他的一个孩子也出现了健康问题，这一切都给他带来了前所未有的考验。"就在我被任命为总经理之后不久，咨询行业就遭遇了 30 年来最大的危机，而孩子的健康也出了问题。"

> 这是我一生中遇到的最大难题。我的家人、朋友、教练和同事们都为我提供了巨大的帮助。生活迫使我在工作中变得真诚，迫使我在工作中暴露自己的脆弱，因为生活会让一个人变得谦卑。

多纳霍的做法拉近了他跟伙伴们之间的距离，并帮助他们在行业不景气的时候更加紧密地团结在一起。通过勇敢地面对自己的脆弱，多纳霍学会了让自己的生活保持平衡。"我对自己身边的人充满了信任。我们一起讨论未来的方向以及该如何到达那里。"他相信，自己之所以能做到这一点，完全是因为他能够在遇到压力时很好地保持个人生活和职业生活的平衡。

> 因为我把很多情感都给了家人，所以我不会因为咨询行业的萧条而在情绪上有太大波动。这反过来又大幅提高了我

的领导能力。我想,我留给贝恩合伙人最大的资产恐怕就是带领大家一起走过困境的那段经历了。

虽然距离他们在波士顿餐厅的那场谈话已经过去 20 年了,可爱莲·多纳霍并没有忘记银行的那张签字条。"我仍然把它放在我的钱包里,"她说,"多年来,我曾经无数次地抽出这张纸条。"就这样,多纳霍一家成功地迎接了生命中的一次又一次挑战,努力地过着一种真诚的生活。

他们的经历不仅告诉我们该如何通过努力过上一种有意义的生活,而且还让我们看到了这种努力将会给你带来怎样的回报。

划清界限,对家庭与事业负责

近些时候,不少正在领导旅程中发展的领导者都在想:"我可以兼顾事业和家庭吗?"这也是MBA学生和我的学员最喜欢问的问题。心理学家埃伦·兰格直接向工作生活均衡的概念叫板。"与其将工作和生活对立起来,寻求二者的均衡,我更倾向于工作生活一体化。如此,不管是生活还是工作,你都将遵循同一种方式。"

由于现代工作对人们的时间要求更高、施加的压力更大,加上双职夫妇的复杂性,让整合生活变得比以往更具挑战性。年轻的领导者目睹了许多父辈为了事业牺牲家庭,最终导致婚姻破裂、家人关系疏离。他们立志不重蹈覆辙,却找不到正确的方法。

整合自己的生活和工作是领导者所遇到的另一项最大挑战。这个问题没有明确的答案，你必须一次一次地做出权衡。大多数人都想拥有成功的事业和美满家庭。这固然令人瞩目，但当你为了公司牺牲自己和家庭时，问题就来了。多年后，你会发现自己陷入了职业陷阱，无法从中跳脱，因为放弃当前工作的成本太过高昂。然而，你在职业早期根本就不会察觉到任何端倪。我建议你为自己的生活和工作整合设定一个明确的基本规则，并严格遵守这些规则，而不是养成不惜一切代价追求成功的习惯。

当我在利顿工业公司时，我的上司是公司最顶尖的五位领导者之一。他在比弗利山庄拥有奢华的住宅，并且加入了高档的乡间俱乐部，却经常跟我抱怨他多么讨厌自己的工作。有一天我对他说："这份工作真的那么糟糕的话，你为什么不辞职？"他立即回答我："考虑到目前所有的开销，我做不到。"几年之后，他因为依赖吸烟缓解压力而患上了肺癌，离开了人世。

为了找到工作和生活之间的平衡，你必须在两者之间设定清晰的界线。这样，你将会惊讶于生活给你带来的收获。别忘了，另一种结果就是赚很多钱，却没有时间与家人分享，甚至因为忽视了配偶和子女而与他们分居。

十几岁时，我便下定决心要领导一家了不起的组织，同时拥有幸福的家庭。我有不少朋友，他们的父亲都为了事业而牺牲了家庭，我很担心自己像他们一样。当彭妮与我交往时，我们就谈到了如何在支持彼此事业的同时留出足够的时间照顾家庭。在孩子出生之前，我们很容易就找到了工作和生活的平衡点。即便是两人都在工作，我们依旧能够适应彼此的时间表，愉快地度过共同相处的时间。

但是当我们的孩子杰夫和乔恩出生之后，一切都改变了。彭妮在拿到了心理学硕士学位之后成了一名心理咨询师。每个孩子出生后，她都会抽出大量的工作时间照顾孩子，然后又以兼职的身份回到工作。与此同时，我的工作强度也明显加强了。我经常去日本和欧洲出差，有时一去就是 10 多天。我经常不在家，让彭妮感觉压力非常大，无法兼顾孩子和工作。

我试图承担更多抚养孩子的责任，分担家务，负责接送孩子去幼儿园，带他们去运动场，可是我越努力，彭妮的负担就越重，尤其在我外出的时候。

婚姻并不是静止状态的。要想获得一份成功的长期婚姻，你必须和你的配偶持续努力，开诚布公地谈论彼此的差异、恐惧和弱点。彭妮一直都是我们感情中的晴雨表，每当我们感觉疏远或沉溺在自己的世界时，她都会引导双方探讨出现的问题，让双方更加坦诚。

20 世纪 80 年代，我在另一家 500 强企业霍尼韦尔公司工作，那里的高压环境扩散到了我的生活中，那段时间对我和彭妮来说都是一段艰难的时光。由于需要不间断地出差，我发现自己对工作并不满意，于是将目光转向了公司事务以外的活动上，寻求充实感。

与此同时，我竭力抵制压力给我和家人带来的影响。彭妮对我则表现出了无限包容，她承受了我给她和孩子带来的压力，为大局着想，保全了我们的家庭。转到美敦力工作不仅消除了我的不满情绪，也让我的家庭生活变得更加美满。

当你感受到巨大压力的时候，往往会在不知不觉间也将压力转移到了自己最亲近的人身上。现在回想起来，我也在工作和生活中忍受了极大的痛苦，才敢于面对现实，改变了职业方向，专注于生命中真正重要的事。

极致的领导力是选择大于努力

以下两种谁才是真诚领导者：

◎ 每周工作 80 小时，为工作而生活，公司需求高于一切。

◎ 每周工作 50 ~ 60 个小时，能够平衡工作和生活需求。

真诚领导者能够领导组织健全地发展。合理地安排工作，他们能做出更周全的决策，实现更有效的领导。他们的员工对公司的忠诚度也更高。最终，他们能创造出更出众的绩效。

当工作、个人生活和公司的使命保持一致时，领导力才会发挥到极致。如今新兴的领导者从他们家庭的经验中认识到要让生活充实，整合生活势在必行。他们致力于在工作中出类拔萃，但也知道工作不是人生的全部。他们当然不缺乏领跑的激情，恰恰相反，他们会因为整合了自己的生活而成为更优秀的领导者。

如果我们将灵魂都献给了公司，到了最后，我们付出再多也收获甚微。如果我们找到能滋养我们灵魂的公司，让我们成长得更全面和完整，给予我们整合生活的空间，那无疑是所有人梦寐以求的归宿。沃伦·本尼斯并不喜欢平衡这个词。

> "平衡是一个工程用语，意思是当你在两边都放上一个小物品的时候，如果你做得足够好，你就可以得到一个平衡的结果。可事实上，我们的生活总是摇摆不定的。所以我们每天面对的都是选择，而不是平衡。"

可能大多数人都没有意识到，我们每天都要作上百个选择，其中有很多是下意识或者是无意识的。一旦发现自己的选择是错误的，我们就会努力从这些错误当中学习。

当领导者谈到自己所遭遇的挫折时，他们总是说这些经历会迫使他们扪心自问："我生命中真正重要的东西到底是什么？"提出这个问题可以帮助领导者做出一些更加清醒的选择。施乐公司的安妮·马尔卡希说：

> "我在工作上 100% 投入，并知道努力就会有一个好前途，但对我来说，家庭才是生命中最重要的事情。我喜欢施乐，愿意为它做出巨大的牺牲，但我的家庭才是最重要的。为了家庭，我们已经做出了许多选择，要想得到一些东西，你就必须学会放弃另一些东西，就这么简单！"

　　由于工作关系，马尔卡希的丈夫，一位在施乐工作了 36 年的老员工，要经常到外地出差，但是他们决定，每天晚上都要有一个人在家里陪伴孩子们。他们还决定，不管出现什么情况，都不要搬家。所以无论遇到什么情况，哪怕是要到很远的地方出差，他们也会努力赶回家。"在成为施乐 CEO 的同时又坚持不搬家，并不是一件容易的事情，但我们还是做到了。在施乐，我们希望员工把自己的家庭放在第一位。我们不会让员工做出一些无法接受的取舍。"

拥有复杂条件下的决策能力——美敦力投资关系副总裁

　　在最初的几次成功经历之后，逐渐成熟的领导者就会在更大的范围内得到认可，并被认为"具有领导天赋"，然后他们所在的公司就会用一些更加富有挑战性的工作考验他们。

　　刚开始在美敦力工作的时候，玛莎·古德伯格·艾伦森的领导能力很快就得到了大家的认可，她被认为是一名很有潜力的领导者。随后她加入了公司的收购小组，并在两年之后得到了美敦力奖学金的资助，前往商学院深造。毕业之后，她又回到美敦力担任产品经理，并很快被任命专门领导公司新成立的一个部门。当管理层将艾伦森负责的部门与该公司的现有部门合并在一起时，艾伦森被任命为合并后部门的总经理。随着她所在的部门不断发展，艾伦森的职业生涯也变得一片光明。

　　一天，当艾伦森正在家里陪伴两个孩子的时候，她的电话突然响了起来。美敦力的人力资源经理问她："我们正在考虑派你出国拓展新业务,你觉得怎么样?"艾伦森后来回忆说:"我当时犹豫了一下,然后告诉她'今天可能并不适合讨论工作调动的问题'。"艾伦森当时并不清楚接受这个任务会对自己的职业生涯和个人生活带来怎样的影响。她并不打算孤身一人带着两个孩子到海外漂泊,同时她也不希望在手头的项目还没有结果之前离开,而且也担心她的调动会对丈夫的工作带来一些不利影响。

通过和她的导师以及丈夫讨论这次调动,艾伦森最终决定接受外派。她意识到这对她来说是一个非常特别的机会,可以让她有机会到国外工作,加深对跨国商业活动的理解。到了欧洲之后,艾伦森很快适应了当地的环境,并取得了不错的成绩。与当地文化的近距离接触让她受益匪浅,而且她所领导的多国团队也取得了良好的业绩。艾伦森的成功原因是,当机会来临时,她敢于接受挑战,愿意在前途未卜的情况下在一个更加复杂的环境中承担更加艰巨的任务。

她的这番努力终于得到了回报,三年之后她有了第三个孩子,感觉自己需要回到明尼苏达继续自己的事业,更重要的是,与家人保持更亲近的距离。而且丈夫也希望她能继续她的事业。于是她便向美敦力 CEO 阿特·柯林斯说明了这一情况。柯林斯当即将她重新召回美敦力总部,担任投资者关系部门主管。仅一年以后,她晋升为公司的执行委员会成员,担任人力资源主管。

由于想回到一线管理层,艾伦森在 3 年后离开了美敦力,成了芝加哥一家医疗保健公司的全国销售经理。频繁的出差让艾伦森逐渐意识到自己与家人的关系日益疏远，于是她开始重新考虑个人职业发展，接受了明尼苏达州艺康公司（Ecolab）的邀请，打理该公司刚刚起步的医疗业务。她在工作和家庭中的表现都非常出色。

艾伦森的故事给我们提供了宝贵的经验。所有的领导者都需要面对整合生活和工作的难题。艾伦森外派欧洲的经历让她在整合事业和家庭上做得更好。虽然事业和家庭之间不存在所谓的完美平衡，但你必须在工作决策上划定一个界限，否则你的工作将会占据你的生活，让你在任何一个领域都无法取得成功。不管怎样，为了事业牺牲太多都会让你的生活失去平衡。

做出取舍，整合人生中的"四只水桶"

许多领导者都会通过综合自己生活中的某些方面，家庭、工作、朋友、邻居以及个人时间等来整合自己的生活。Vitesse 培训公司的创始人菲利普·麦克雷说："我用四个水桶代表我生命中最重要的那些领域。"（见图 8.1 所示）。

> 第一个是我的职业；第二个是我的家庭；第三个是我的社区和好朋友；第四个是我喜欢的个人活动。如今第三个和第四个早已离我而去。但我并没有感到遗憾，因为我已经填满了前面两个水桶。
>
> 到了 40 岁的时候，我希望能够更好地填满第三和第四个

水桶：抽出更多的时间去参加社区活动，和好朋友交往，做一些自己喜欢做的事情。从长远来看，我并不希望为了追求事业而在自己人生的其他领域留下空白。

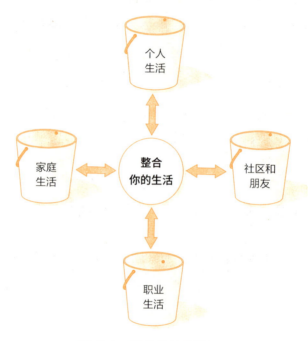

图8.1　整合你的生活

麦克雷的妻子安妮卡（Annika）是一位前途无量的管理顾问，他们两人做出了一个艰难的决定：从头开始，像组建一个家庭那样创建一家公司。由于家住旧金山，而公司的很多客户，主要是一些大型制药公司都在东海岸，所以麦克雷几乎每个星期都要在美国东西岸之间飞来飞去。最终他不得不面对一个艰难的选择：要么放弃家庭生活，要么全家搬到新泽西，以便更好地接近自己的客户。

权衡之后，他们选择了后者，而安妮卡也成功地说服了公司把她调到康涅狄格州的总部。就这样，他们顺利地搬了家，虽然还是要经常外出工作，可离家的时间却大幅缩短了。

要想成为一名合格的领导者，你需要做出巨大的牺牲，尤其是在一些比较艰难的时期：当填满某些水桶的时间明显不足的时候。AT&T 前任执行官盖尔·麦加文说：

> "很多人都问我个人生活和工作能否兼顾，我可以肯定地告诉你，完全可以。但你必须意识到自己不可能在所有问题上都投入 100% 的精力。要想兼顾自己的职业和生活，你必须学会心安理得地放弃很多东西。"

为了减轻压力，麦加文请人帮助自己照顾孩子，慢慢学会了不再操心家务事。"一旦你意识到自己根本不可能同时成为一名超级家庭主妇、超级成功人士、超级母亲、超级妻子时，你就不会为不能做到这一切而感到愧疚了。"她总结说。

真诚领导的 7 种人生整合法

要想整合自己的生活，你首先必须忠于自己的内心，尤其当外部世界陷入一片混乱时更是如此。

　　那些能够忠于自己的领导者都会给人一种沉稳自信的印象。他们不会今天给人一种感觉，明天又给人另一种感觉。整合生活需要相当的自制力，尤其是当一个人遭遇压力时更是如此。

　　领导是一项需要承受巨大压力的工作。当一个人需要为整个组织，为员工，为公司的业绩，以及不断变化的外界关系负起责任时，你很难彻底避免所有的压力。所处的职位越高，你控制自己命运的能力就越强，但你所承受的压力也就越大。问题并不在于你能否避免这些压力，而是你能否保持内心的平静。就像我以前的一位同事所说的那样，"只有到死的时候，你才不会感到任何压力。"

　　当美敦力的克里斯·欧康奈尔遇到压力时，他说：

　　　　"我可以清楚地感到自己正慢慢陷入一种消极思维。当状态很好时，我整个人都会变得非常积极，感觉自己什么都能做到，无论是在家还是在公司里。"

　　但当欧康奈尔的状态变得消极的时候，

　　　　"我的工作效率就会大幅降低，在家的状态也会很差。可见积极和消极的情绪都会影响到一个人的工作和家庭生活。"

确定家庭和工作的优先级

　　Facebook 首席运营官谢丽尔·桑德伯格用一个基本原则就整合

了自己的生活，即确定家庭和工作的优先级，承认没有人能抓住一切这个事实。

桑德伯格在她的著作《向前一步》（*Lean In*）中说道："尽可能做最好的选择，然后接受它们。"她鼓励读者——尤其是女性读者——尽量整合自己的工作和家庭："要像用蜡和羽毛造翅膀的伊卡洛斯那样以天空为目标，但请谨记人人都有极限。"

桑德伯格每周都与她的丈夫戴维·古德伯格（David Goldberg）——全球最大问卷调查网站 Survey Monkey 的 CEO——坐下来商定谁将送孩子上学，讨论接下来的出差计划，以确保至少有一人在家。桑德伯格和古德伯格都把准时下班回家吃晚饭放在首位。虽然桑德伯格坦言自己在陪孩子们玩游戏的时候会偷偷查看邮件，但二人在周末都尽量与孩子待在一起。

不过，即便是计划得非常周全，桑德伯格还是清楚地知道自己的家庭生活和工作并非完全和谐。"我每天依然为了工作和家庭之间的平衡而努力，"她说道，"我认识的每个女性都是如此。"

专注于整合让产能最大化

当桑德伯格担任麦肯锡管理顾问时，她的经理劝诫她要加强对自己事业的管理："你花再多的时间都满足不了麦肯锡对你的要求，所以我们需要划清工作的界线，确定自己愿意工作多少个小时，出差多少天。"

在她的儿子出生之后，桑德伯格将自己在谷歌的上班时间调整为 9：00 ~ 17：30，这样她就能抽出时间来照顾儿子。作为对工作的补偿，桑德伯格每天清晨都起来查收邮件，当儿子上床睡觉之后就在家办公。她把零散的时间集中起来，发现自己完全不需要每天都在办公室待上 12 个小时。

> 我专注于真正重要的事，只出席真正必要的会议，因而提高了工作效率。离开家时，我就下定决心让我的产能最大化。同时，我更关注身边的人的工作时间，取消不必要的会议，节省他们的时间。

此外，桑德伯格还将家庭生活和工作融合在一起。刚加入 Facebook，CEO 马克·扎克伯格每逢周一晚上就在家中举行战略会议。为了不错过与家人共进晚餐的时间，桑德伯格把孩子带到办公室，以此弥补与他们在一起的时间。她表示：

> Facebook 的工作环境非常贴近家庭，所以我的孩子来到办公室就像来到了天堂，享受着吃不完的比萨和糖果，工程师与这些年幼的参观者分享各式各样的乐高玩具。我很高兴孩子们能认识我的同事，也很开心同事们能接纳我的孩子。

许多领导者都不愿意将工作和生活整合在一起，但是将二者结合起来可以提高你的生产力，不管是个人生活和工作都能变得更充实。

忠于你的根

回到自己出生的地方也是一种保持生活平衡的重要方式。就像霍华德·舒尔茨经常会回到布鲁克林一样，比尔·坎贝尔也会经常跟自己在宾夕法尼亚州的老朋友们保持联系，这样他才可以在硅谷时刻保持清醒的头脑。

Infosys 公司 CEO N.R. 纳拉亚纳·穆尔蒂的女儿阿卡沙塔·穆尔蒂（Akshata Murthy）从小在班加罗尔长大，她会经常回印度看望亲朋好友。她告诉自己，有朝一日一定要改变家乡人的生活。

为了重新找回自己，让自己随时保持清醒，许多领导者都会为自己找一个特别的地方与家人共度周末或假期。几十年来，前国务卿乔治·舒尔茨和他的妻子都会去他们在马萨诸塞州的一座古老的农场。"我曾经告诉总统，'这里就是我的戴维营。'每次来到农场，我会换上自己很久以前穿过的裤子和鞋子。这让我彻底放松，什么事情也不用担心。"

当我和彭妮隐居科罗拉多州的住处时也有同样放松的感觉。那里优美的山景激发了我的创作灵感，我的大部分作品都是在那里完成的。也许你的财务状况让你无法拥有第二套住房，不过你可以像我的儿子乔恩一样，到附近的公园或当地的星巴克享受不被打断的阅读和思考时光。

再忙也要为留出解压时间

要想应对领导工作带来的压力，你需要留出一些私人时间来缓解压力。有些人会通过冥思或瑜伽让自己保持注意力，释放焦虑。还有一些人喜欢通过祈祷来寻求慰藉。

有些人发现，工作一天之后，只要小跑一下，就可以极大地缓解压力。还有一些人喜欢和朋友一起开怀大笑、听音乐、看电视、参加体育比赛、读书，或者看电影。

选择什么样的减压方式并不重要，重要的是你要找到适合自己的方式。它能够让你释放工作和生活中的压力，可以让你更加清醒地思考关于生活和工作等问题。尤其是在比较繁忙或者艰难的时候，一定要注意，千万不要抛弃这些活动，因为越是在这些特殊时期，你也就越需要释放自己的压力。

提升精神素养

还有人通过自问：用"生命的意义和目的究竟是什么"或者"我为什么来到这里"之类的问题来理解自己存在这个世界上的意义，这也是领导者在培养领导能力过程中最重要的个人修炼。很多领导者都会积极地参加一些宗教或精神活动，有时是单独完成，有时则是与很多志同道合的人一起完成。

有些人通过反省来寻找答案。有些人则通过与身边最亲近的人讨论来找到答案。那些非常虔诚的真诚领导者总是会提到祈祷的力量，在他们看来，参加一个宗教团体或者是到教堂祈祷，会起到巨大的作用。在谈到信念时，Vitesse 培训公司的菲利普·麦克雷说："我每个星期天都会带孩子们去教堂，这是一件非常有成就感的事情。

除了宗教上的满足之外，它还让我学会了沉思。每次坐在教堂长椅上的时候，我都会认真反省一个小时。"

为你所在的社区做贡献

与遭遇不幸的人保持联系也可以帮助领导者更好地了解自己，了解自己身边的世界所发生的一切。DaVita 地区运营总监丽萨·道（Lisa Dawe）指出，正是在一次艾滋病活动期间与病人的互动让她真正意识到现实世界究竟是什么样子。"如果每天都沉浸在日常领导工作中，我很容易就会失去自己的核心动力。"

一定要与人们保持一对一的接触，而不只是简单地制定一份筹资计划。这点非常重要。和艾滋病患者的接触让我看到了人性的另一面。我坐在他们床边，看着他们一个个离去。这让我更好地理解了生命本身，并深切感受到自己是如此幸运。这段经历让我彻底理解了人生的真正意义。

设立人生目标

你对自己的成功是否已经做出了清晰的定义？如果没有弄清这个问题，金钱、名望、权利或其他人都可以定义你的成功，外部对成功的定义将左右你的生活。克莱顿·克里斯坦森（Clayton Christensen）在其《生命该如何度量？》（*How Will You Measure Your Life?*）一书中指出了一个令人不安的事实：我们很容易衡量工作中的时间收益，但同样的时间花在孩子身上，我们就很难衡量其回报。

因此，我们总是无意识地牺牲家庭投资，不是因为我们不关心家人，而是因为对家庭的投资很难看到收益。一旦这些决定的成本变得明显，想要夺回宝贵的时间就已为时已晚。克里斯坦森要求他的学生为自己的整个人生设定目标，并根据优先等级逐一实现。只有当你确定了自己生命中哪些东西是最重要的，你才能更好地安排自己的生活，成为一名真诚领导者。

打破身份禁锢，保持如一真我

我们不只要在工作中保持真诚，更要在生活的方方面面保持真诚。不幸的是，社会和工作的压力常常让我们无法在工作、家庭、社会和精神等各方面保持言行一致。这样一来，我就不得将生活划分开来。

你在工作中是一名强大、成熟的领导者，不受任何压力的影响吗？在社会上是一位有作为的领导者吗？在家中怡然自得吗？拥有自己的个人精神生活吗？这是我 30 岁出头时的状态。

为了应对不同的角色，我为每个角色都设置了一个内部隔层，根据环境给出预设的表现。每一个熟知我的人都知道，我在任何一个角色中都没有做到真诚。

1974 年的一个周末，我和彭妮参加了一堂精神修行课，这次经历改变了我们的人生。整个周末，我们分享了爱的经历，同时我也第一次清楚地认识到自己一直都把生活划分成了多个部分。

我没有勇气在不同的环境中与别人分享全部的自己，尤其在工作中面对上司时更是如此。我害怕把我的去处告诉上司，于是参加课程前，我特地安排了秘书随时联系我。与做真实的自己相比，我更在乎自己在上司眼中的形象。我觉得对他撒谎说自己在打高尔夫也是可行的。

自打那个周末之后，我决定打破自己为不同身份筑起的围墙，不再将生活划分为多个部分。我下定决心，要在家庭、工作、社会和教堂里都做同一个自己。这段时间里，彭妮就是最好的检验者，她看到我在不同的环境中表现出不同的自己时会及时提醒我。做真实的自己并非易事，所以我花费了数年时间才让自己感觉完全舒适，让生活中每个环境的人都看到真实的我。

到底什么样的生活才算完整？要想让自己的生活真正变得完整，你需要学会整合生活中的方方面面，这样你才能在各种情况下对自己保持真诚。不妨把你的生活想象成一栋房子，卧室代表你的个人生活，书房代表你的职业生活，起居室代表你的家庭，客厅代表你的社交生活。当你走进不同的房间时，你会感觉自己始终是同一个人吗？无论在哪一个房间，都能保持始终如一的真我，就说明你已经开始学会让自己的生活保持完整，已经可以成为一名真诚领导者了。

练 习

你生活中的哪些方面需要整合？

通过将自己生活的所有方面综合成整体，你就可以成为一名更加高效的领导者，并过上一种更加满足、更加有成就感的生活。

1. 在你的个人生活当中，最重要的东西是什么？你如何对待自己的精神生活？

2. 你通过怎样的方式确保自己的职业生涯更加平稳？你的家庭生活、个人生活、社交生活是否对你的职业生涯有所帮助？

3. 你如何应对职业生涯中的诱惑和压力，并同时保持自己的真北？

4. 在生活的各个方面你曾经做过的最艰难的选择是什么？以后遇到类似问题的时候，你还会做出同样的决定吗？你当前所面临的最困难的取舍或选择是什么？

5. 你当前如何衡量自己的成功？为自己确立的长期目标是什么？现实生活中，什么能够给你带来最大的幸福感？

第三部分

用真北指引领导旅程

真诚领导者不能在真空中管理他人，你必须在现实世界里运用领导力来应对重大挑战。遇到挑战时，用真诚领导力去指引他人、授权他人，就是真诚领导力有效性的最佳衡量标准，也是最大限度挖掘你领导潜力的方式。

5 个层面实现可持续发展的真诚领导

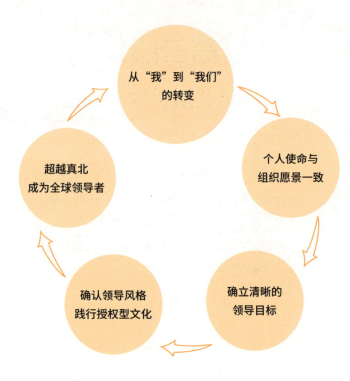

图Ⅲ.1　真诚领导者的可持续发展

第 9 章

完成从"我"到
"我们"的转变

我走过我们人生的一半旅程，却又步入一片幽暗的森林，这是
因为我迷失了正确的路径。

——但丁 《神曲》

我们已经在前文讲完了成为真诚领导者的 5 个关键领域，接下来就要面对你领导旅程中最大的挑战：完成从"我"到"我们"的转变。也许你曾主要以个人贡献来衡量自己的成功。如此，新兴领导者就很难意识到，领导不仅关乎他们自己和他们吸引追随者的能力，也关乎能在多大程度上为他人服务，激发他人发挥出最大潜能，所以"我们型领导者"其实也可以称为是"仆人式领导者"。

1965 年，我邀请罗伯特·格林里夫（Robert Greenleaf）在马瑟商业与基督教伦理研讨会上就其新兴理念发表演讲，我就是在那时接触到了"仆人式领导"的概念。格林里夫在他 1970 年发表的《仆人式领导》（*The Servant As Leader*）一文中表达了自己对领导者的看法：

仆人式领导者首先应该是一名仆人，有服务为先的情操。

服务是第一位的，然后再通过有意识的选择，促使他人渴望成为下一名领导者。仆人式领导者与那些为领导而领导的人截然不同，他们所渴求的恰是削弱个人魅力对下属的影响，减少对资源的占用。仆人式领导者把服务员工、顾客和社区放在第一位，他们会确保别人最迫切的需要得到优先满足。

毕业于西点军校并在通用电气成长为一名新星的杰米·埃里克（Jaime Irick）对此有深刻的认识："你必须明白一点，在整个领导过程中最重要的人并不是你。"

刚进入商界的时候，我们的主要任务就是要让自己做到最好。想进入西点或者是通用电气，你自己必须是最优秀的。这也就意味着你此时的全部价值就在于你能够做到的事，比如说你是不是最好的分析师、咨询人员，或者能否在统考中取得最优的成绩。

可一旦成为一名领导者，你就必须学会激励身边的人，培养他们，并帮助他们改变自己。如果想成为一名领导者，你必须完成这一转变，并意识到领导的关键在于学会为自己的团队成员提供服务。这是一个非常简单的概念，但很多人却忽略了这一点。你越早意识到这一点，就能越快地成长为一名合格的领导者。

解放南非：曼德拉的联盟之路

在我所见过的所有领导者当中，南非前总统纳尔逊·曼德拉的转型之路是最富戏剧性的。他曾因莫须有的政治罪被判入狱，在狱中度过了漫长的 27 年。正是他的努力，把南非从内战中解救出来了，他自己也成了全球领导者的榜样。

1990 年 2 月 11 日，已经 71 岁的曼德拉终于走出了罗本岛的监狱，自 1963 年以来，他一次享受到了自由。

> 当我走出监狱大门，向聚集在门外的民众举起拳头，大吼了一声。27 年来，我第一次做这个动作。它让我浑身充满了力气，同时也感到一丝喜悦。

当晚，他在首都开普敦发表了演讲，这是他出狱后首度公开露面。他字斟句酌的简短言辞阐明了他对南非未来的展望：

> 今天，站在你们面前的不是预言家，而是人民谦卑的公仆。若没有你们的不懈努力和英勇奉献，我今天不可能站在这里，因此我要把余生献给你们。

曼德拉用简短的几句话，宣布自己要成为南非的仆人式领导者。值得注意的是，曼德拉的话里没有一丝怨恨。他不仅希望为南非黑人争取民主，也希望全世界的人民都能享受民主。曼德拉在《漫漫自由路》（*Long Walk to Freedom*）中说道："我知道，人们期待我怨恨白人，但我没有。"

我要让南非看到，我对他人没有一丝怨怼，而是怨恨让我们针锋相对的制度。我们不能在解放这个国家之前就破坏它，驱逐白人也将摧毁这个国家。白人也是南非同胞。我们必须尽一切可能来说服白人同胞，让非种族歧视的全新南非变成一个更好的地方。

南非白人在1948年掌控了南非政权，之后便建立了种族隔离制度。曼德拉是南非主要黑人政党非洲人国民大会（African National Congress，简称ANC）青年联盟（Youth League）的创办会员之一，与沃尔特·西苏鲁（Walter Sisulu）、奥利弗·坦博（Oliver Tambo）等年轻领导者并肩奋战，多年后，塔博·姆贝基（Thabo Mbeki）也加入了进来。后来，青年联盟接管了ANC。

20世纪50年代，年轻的曼德拉还是愤怒的青年，多次因煽动叛乱而被捕入狱。后来，他加入南非共产党，创立了武装组织，组织了针对种族隔离政策的示威游行活动。

1956年，南非政府以"煽动暴力"等罪名将其逮捕。在监狱中度过了4年之后，政府宣布将其无罪释放。可政府并没有就此罢手，1962年，他们再次以"政治罪"为由将其逮捕。在随后的"瑞弗尼亚审判"中，曼德拉发表了他最重要的讲话，捍卫了"非国大"的行动，并为30年后的南非民主奠定了基础。在长达3个小时的演讲中他提到：

我一生专注于为非洲人民而抗争。我反抗白人统治，也反抗黑人统治。我怀着建立和谐平等的民主自由社会的理想，我希望为之奋斗终身，有朝一日能见证民主自由社会的到来。如有必要，我也愿意为之献出生命。

然而，一切都无济于事。1964 年 7 月 12 日，曼德拉被判处终身监禁。

在漫长的监狱岁月里，曼德拉从一名愤怒的青年转变成了一名领导者，为自己确立了一个宏伟的目标：他希望能够让自己的民族免于内战，将整个国家重新团结到一起。他从一名"我型领导者"转变为一名"我们型领导者"，将白人和黑人团结在一起创造以社会主义和人人平等为共同价值观的新南非。

仆人式领导者曼德拉抛开了所有歧视、不公正和仇恨。如果说有哪个人有理由仇视那些抓捕自己的人以及他们不公正的行为，那个人一定是曼德拉，但他为何可以如此大度地公开感谢曾在狱中"照顾"自己的看守员，并原谅当年宣判自己入狱的法官？他如何能与一个屡次下令殴打自己，甚至不惜发布暗杀令的少数党政府领袖展开谈判？ 4 年后，曼德拉被选为南非总统，他又如何抛开所有仇恨，主动向迫害过自己的人提出和解？要想知道这些问题的真正答案，首先得走进曼德拉的灵魂深处，真正了解他。

我在 2004 年遇见他时，他依然富于激情但沉着冷静，一扫 30 多岁时愤怒激进分子的形象。他始终专注于调和种族的不平等。得知他打算在南非开展新一代领导人培训计划后，我们决定在整个非洲大陆为该项目提供资助。

我们人生早期所取得的成功（考试分数、体育成绩，以及首份工作中取得的业绩），都是依靠我们的个人努力而取得的。学校录取办公室和公司人事部都非常关心你的这些早期成绩，他们会将你与其他申请者或求职者进行对比。

当我们被提拔担任管理角色的时候，我们开始相信这是因为上司对我们的个人能力表示认可，所以才决定让其他同事跟随我们。但如果你认为领导只是让其他人跟从自己，并在这个过程中不断地沿着组织阶梯向上爬的话，那你很可能就会偏离自己的轨道。你前进的道路并非一帆风顺，你的道路很可能会被堵塞，你的世界观会被一些事件彻底颠覆，这时你就需要重新思考自己的领导风格。

很多人相信，领导的真正含义在于为自己培养大批的追随者，让他们按照你所指的方向前进，助你一路上升到权力的巅峰。要想成为真正的真诚领导者，我们必须抛弃这种错误的观念。只有做到这一点，我们才会明白，真诚领导的真正含义在于学会授权。这就是我所说的从"我"到"我们"的转变。任何一个想要成为真诚领导者的人都需要完成这个最重要的步骤。

试想，如果领导者不能激励自己的下属发挥最大的潜力，又怎么能释放整个组织的潜力呢？如果我们的支持者只是盲目地跟随我们，那他们的能力就会受到限制，而领导者的视野也会变得狭隘。

只有当领导者不再一味地关注自我需求，他们才能够帮身边的人成长。他们觉得自己没有必要与才华横溢的同事或下属竞争，可以耐心地倾听其他人的意见，就能够更好地做出决策。

在克服控制一切的欲望时，他们会发现人们开始喜欢与自己共事。当他们意识到得到授权的下属会迸发出无限潜力的时候，他们的领导之路就会越走越宽。

表 9.1 列出了"我"型领导者与"我们"型领导者的显著差异。

表 9.1　从"我"到"我们"的转变

"我"型领导者	"我们"型领导者
牟取权力与职位	为他人服务
私利驱动决策	目标驱动决策
"我可以自己做好"	"团队成员的优势可以互补"
领跑者："我在前面，跟我走。"	授权者："大家一起努力。"
要求他人遵守规则	通过价值观寻找联盟
自负	谦逊
指导他人	训练、培育他人
专注于短期收获	专注与为客户和员工服务
斗志昂扬、信仰坚定	激励和鼓舞他人
培养忠实的拥护者	授权他人去领导
功劳归个人	功劳归团队

高效的领导在于服务他人

从"我"向"我们"转变并非易事。不仅需要你对自己的领导行为进行反思，还要改变自己的行为，专注于别人而不是自己。让我们看几位成功转型成为优秀领导者的案例。

从最优秀的程序员到最糟糕的主管——AT&T 市场部执行副总裁

曾经担任电信公司高管，现在是商学院教授的盖尔·麦加文向我们讲述了她的领导故事。"在不到一个月的时间里，我从最优秀的程序员变成了宾州贝尔公司最糟糕的部门主管。"

我不敢相信自己居然那么糟糕。我不知道如何授权。一旦有人向我请教一些工作上的问题，我会立刻亲自动手。由于所有的关键步骤都要经过我，所以我的小组什么也做不了。我的上司和导师发现了这个问题，并给我上了一堂非常特别的课：他派给我一大堆项目。我每天都要加班到凌晨 4 : 30。

最后，我实在忍受不了。我冲进上司的办公室，像个 5 岁的孩子那样跳脚："这不公平！我一个人要做 10 个人的工作。"他冷静地说道："你看，你有 10 个人啊。让他们去工作吧。"真是一言惊醒梦中人。我立刻说道："我明白了。"

将差评转化为激励——艺康公司主席兼CEO

这个世界上最难的事情之一就是学会站在他人的角度看自己。突然听到一些出乎意料的批评意见时，我们一开始总是设法为自己辩解。我们会质疑该批评意见的有效性，甚至会对批评者本身提出疑问。但如果能够学会客观地看待这些批评意见，我们就可以从批评中获得一些积极的经验，进而从根本上改变自己的领导水平。

还在明尼苏达州艺康公司（Ecolab）处于事业上升期的时候，道格·贝克（Doug Baker Jr.）收到了糟糕的反馈。在德国从事了3年的营销工作之后，贝克被派往北卡罗来纳州担任一家新收购公司的代理主管。为了整合团队，贝克聘请了一名教练对团队进行全方位的评估，并组织了团队讨论。

34岁的贝克将自己看成一颗快速升起的新星。"坦白说，我当时很自大，希望能够快速实现自己的目标。"当知道评估结果时，他回忆道："那是一次相当令人震惊的经历。我根本没想到团队成员给出的反馈竟然有很多都是对我的批评。"

作为整个评估过程的一部分，我与来自其他公司的十几位陌生人一起待了5天，并和他们一起分享我的反馈结果。我自恃了解整个过程，原以为他们会问："你的团队怎么可能给你这样的反馈？"可事实上，这个新小组给我的反馈与我的团队别无二致。

就像有人在我状态最糟糕时在我面前放了一面镜子一样。我看到了非常可怕的一幕，同时也学到了极其重要的一课。那件事过后，我思考了很久，我与艺康团队中的每个人交流了我的想法，并告诉他们："我们谈谈吧，我需要你们的帮助。"

与此同时，贝克的部门面临着一个强大的竞争对手，对方威胁说要抢走麦当劳的业务，那相当于抢走贝克部门最大的客户。当他向上司报告自己的部门很难实现预期财务目标的时候，公司 CEO 亲自飞往北卡罗来纳了解情况。

当 CEO 要求他不惜一切代价挽回麦当劳的业务，并力保实现财务目标时，贝克拒绝向上司做出任何保证。CEO 勃然大怒，但贝克坚持自己的立场。后来回忆起自己面对上司时所表现出来的坦诚时，贝克说道："我宁愿给上司留下一个不好的印象，也不愿度过一段糟糕的人生。"

如果失去麦当劳的业务，我会感到难堪，但真正会受到伤害的却是整个团队。当时北卡罗来纳的许多工厂都关门了，失业率非常高。当我心里想着"不能让我的团队经历同样的困境"时，突然发现我其实是在响应心灵的召唤。挽回麦当劳的业务让我浑身充满了能量。幸运的是，我们最终取得了成功。这是一段让人痛苦的日子，却让我从中学会了很多。

贝克的当头一棒来得正是时候。就在他过于自信，以为领导艺术的本质就在于取得个人成功的时候，别人的批评让他重新回到了正轨。这让他认识到，作为一名领导者，他的主要任务就是用一个共同的目标团结组织中的每个人，挽回麦当劳业务为他提供了这样的契机。

他顶着"必须在短期内完成业绩指标"的压力，成功说服 CEO 要着眼于组织的长期目标。这段经历为他后来升任艺康 CEO 提供了巨大助力。掌舵的 10 年里，贝克用业绩充分证明了自己的领导能力，他带领公司及时进入能源行业，实现了公司股价的 3 倍增长。此外，他还成了多家重要商业协会的董事会成员。

服务他人才更有成就感——哈佛商学院最年轻的学生

与许多成功导向的领导者一样，扎克·克莱顿（Zach Clayton）从小就以成就来定义自己的身份。"13 岁时，我计划将来要写出一份完美的大学申请，"他说，"为了做到这一点，我必须刻苦地学习。"在高中，克莱顿被选为班长，并作为毕业生代表在毕业典礼上致辞，还写了一本关于"9·11"事件后青年政治的作品；此外，克莱顿还当选了全国学生议会协会的联合主席。

后来，克莱顿选择了北卡罗来纳大学教堂山分校（UNC），参加了莫尔黑德-凯恩奖学金计划（Morehead-Cain Scholarship）①。

---

① 基于学生的品格、学术成就、运动能力和领导能力，为精心挑选出来的优秀学生提供奖学金。

他在那里又撰写了一本与政治有关的书，并开办了一家软件公司。22 岁进入哈佛商学院，是班级里最年轻的学生，在班级里一直名列前茅，毕业时更获得了贝克学者奖（Baker Scholar）。

> 毕业之后，我拒绝了麦肯锡的邀请，创立数字营销公司ThreeShips。2009 年经济衰退到最低谷，当时我觉得自己可能放弃了一个在将来很有声望的职位。我记得当时我脑子里在想："总有一天，我要建立一个有 20 名员工、年收入上百万美元的公司，这才是我应得的。"然而当那一天到来之时，我又把目标提到了年收入 2 000 万美元。我突然明白：我的天！工作如此枯燥！我总是在完成一个目标之后给自己定一个更高的目标。这是第五次循环了，我还得再来一次。

我在那段时间经常与克莱顿聊天，他又意识到：以职位来衡量自己的人生，无法获得一丝成就感。最近一次聊天中他回忆道：

> 2013 年，我"撞墙"了，认识到如果我想幸福快乐地生活，必须从 ThreeShips 抽身。如果我一味把成就当成目标，那我永远都得不到满足。我已经忽略了以服务他人为重心的理想。

带着这些觉悟，克莱顿决定将自己的理想与商业激情融合在一起。他与 ThreeShips 的整个团队协作，起草了一份有关公司业务目标和价值观的章程。目的就是授权给团队，让他们发挥出最大的潜力。2015 年，克莱顿的团队建立了 ThreeShips 大学，为员工和客户提供专业的个人发展方面的培训。

"我每天都努力地向'我们'型领导者靠近，"克莱顿说，"但抑制追求外在成功的欲望并不像获得 360 度反馈那样容易，因为它并不是一朝一夕的事。"

回顾过去几年的转型期，我感觉更有活力，更积极，也更快乐了；我的团队也更积极参与公司事务，更加值得信赖了。由于我把注意力转向了帮助他人提高，公司为客户和员工创造价值的主张也得以加强，业务蒸蒸日上。

你有没有被成功所困，认为成功就是领导力的全部？你身边是否有说真话的人？虽然反馈很难被接受，但它能为你提供转型的机会，让你成为高效的领导者。你将不再只关注个人需求，更多地关心他人，就如麦克文、贝克和克莱顿一样，授权他人，信任他人。

警惕个人英雄主义

通常情况下，挫折会迫使你反思自己的生活经历，推动你完成从"我"到"我们"的转变。乔布斯和约翰·麦基就是从痛苦的经历中完成了转型。

被苹果公司开除是我最棒的人生经历——史蒂夫·乔布斯

乔布斯曾哀怨地问道:"要怎样才会被自己创办的公司炒鱿鱼?"当年,乔布斯与时任苹果 CEO 的约翰·斯卡利(John Scully)发生权力斗争,被驱逐出公司。苹果公司董事会得出结论,认为乔布斯桀骜不驯,在公司内部制造混乱,蓄意挑起争端。数十年后,乔布斯于 2005 年在斯坦福大学的毕业典礼发表了如下演讲:

> 被苹果公司开除,是我所经历过最棒的事。成功的沉重被从头来过的轻松所取代,在一个新的、充满不确定性的环境中,我进入这辈子最有创意的时期。5 年后,我创办了一家叫作 NeXT 的电脑公司,又开一家叫作皮克斯(Pixar)的影视公司,也跟现在的妻子谈起了恋爱。我在皮克斯制作了世界上第一部全部由计算机处理完成的动画电影《玩具总动员》,现在皮克斯是世界上最成功的动画制作公司。

然后,苹果公司买下了 NeXT,乔布斯重回苹果。乔布斯从他那几年的"流放"生活中领悟到,自己完全不需要事必躬亲,而自己最大的才能就是激励那些创新型人才创造出优秀的产品。他在皮克斯时与世界最有创意的两位领导者——艾德·卡姆尔(Ed Catmull)和约翰·拉塞特(John Lasseter)共事,体会到了培养强大团队会带来多大的益处。跟随他们,乔布斯学会了控制自己的竞争欲。正如他自己所说的那样："如果当年苹果没开除我，就不会有今天的我和今天的苹果。这服药很苦，可我想苹果这个病人需要这副苦口良药。"

1996 年，阔别苹果 11 年的乔布斯终于回归，与 11 年前不同，他变得更明智、更成熟。他已经学会了如何培养和激励强大的团队。他的一名直接下属说过："虽然乔布斯在某些场合依然像个混蛋，但在他回来之后，他把蒂姆·库克、乔纳森·伊夫（Jonathan Ive）和罗恩·约翰逊（Ron Johnson）这样的高情商领导者拉到了自己身边，这些人都能中和他对别人的负面影响。"

乔布斯每天早上都会对着镜子问自己："如果今天是此生最后一天，我要干些什么？"每当他连续几天都得出"没事做"的答案时，他就知道自己必须有所改变了。他说："人的时间有限，所以不要浪费时间活在别人的生活里……鼓起勇气，听从内心的指引吧。"

史蒂夫·乔布斯很明智地遵循了自己的建议，在癌症终结他的生命之前尽情地享受每一天。他让苹果公司成了世界市值最高的公司，并将接力棒传给了蒂姆·库克。库克没有盲目效仿乔布斯，而是跟随自己的内心，奏响了苹果的新乐章。

从无薪创业到刻意放权——美国全食超市创始人

美国全食超市（Whole Foods Market）的创始人约翰·麦基（John Mackey），在 1978 年从大学辍学，向家人和朋友借了 4.5 万美元创办了他的第一个健康食品店——安全天然食品店（Safer Way

Natural Foods）。自店铺开张那天起，他就住在店铺的阁楼里。当他兼并了另一家天然食品店后，麦基将店名改为全食超市。完成一系列的并购活动之后，全食超市从一个小商店变成了经营健康食品的连锁超市。尽管麦基为他的股东创造了 170 亿美元的价值，他依然没有任何工资和奖金，只拥有公司股票的 0.2%。

约翰·麦基是一位特征显著的真诚领导者，一位尽心尽力的企业家，热衷于推广健康食品与改善不健康的饮食习惯。他服务客户和员工，坦率地向他们表达自己的观点。他说："如果全食不承担起引导大家健康饮食的责任，还有谁会承担呢？"

麦基曾与诺贝尔经济学奖得主米尔顿·弗里德曼（Milton Friedman）就企业的目标是为客户服务、完成使命还是最大限度地为股东创造价值展开了辩论，我就是通过其出色的辩论了解到了他的领导哲学。

正如麦基自己说的："我们不靠卖健康食品来赚取利润。我们赚取利润来卖健康食品。"当麦基邀请我为他的作品《有意识的资本主义》（*Conscious Capitalism*）作序时，我非常开心。他在书里写道："我们应该遵从我们的内心，做我们最喜爱、对我们来说最有意义的事情。"

麦基在追求持续成功的道路上克服了许多障碍。2008—2009 年，他遭遇了职业生涯中最大的危机：麦克·鲍兰（Michael Pollan）在其通俗图书《杂食动物的悖论》（*The Omnivore's Dilemma*）中严厉地批判了全食食品超市。联邦商务委员会（Federal Trade

Commission，简称 FTC）质疑全食超市收购野麦（Wild Oats）商场涉嫌垄断有机食品市场。联邦商务委员会展开调查时，证券交易委员会（Securities and Exchange Commission）发现麦基 8 年前曾在雅虎财经留言板发言批判野麦公司。

与此同时，全食超市此前瞩目的同店销售增长也放慢了步伐。面对如此压力，全食超市 2008 年 12 月的股价由原有的 38.7 美元暴跌 88% 至 4.72 美元。对冲基金狙击手罗恩·伯克尔（Ron Burkle）借着全食超市股票下跌的机会购买了其 7% 的股票，鼓动公司董事会弹劾麦基。

即便坦率如独行侠一般，麦基也意识到了自己需要改变。于是他接受了董事会建设性的建议，在领导风格上做出调整，从独立工作向"我们"型领导者转变。最终，董事会同意出售 32 家重叠市场的野麦商店，解决了联邦商务委员会的起诉。此外，董事会撤销了麦基的董事长头衔，任命董事会成员约翰·埃尔斯琼特（John Elstrott）为董事长，并责令麦基不得发表公开声明。次年，全食任用业界老将沃尔特·罗柏（Walter Robb）担当联合 CEO，与麦基一同执掌全食公司。

做出这些改变之后，全食的业务逐渐好转，连锁超市数量由原本的 284 家增加到 400 家，其收益也由 80 亿美元涨到了 2014 年的 120 亿美元，公司股票由 2008 年低至 48 美元的价格暴涨了 10 倍。因为麦基和罗柏基于相互尊重建立了强大的合作关系，故而全食公司的联合 CEO 领导模式也运作得非常好。尽管有时麦基的坦率会给他带来不少麻烦，但他用行动证明了自己不是只有一腔热血的创业者。如今，他是全食团队最优秀的"我们"型领导者。

职业转型：个人使命与企业愿景融合

在职业生涯的中期，我们会经常发现自己陷进了无法逃脱的困境。通常，困境中的我们会错过发生在自己身上的事情。正如但丁在《神曲》的开篇说道："我走过我们人生的一半旅程，却又步入一片幽暗的森林，这是因为我迷失了正确的路径。"你有没有这样的感觉？我知道我有。你可能会像我一样在职业生涯中期遭遇挫折，甚至都没有意识到自己需要从"我"向"我们"转变。我职业生涯中最痛苦的时期在我最意想不到的时候降临。

20世纪80年代中期，我在霍尼韦尔公司正处于职业上升期。一次重大的晋升促使我重新思考自己的职业生涯，下定决心改变职业方向。1988年以前，我获得多次晋升，接管了公司里越来越多的挑战性业务。当时，我负责带领3个团队、9个部门，统率18 000名员工，面对着数不清的问题。我被誉为"问题解决专家"、"能化解困境，让霍尼韦尔扭亏为盈的人"。我知道如何挽救公司，却没能在投入下一场战役之前好好享受上一次的劳动果实。

在最后一项任务中，我发现公司未被承认的损失已经超过5亿美元，这可能造成公司董事会和一众股东的极度恐慌。除非把所有问题都摆到台面上来，否则没有人能把它们解决。正如我常说的:"我不制造麻烦,而是解决麻烦。"在这期间,我开始怀疑霍尼韦尔是否适合我。我想做一名成长型领导者,而不是一个企业复兴专家。虽然我很乐意在出现问题的时候帮忙解决,但我更渴望建立持续发展的业务。

在一个美丽的秋日午后,我在家附近的湖边开车兜风,无意中从后视镜里看到了自己那张沮丧的脸。我意识到,表面看来我精力充沛、自信满满,但我的内心并不快乐。我对霍尼韦尔的业务没有一点激情,而且我与其迟缓不进、拒绝变化的企业文化不同步。

更糟糕的是,我过于关注外表和着装,违背做一个以价值观为本的领导者的内在愿望。我开始假装别人,最明显的迹象就是我戴起了袖扣。我不情愿地面对了这样的现实,承认霍尼韦尔改变了我,并且比我改变霍尼韦尔的程度更大,但我并没有因自己的这些变化而欣喜。

我跟彭妮讲了我的感受。那晚,我们就生活和事业讨论了许久。我意识到我工作上的失意给婚姻和家庭都造成了不少负面影响。彭妮让我意识到自己步入了一片幽暗的森林。我太专注于要成为大型企业的 CEO,忘记了遵从自己的内心并怀着有价值的目标去工作。如果说我落入陷阱,那这个陷阱就是我亲自挖下的。我过分倾向于用外界的标准衡量自己的成功,却忽视了我的真北,忘记了服务他人。

站在一个很难看清事实的位置上,我们可能会错过很多从面前经过的机会。在那些年里,我有 3 次机会可以加入美敦力,但我都拒绝了。因为我想这家只有霍尼韦尔 1/3 规模的公司可能提供不了一个可以让我大展拳脚的平台。机会一直在我身边徘徊，我不禁扪心自问："我做得对吗？"最终，我明白了如果一味地想要成为大公司的领导者，我将失去灵魂。或许我小瞧了美敦力，也小瞧了自己。

第二天早上，我向朋友表达了我的想法，希望他们能够坦诚地给我一些建议。他们则表示早已注意到了我的情况，很高兴我能直面现实。我回忆起了十几岁时的憧憬：领导一家目标驱动、价值导向的公司，对该公司的产品充满激情，愿意努力服务他人。

虽然之前在霍尼韦尔做了大量工作，但我还是没能完成从"我"到"我们"的转型，美敦力就是我完成转型的关键。于是，我拜访了美敦力 CEO 温·瓦林（Win Wallin）。

几个月后，我与其创始人厄尔·巴肯（Earl Bakken）讨论了公司的使命，接着我加入了美敦力，并成为这家公司的总裁兼 COO。最终我还是找到了这里，或许应该说它找到了我，以及众多被使命感驱动、以价值观为中心的人，给了我们拯救遭受慢性病折磨之人的机会。巴肯说，美敦力的使命就是恢复人们的健康与活力，正是这一点鼓舞了我。我有幸在职业生涯中期在美敦力的需求和我的个人愿望之间找到了共通点。

迄今为止，在美敦力的 13 年是我一生当中最棒的职业经历。我认可公司的使命，向公司 26 000 名员工授权，发现了自己的真北。如果没有经历低谷，我也许永远都看不到曙光。

只有遵从自己的内心，领导者才能完成从"我"到"我们"
的转型，让生活充实起来。

为人生做价值判断，后领导

领导者要完成从"我"到"我们"的转变，必须进行自我反省
和认知重建。你可以先问自己几个基本问题：

◎ 我的人生重要吗？对谁而言是重要的？

◎ 我的人生目标是什么？领导目标时什么？

◎ 我能给后人留下丰厚的遗产吗？

我相信，自省之后，你应该不会将积累财富、名誉或权力视为
人生目标，毕竟这些东西在你死后都会离你而去。物质财富只是没
有内在价值的货币，同时也是让你偏离真北的外在风险；名誉稍纵
即逝，它就像水银一样，需要多年才能形成，却会轻易从指间滑落；
追求权力、凌驾于他人之上，最终会导致人性的堕落。

我的朋友派柏·杰克逊（Peb Jackson）曾跟我提到过一个富有
的人，那个人在他40多岁时就积累了1亿美元的个人财富。他对
杰克逊说自己的人生不充实，没有成就感，内心很空虚，他问杰克逊：
"就只有这些吗？"杰克逊同情但真诚地回答道："如果你追求的是
金钱，那么你只能得到这些。"

除了金钱、名誉、权力，我们还有其他选择吗？当然，生活就是为除了自己之外的其他人和事提供服务，比如一项有价值的事业、对你来说很重要的组织、家人和患难之交。根据我的经验，这是判断你的人生是否重要的最佳方法。成为仆人式领导者会推动你完成从"我"到"我们"的转变。

你的真北会指引你找到并实现人生目标，让你充分发挥天赋。你可以问自己："我怎样才能在世上留下永久的印记？"你的答案就是明确的人生目标，也是你运用天赋的方式。

练 习

你做到从"我"到"我们"的转变了吗?

不妨回顾一下自己的生活,回忆一下那些把自己带上"英雄之路"的领导经历。

1. 你是否把自己看成自己领导旅程的主人?
2. 你是否已经完成了从"我"到"我们"的转变?如果答案是肯定的,是什么激发你做出这一转变?
3. 若你还没有完成转变,你需要哪些激励你行动的条件?

第 10 章

确认领导目标

你要跟随一条线，它穿梭于千变万化之间。但它始终如一……

只要你掌握了它，就不会迷路……千万别放开这条线。

——威廉·斯塔福德（William Stafford）

《你跟随的线》（ *The Way It Is* ）

完成从"我"到"我们"的转变，你就可以开始辨别自己的领导目标了。了解你的人生故事、磨炼以及完成从"我"向"我们"的转变，你便能找到自己的领导目标。作为一个真诚领导者，你必须谨慎地选择自己的目标，因为这决定了你的领导特质。如果你不清楚自己的目标，别人要怎样追随你？

从个人角度来说，确定目标就是驱动你将真北转化为改变世界的力量的一种方式。就组织层面来说，目标能将所有人团结在一起，推动组织朝着共同的目标前进；对于社会，目标能让领导者和组织为全人类创造更美好的生活。

默克制药的"平民"CEO：着眼于全人类的福祉

肯·弗雷泽（Ken Frazier）对自己的真北有着清晰的认知。他现在是世界领先的默克制药公司的 CEO，他的真北和组织的使命保持高度的一致。他说：

> 默克制药创始人乔治·默克说过："药物是为人类而生产，不是为追求利润而制造的。"从组织架构图上看，我似乎掌管了公司，但每一个员工都铭记乔治·默克的格言，一直在审视我的言行是否与公司的使命保持一致。

弗雷泽在领导力的旅途上跋涉了很久。他出生于费城的贫民区，克服了许多困难才走到今天的位置。弗雷泽的祖父生于南卡罗来纳州，生下来便做了奴隶。他的父亲在 13 岁时被送往北方，摆脱了奴隶制，却没有机会接受正规教育。"迄今为止，父亲是我所认识的人当中对我影响最大的，"弗雷泽说，"他自学成才，每天读两份报纸，英语说得非常流利。"

弗雷泽的父母是虔诚的基督教徒，靠信仰支撑度过了许多艰难时期，弗雷泽也是如此。弗雷泽 13 岁时，母亲意外去世。他说：

> 生活乱了套，我们必须更独立。母亲下葬的那天，父亲对我和兄弟姐妹们说："这是个好日子，你们的母亲再也不用受苦了。"这就是我所说的"行动的信仰"。

由于父亲是个看门人，弗雷泽和他的兄弟姐妹必须在放学后保护自己，提防那些在街道上闲逛的帮派成员。"我很早就从父亲那里学到了一个道理：一个人必须做自己，不要随波逐流。"

他给我上了人生中最重要的一课："肯尼，你的爷爷开启了我们家族自由的篇章，作为他的孙子，你想拥有什么样的人生？你最好做你认为正确的事情，不要拘泥于外界的看法。"我不需要受到别人的欢迎，或者加入什么帮派，我被歧视过，知道生活不公，但以受害者自居会对自己的心理造成不好的影响。我并不想被怨恨和痛苦控制，这与我承担自己人生责任的意愿背道而驰。

弗雷泽 15 岁被西点军校录取，但由于太年轻不能入伍而遭到拒绝。他靠奖学金前往宾夕法尼亚州立大学求学。他立志成为一名像瑟古德·马歇尔（Thurgood Marshall）① 一样的伟大律师，改变社会。在哈佛法学院，他敏锐地察觉到自己与同学来自不同的社会阶层，于是苦笑着说："在哈佛，只有劳埃德·布兰克费恩（高盛 CEO）和我是'出生在庄园之外的人'。"

顶住压力，拉高医药研究投入

毕业后，弗雷泽进了一家专注于公益服务的律师事务所，在 30 岁步入了婚姻殿堂。他发现自己再一次跨越了社会壁垒："我是来自

① 第一位担任美国最高法院大法官的非裔美国人。

贫民区的非裔美国人，而公司其他人都来自费城的上流社会。"在律师事务所，弗雷泽做了大量公益性工作，包括在南非种族隔离区的法学院给黑人律师上课。他说："当一个在亚拉巴马死因牢房待了20年的无辜囚犯重获自由时，就是我最自豪的时候。"

> 我是异地生客。第一次踏进法庭时，法警告诉我："我们在这里都不穿蓝色西装。"于是我第二次去的时候穿了灰色西装。我的当事人是我认识的最棒的人之一，他是一名英雄，因为他平白无故地在牢里待了20年，却没有丝毫怨言。一般在这样的情况下，你要么被痛苦淹没，要么变得非常极端。

弗雷泽1992年加入默克制药，进入了默克与阿斯利康公司组成的联合企业担任法律顾问，他的目标转变为用自己的法律知识帮这家拯救生命的公司保驾护航。仅1年时间，默克CEO罗伊·瓦格洛斯（Roy Vagelos）荐举他出任公共事务高级副总裁。起初，弗雷泽对推广并不感冒，直到瓦格洛斯说服不要仅限于当一名律师，他还可以为默克做更多事情。6年后，弗雷泽晋升为法律总顾问。在其担任法律总顾问期间，默克自愿召回了镇痛药万络（Vioxx），弗雷泽收到了5万多份来自使用者的诉讼[1]。弗雷泽逐个处理诉讼，

---

① 默克制药公司生产的镇痛药万络被发现会增加中风和心脏病发作几率，还会使阿尔茨海默病患者的死亡风险提高两倍，该药于2004年从市场召回。默克公司支付总额约9.5亿美元的罚金。

做出了勇敢的决定。他说：

> 那些诉讼直指核心。当原告指责默克公司将利润置于安全之上，做一些低质量的科学研究，并质疑默克的可信度和人道主义精神时，我们知道我们必须捍卫默克。在得克萨斯州的乡村，我们输了第一桩诉讼，法院判我们向一个病人支付 2.53 亿美元的巨额赔偿。隔天，《纽约时报》发表报道称默克将要"破产"，并称这一切都是因为律师"不称职"。那段日子真不好过。
>
> 我们从中吸取了教训，并在接下来的诉讼中胜出。在我们接二连三地赢下诉讼之后，法官直接告诉当事人与我们就余下的诉讼自行和解。不过和解最终还是没能达成，因为原告要求我们支付 300 亿 ~ 500 亿美元的赔偿，而我们只愿意支付 48.5 亿美元。《纽约时报》说我们采取了了不起的应对策略，但那完全不是什么策略，我们是在捍卫公司的科研成果，这是默克人的使命。

弗雷泽还担任了一段时间的全球人类健康部门负责人，并在 2011 年 1 月 1 日被董事会选为 CEO。他当即重申了默克的企业使命："我们要探索有效途径、不断发展和开发创新产品，使默克的最佳科研成果能够造福于全人类。"

弗雷泽希望通过研发当前需求迫切的转型药品和疫苗来履行企

业使命。当辉瑞制药等一众竞争对手削减研发部门的成本投入时，弗雷泽承诺每年至少给研发部门拨款 80 亿美元。顶着股东要求降低研究成本的压力，他将新一代药品投入了市场，其中包括糖尿病用药捷诺维（Januvia）、宫颈癌疫苗加德西（Gardasil）以及治疗黑色素瘤的齐求达（Keytruda）等。为了忠于默克的使命，弗雷泽以 140 亿美元的价格出售了保健消费品业务，并用 80 亿美元收购了抗生素制造商卡比斯特制药公司（Cubist Pharmaceuticals, Inc.）。

他总结道："在默克，你总是有机会为人类做出切实的贡献。"

> 我们都渴求留下一些有意义的遗产，是因为我们都清楚自己在世界上逗留的时间并不长。默克给了我机会做对的事情，为 20 年、50 年甚至 100 年后的人们留下一些有意义的东西。我成为默克 CEO 的目的就是要创造一个环境，让世界级的科学家都把重点放在人类所面临的最重要的问题上，比如阿尔茨海默病晚期计划等。在我们这个行业中，研发质量决定了输赢。

弗雷泽从未忘记父亲对他的影响："回想起我坐在父亲旁边的时光，我始终记得他对我说要相信自己，然后去帮助别人。如果他还在世的话，他一定会表扬我说'这个孩子做了他应该做的事。'"

弗雷泽为坚持自我而感到自豪，并在其中找到了自己的真北：为他人服务。弗雷泽将领导目标集中于多重角色，以同一个目标带

领默克这家国际制药公司蒸蒸日上。他的贡献对人类来说是一份
礼物，他的故事也非常激励人心，值得我们学习。

免费发放药物让股东价值翻 10 倍

弗雷泽在默克的导师是 CEO 瓦格洛斯，后者在 20 年里始终坚
守默克创始人乔治·默克的格言，对"发明可救人性命的药物"抱
有巨大热情。此前他从事过 19 年的药物研究工作，曾先后两次被
两所著名医学院（芝加哥大学医学院和宾夕法尼亚大学医学院）邀
请担任院长。瓦格洛斯拒绝了这些机会，因为他感觉担任院长就像
是走进了一条死胡同。"我非常害怕成为一名院长，因为那样你既
不可能教书，也没时间做任何研究工作，你只是在不停地处理文件，
督促身边的人。"他解释说。后来他得到了一个成为默克公司研发
部主任的机会。

我相信，如果能用自己在生物化学领域的知识来发明新
的药物，我会比做一名医生更能对人类的健康产生影响，我
甚至可能改变人类研发药物的技术。我从来没有把自己想象
成一位领导者，但我总是在问自己："你做的工作是否真的对
这个世界上发生的一切有所贡献。"

我第一次见到瓦格洛斯是他凭借自己在消除非洲河盲症（River
Blindness）方面所作出的贡献而入选美国商业名人堂的时候。此前

默克公司曾经发现了一种名叫 Mezican 的药物，但市场调查显示，非洲人根本支付不起这种药物。瓦格洛斯并没有因此决定停止该药的研究，他决定完成整个研究过程，并将生产出来的药物免费发放给非洲人民。

你可能会问："这对股东有什么好处？"事实上，瓦格洛斯将这件事情作为证明默克使命的一种方式，并向整个组织传达了一种强烈的使命感。他解释说："这种药物可以帮助 1 800 万人战胜河盲症。这一个决定可以让默克在未来 10 年内招聘到任何自己需要的人。"

在随后的 10 年中，默克推出的新药比任何一家制药公司都多，这在很大程度上应归功于瓦格洛斯的激情和使命感激发了默克的众多研发人员。默克的股东价值在 10 年里翻了 10 倍。现在，尽管瓦格洛斯已经 80 高龄，他依然精力充沛。过去 10 年里，他担任雷杰纳荣生物技术公司（Regeneron）的主席，用单克隆抗体创造了无数突破性的药物，创造了 420 亿美元的股东价值。

"如果你问他们努力工作是为了生活，还是要帮助这个世界上的人们时，相信大多数人都会选择后者。"瓦格洛斯如是说。

真正的领导目标蕴含改变世界的力量

对大多数领导者来说，目标来自他们的人生故事。理解生活中重大事件背后的意义，你可以找到自己的真正领导目标，同时也可以让这个目标更加坚定。了解你的领导目标并不像听起来那么容易，一个人仅凭空想很难找到自己的目标，你需要进行认真的自省，同时也需要与现实生活"碰撞"，然后你才能决定将精力投入哪里。如果做不到这一点，你就很难感受到真正的满足。

对有些领导者来说，他们是在经历了一次重要事件之后就找到了自己真正的目标；而对于其他人来说（比如我），经历了许多之后才发现自己的目标，然后找到一个组织，以真诚的方式追求目标。当你清楚地了解了自己的目的，并找到或创造了与自己价值观一致的组织，你就可以用自己的领导力改变世界。

年轻领导者太急于出人头地，通常都喜欢寻求晋升的机会，而不是耐心等待，寻找自己的真正目标。雅芳公司执行副总裁钟彬娴在 39 岁时错过了出任 CEO 的机会，她开始思考自己是否要继续留在雅芳，当时时代公司 CEO 安·莫尔（同时也是雅芳公司的董事）告诉她："一定要跟从你内心的指针，而不是你的职业规划时间表。"于是钟彬娴决定留下来。两年后，她被任命为 CEO，并以该身份领导了雅芳十多年。

钟彬娴有清晰的目标：提高女性在社会生活中的地位。她说："帮助女性学会经营自己的事业，取得经济上的独立，进而掌控自己的命运。这才是最重要的。"

为有天分的人提供榜样和机会——百特医疗副总裁

当百特医疗（Baxter Healthcare）的米歇尔·胡珀（Michelle Hooper）还是个孩子的时候，她和同一条街上的一个孩子成了好朋友。六年级的一天，她去找朋友玩，可对方的父亲却把她堵在家门口，"他告诉我他不会再允许自己的孩子和黑人一起玩了。这件事对我产生了巨大的影响。"胡珀回忆道。赤裸裸的歧视让胡珀感到非常震撼，她开始发奋学习，希望能够有所作为。"我希望通过不断努力改善自己的处境。"她说道。虽然并没有受到任何偶像的影响，但琥珀还是决定要成为一名领导者。最后她在经济学和商业课程中都取得了出色的成绩。

在百特医疗，胡珀为自己赢得了第一个机会：带领加拿大分公司走出困境。这项工作给她带来了巨大的压力，她的脸上甚至因此长满了痤疮。可她还是坚持了下来，"我不能退缩，因为我是第一位管理这样一个组织的黑人女性，也是我家里第一位进入这些高贵的执行官行列的人。我不能失败。"

开始在百特承担其他领导工作的时候，她终于找到了自己的目标：成为后继者的榜样，为他们提供自己曾获得的机会。胡珀相信，很多有天分的人一辈子都没有得到过应得的机会，因为从来都没有人认识到他们身上蕴藏的潜力。

这个世界上有很多非常优秀的人，他们需要的只是一个机会和一个平台。幸运的是，人们给了我这样一个机会，让我能够以一种从没想过的方式成长。

这些故事反映了领导者在发现自己人生目标过程中的挣扎，也反映了他们在找到目标，并与人分享目标时内心所产生的满足感。安·傅洁认为领导是一种服务他人，而非自我满足的行为。她总是在问："我怎样才能用自己的天分积极地回报社会？"

> 任何人都可以创办一家公司，努力工作两年，赚很多钱，然后继续向前。这并不是领导，只是在玩游戏。真正的领导者应该留下一些能经受住时间考验的东西，比如改变人们的命运，或者是在某个领域做出突出的贡献。

激励他人与你同行

只有将你的领导目标应用于现实世界中遇到的挑战，用一个共同使命将人们团结起来去行动，你的领导目标才会变得有意义。

使命就是驱动你去领导的真北——震动世界的社会组织创始人

在接受我们采访前，寄居者（Sojourners）机构的创始人吉姆·沃利斯（Jim Wallis）刚从密苏里州弗格森市出差归来；他在那里会见了领导抗议执法部门种族偏见的年轻领袖，以及支持这些年轻人的宗教领袖，他们将受到不公正待遇的人们团结起来，与政府官员展开公开对话。沃利斯是主张社会正义的美国宗教先锋之一，采访中他表示新一期杂志将重点讨论美国的种族问题。他坚信，如果目标不能转换成实际行动，那就毫无意义：

我的职业就是让信念浸入大街小巷，进入公司、社区、国家和整个世界。如果它不能成为你生命中的原动力，它就无法持久。我在乔治城大学的课程上问过学生："你怎么让你的信念浸入大街小巷？"

沃利斯成长于底特律的白人社区。十几岁时他注意到了几个街区之外的黑人区与自己的社区的差别，因此困惑不已，最后他得出结论："我所在的城市和国家很不对劲。我要去市中心寻找答案。"

在做底特律爱迪生公司的看门人时，我与几个年轻的黑人成了朋友，那几乎改变了我的价值观。有一天，我去了家庭教会，那里的教会长老告诉我："吉姆，你要明白，基督教与种族主义无关，而我们的信念是私人的。"那时我还是一个十几岁的孩子，离开教堂之后关于种族的问题一直萦绕在我脑海里，折磨我的心灵。我知道有些事情不对劲，但是没有人谈及。我对自己说："如果宗教信仰无关种族，那我再也不想与基督教有任何瓜葛了。"

在密歇根州立大学里，沃利斯深入民权和反战运动，并因为参与正义与和平的非暴力反抗活动而被拘留20次。他说："作为一名学生激进分子，我能在两个小时之内召集1万人齐聚街头。"1970年，越南战争的紧张局势和肯特州立大学"枪击学生"事件激化了民众情绪，他带领学生罢课，迫使肯特州立大学暂时关闭了校园。后来密歇根州立大学因沃利斯坚定支持社会正义，在他毕业 44 年后授予他荣誉学位。

在大学期间，沃利斯在《马太福音》中看到了耶稣的一段话，改变了自己的信仰："这些事你们既作在我这弟兄中一个最小的身上，就是作在我身上了。"他解释道，

> 上帝之子说："我从你对待他们的态度中可以看到你们多爱我。"这里的"他们"指的是微不足道、脆弱、贫穷和被压迫的人。我们对待最贫穷、最脆弱之人的方式就是对我们信仰的真正考验。我用我的后半生来寻找信仰中的公共意义。

在三一福音神学院里，沃利斯继续致力于寻找信仰中的公共意义。他在 20 世纪 70 年代早期创立了寄居者机构，这是一个以信仰为基础的社会组织，其使命是"将信仰转化为社会正义的行动"。在过去的 40 年里，他大力地推行这一使命，帮助社会中受压迫的人，从未动摇过信念。

沃利斯认为攀登职业阶梯和完成使命存在着巨大的区别。他说："职业就是运用你在简历上的技能和资产，试图爬上成功的阶梯。而完成使命则需要你了解自己的天赋和责任。"你的使命就是你的真北，你需要遵循的东西。没有使命，你就只是在做工作，努力往上爬，或许只有闲暇时间才有空想想使命这回事。

"使命"（vocation）来源于拉丁文"Vocari"（字面意思是 to be called，被呼唤），即世界对你的天赋的召唤。与其寻找晋升的机会，不如了解自己的使命。如果思考使命对于你来说只是业余活动，那你可就麻烦了。使命是你领导力的核心，领导力体现在你每天在工作和人际关系中所做的一切。当人们问该如何找到自己的使命时，我都会说："跟随你脑中的问题，无论它们带你前往何方，跟着它们就是了。"

沃利斯忠于自己的使命，最终把自己的信念传到了南非，传到了星星监狱（全美最大的监狱之一），也传到了华盛顿贫民区，传递到了白宫的椭圆形办公室，没有什么能阻挡他帮助社会弱势群体。沃利斯在权力机构任职时表现非常突出，但他拒绝别人把自己归为任何一个政治派别。他在世界经济论坛上提出了《新社会协约》，呼吁"在各领域实行变革型、以价值观为基础的领导力……我们必须调动人们……建立一个更公正、宽容和可持续发展的世界。"

激情与责任赋予我领导的能量——彭妮·乔治

彭妮·乔治（Penny George），我的妻子，从未自视为领导者，她的父母亦未鼓励她走上领导之路。于是，她凭借卓越的专业技能，成了一名受客户高度评价的组织心理学家，帮助众多有才华的个体发掘并实现了他们的潜力。尽管如此，彭妮一直避免担任组织中的领导角色，即便是在非营利组织的董事会中。

1996 年，正当她获得心理学博士头衔，与合伙人共同创立新的咨询心理学公司之际，一场悲剧降临——她被诊断出患有乳腺癌。面对这一突如其来的打击，彭妮经历了一段情感的跌宕起伏，但她并未放弃。她选择了改良根治性乳房切除术，随后接受了长达七个月的化疗和五年的激素治疗。在与疾病的斗争中，她展现出了不屈不挠的精神，尝试了多种补充疗法（complementary therapy），并对自己的康复承担起了责任，这不仅治愈了她的身体，更重塑了她对生活的掌控。

彭妮的康复之路也深深影响了我们的家庭。我们的儿子约翰，为了陪伴母亲，取消了春假计划，这段经历最终促使他走上了医学之路。如今，他已成为加州大学旧金山医学中心一位杰出的头颈癌外科医生，对病人充满深切的关怀。而他的哥哥杰夫，也追随医学的脚步，担任全球眼科护理领导者爱尔康（Alcon）公司的全球负责人，该公司隶属于诺华（Novartis）集团。

彭妮在科罗拉多州的四角地区进行了一次为期 11 天的远见之旅，包括 4 天的独自禁食，这次经历促使她决心投身于整合医学的发展。她设想了一种新的医学方法，将传统西医实践与补充疗法相结合，全面治疗整个人。

在一次前往科罗拉多的旅途中，彭妮坚定地向我表达了她的愿景："我们将改变医学的教学和实践方式。"她主动提出管理我们在 1994 年创建的家庭基金会，并在一位卓越基金会主任的协助下，将我们的一半捐款用于支持整合医学（integrative medicine）的发展。

她与基金会主任共同构思了一个创新的想法，将整合医学的医学领导者与慈善家聚集在一起，这促成了布莱威尔（Bravewell）协作组的成立——一个由 25 个基金会组成的团体，他们汇集资金，共同支持医学的转型。

尽管彭妮在协作组中的领导受到了成员们的高度评价，她却一直谦逊地坚称自己"不是领导者"。这并非矛盾，而是她选择了一种更为内敛的领导方式——通过鼓励和支持同行网络中的成员站出来领导，她以自己的热情和愿景，以及对合作价值观的坚持，激发了团队成员的灵感。彭妮的故事向我们展示了，发现你的热情可以赋予你站出来领导的力量，并找到你领导的真正目的。

离开通用磨坊创立就业促进公益组织——Twin Cities RISE! 创始人

有时，你的工作会与你的领导目标并不一致，这时你就需要做出选择：是想办法让你的工作更贴合领导目标，还是转换方向，寻找更合适的工作来实现领导目标。这就是通用磨坊前执行副总裁史蒂夫·罗斯柴尔（Steve Rothschild）所面临的选择。

罗斯柴尔德曾经是通用磨坊的明日之星。他在美国创建了优沛蕾酸乳酪业务，并将其发展成为一个价值 10 亿美元的业务部门。30 多岁时被提拔为公司的执行副总裁之后，他开始面临许多新的挑战。"我感到自己像是被架空了一样，反而有些怀念当初领导团队时的那种成就感。与此同时，我还在发展方向上与跟公司产生了分歧。我希望能把公司发展成为一家国际化的公司。"

当高层要求罗斯柴尔德向董事会报告公司的国际化战略时，他遇到了真正的挫折。"我们应该成为一家国际化的公司，因为我们不能永远依赖于国内业务。"他解释道。

在西班牙出差期间，他接到了公司总裁打来的电话，后者告诉他公司 CEO 希望改变公司的国际化扩张策略。罗斯柴尔德回答道："我不能这么做，因为我并不认同这种策略。CEO 希望我改变主意，但他从来没有直接和我对话，从来没有问过我的想法。"

这次事件之后不久，罗斯柴尔德不得不面对一个残酷的现实：他和公司正在走向不同的方向。罗斯柴尔德失去了工作目标，而且也有些不再能享受工作了。"我被困在一个自己并不喜欢的工作中，我感觉自己需要重新焕发活力。"他说。

> 离开通用磨坊对我来说就像是上天赐给我的机会。它让我可以深入自己的灵魂，让我有机会重新审视自己的婚姻和家庭。自从离开通用磨坊之后，我和家人的关系变得越来越亲密，越来越深入。这个决定让我变成了一个更加完整，更加有成就感，也更加快乐的人。

经历了在通用磨坊的磨炼之后，罗斯柴尔德决定不再踏足商界。他想花些时间了解自己真正的激情，真正的人生目的，真正的价值观，解决一些真正重要的问题。

当你长时间地过于关注工作时，你就会害怕被生活抛弃。这就像身处一个巨大的旋转中的圆盘边缘，起初你两只手都握着边缘，后来你慢慢地放开一只手，但你绝不敢同时放开两只手，因为那样你会被离心力甩出，跌得鼻青脸肿。但对于我来说，我必须同时放开两只手，逃离这个圆盘。

罗斯柴尔德意识到自己的兴趣在于帮助贫穷和弱势群体争取经济独立，帮助他们组建家庭。于是他用自己的钱创办了TwinCitiesRISE！公司，该组织的使命在于：通过为失业者和待业人员——尤其是非裔美国男子——提供培训，为雇主提供更多的熟练工人，并使接受培训者的年收入至少达到 2 万美元。

当认识到自己喜欢解决重要的和有意义的问题时，我决定成立 TwinCities RISE! 公司，大多数社会地位低下的有色人种都有过入狱经历，而他们所面临的困难尚未充分解决，他们不仅要建立事业，也要为建立生活。

长期战略和短期目标"两手抓"

领导者不能凭空管理。他们有责任聚集人们实现共同的目标。这也是领导者所面临的最大挑战。真诚领导者，如肯·弗雷泽，必须对自己的目标表现出强烈的热情，让人们感受到这种热情，由此产生强大的动力。有人会说，当你率领的是默克那样可以救人性命的团队或公司时，你很容易确立这种使命感，但一家百货公司又怎样给予人使命感呢？

我们之前提到的克罗格公司CEO戴维·迪龙就在公司内建立了强烈的使命感。克罗格并不能拯救人们的生命，但在克罗格，每个人都感觉自己是在从事一项非常重要的事业。迪龙让人们相信，在一家以服务为导向的百货公司为大众提供服务也是一项崇高的事业。"每个人都想在自己的生命中寻找到真正的意义，我们的目标是帮助人们实现自己的生命意义。"他说，

> 只要能表现出友好的态度，我们就可以让顾客产生良好的感觉，让他们的生活变得更加美好。就这样，一点小小的善意就可以改变他们一天的心情。如果能够向身边的人传达一些善意，我自己的感觉也会更好一些。这样，当我们的职业生涯走向尾声的时候，我们就可以回首往事，告诉自己："我曾经参与了一项非常伟大的事业。"

百事公司董事长兼CEO卢英德（Indra Nooyi）非常清楚优秀公司必须有明确的目标。她举出了4点特征：

1. 为股东创造价值；
2. 为社会和人们制造健康的产品；

3. 尽量不对环境造成负面影响;

4. 关爱自己的员工。

她的多面目标阐释了组织应该如何增加所有股东的价值。她说:"每个公司都有灵魂,组成部分就是那些构成了企业的人们。"

员工都不想在门外徘徊。他们希望在一个关心世界的公司里拥有能够全身心投入的工作。而每一位出色的 CEO 都能紧紧地跟随自己的真北。

卢英德出生于印度金奈,就读于马德拉斯基督教学院(Madras Christian College)和加尔各答管理学院(Institute of Management Calcutta)。她于 1976 年移民美国,并前往耶鲁管理学院求学,在那里获得了硕士学位。随后,她进入了几家顶尖组织从事与策略相关的工作,在 1994 年加入了百事公司。

在 2006 年当选为 CEO 的卢英德意识到,未来的健康危机将推动消费者需求转向健康食品和饮料。所以她开始扩大百事可乐的产品线,从含糖饮料和高脂肪食物向健康食品转变,包括桂格麦片、佳得乐康纳果汁及全新的健康食品。

她提出了"目的性绩效"(Performance with Purpose)的概念,强调了公司在追求长期目标时也要注重短期业绩目标。卢英德在策略实施的过程中采取了一系列诸如收购新兴市场企业等行动。她在每次会议和演讲中都呼吁百事公司的 275 000 名员工团结起来，向着共同的目标前进。

与此同时，百事公司的老对手，土耳其裔商人穆泰康（Muhtar Kent）领导的可口可乐则将精力集中在传统的软饮料市场。2009 年，可口可乐公司占得上风，旗下产品夺取了软饮料市场份额前两名，业内一致批评卢英德荒废了百事在软饮料市场的传统优势，但卢英德并没有退缩，她继续推行 2006 年制定的多元化战略，同时加强了百事可乐在软饮料市场的推广，并稍微调整了高层管理团队。最终，她的努力得到了回报，2011—2014 年，百事公司逐渐收回了失去的市场份额，并扩大了业务范围。最终，百事公司以超过对手股价一倍多的优势，轻而易举地打败了可口可乐公司。

在百事公司的传统业务恢复正常后，激进投资者尼尔森·佩尔茨（Nelson Peltz）购买了 0.7% 的股票，建议卢英德放弃其远期策略。此外，他要求卢英德收购原卡夫食品集团分拆之后的亿滋国际（Mondelez），将其并入百事公司的食品业务中，然后拆分百事的饮料业务。卢英德对这一攻势早已有所准备，她坚持自己的立场，继续实行以目标为基础的策略。2015 年年初，佩尔茨同意撤回拆分计划，前提是亨氏前 CEO 比尔·约翰逊进入百事公司董事会。

卢英德的案例说明了在追求明确目标时，不屈不挠的精神也非常重要，此外，还要让周围的每个人都与你站在统一战线上，方能确保策略行之有效。卢英德在实现目标的过程中也遭遇了挫折，比如 2009 年的亏空案，以及诸如佩尔茨之辈发出的反对呼声。

当个人真北与组织使命不一致时

你的领导目标就是你用真北改变世界的方式。如果你组建了一个组织，那组织的目标就反映了你的真北。如果你已经在一个有自己使命的组织里工作，那你就需要让自己的真北和组织的使命保持一致。否则，你将无法从工作中得到满足。

回望肯·弗雷泽的故事，我们不难发现，他在"服务他人"的个人真北和"为人类制药"的组织使命中找到了共通点。同样的，当我走进美敦力时也感受到了组织的召唤，想要努力实现"为人类恢复健康"的使命。我和弗雷泽们都加入了一个有着明确使命的组织，而我们都对这一使命深信不疑。

在其他案例中，个人真北和组织使命的一致性就没那么强了。卢英德在百事公司感受到了差异，所以她在担任 CEO 时做出了艰难的决定，改变了公司的使命和战略，将公司的主要目标转向健康食品和饮料。在我的职业生涯早期，我努力将自己和霍尼韦尔的使命联系在一起，并试图用我的行政权力来改变这家公司。当我意识到霍尼韦尔对我的影响大于我对它的影响时，我便离开了那里，加入了美敦力。

有时，领导者会发现自己的工作与组织的使命都与自己的真北格格不入。例如，塞斯·莫尔顿从铁路公司退出之前，面临的是一个领导体制瘫痪、专业技能缺失的企业；史蒂夫·罗斯柴尔德之所以离开通用磨坊，也是因为他无法与公司的使命保持一致。

对大多数人来说，正如本章开篇里威廉·斯塔福德的诗中所写的"线"一样，我们追随目标的方式和环境将贯穿我们整个人生。然而，目标的恒定来源，即我们的真北会在不断变化的生活和新机会中一直保持不变。只要你坚持自己的真北，你必然能带着信念和激情在生活中不断前行。

练 习

如何找到你的长期和短期目标?

下面的练习将会帮助你学会借助自己的人生故事、你的热情,以及你的潜能确定你的领导目标。

1. 回想自己早年的经历(我们在第 1 章和第 3 章中曾经做过这个练习),用它来帮助你找到自己的目标。
2. 通过重新描述自己的人生故事,你更清楚地发现自己的领导目标所在吗?
3. 你的热情如何引导你找到自己的领导目标?
4. 以自己为目标读者写一篇文章,描述一下你的长期领导目标。从短期来看,你的领导目标是什么?你的领导目标与今后的生活之间会有怎样的联系?它是你今后生活的一部分,还是和你的生活毫无关系?

第 11 章

建立授权型文化

赛艇的精神是什么？完全牺牲自我，把小我融入团队之中。

——乔治·约曼·朴考克（George Yeoman Pocock）

1936 年奥运会金牌得主

完成了从"我"到"我们"的转型，并且了解自己领导目标的领导者，通常都能与他们的追随者产生情感共鸣，得到他们的信任。他们需要给组织成员授权，特别是一线员工，促使他们围绕同样的价值观，追求同一个目标。

过去，许多领导者都依附他们高于下属的职权带动业绩，然而，这种控制式的管理方法不再适用于如今的员工了，尤其是年轻的千禧一代，他们非常抵触上司的命令。相反，那些激励他们，赋予他们自由，让他们自行决定工作方式的领导者更受他们的青睐。

真诚领导者关注如何与他人建立良好的人际关系，授权给他人，让每个人都能以自己的方式获得成功。从长远来看，以授权为主的管理方式在发展领导者、建立健全组织文化和获取可持续成果上远比传统的控制式管理方法更有效。

施乐公司的重生：集结全员的智慧与力量

通过危机进行授权。施乐 CEO 安妮·马尔卡希无疑是一位杰出的领导者，她懂得如何对一个庞大而多样化的组织授权，从而将整个组织团结到一个共同使命周围。

马尔卡希带领施乐走过了史上最大的危机。尽管马尔卡希被强行推到了从未接触过的职位上，但她仍展现出了非凡的能力，让施乐 96 000 名员工全部集中于同一个目标。她的授权措施让施乐免于破产，还为继任者乌苏拉·伯恩丝（Ursula Burns）营造了健全的企业文化。

即便是在 2000 年的时候，马尔卡希也从来没有想过自己有朝一日能成为施乐公司的 CEO。一天，当马尔卡希正准备前往日本出差的时候，施乐主席保罗·阿莱尔（Paul Allaire）来到她的办公室，告诉她自己准备提议董事会结束现任 CEO 的工作，并推荐她当 COO，进而升任 CEO。听到这一消息之后，马尔卡希十分震惊，以至于不得不要求对方让自己晚上和家人讨论一下再做决定。第二天，她接受了这份工作。

董事会的决定让所有的人感到震惊。自从 25 年前加入公司以来，马尔卡希的主要工作都局限在销售等相关领域，从来没有接触过金融、研发或制造等环节。她在施乐的第一份总经理工作是管理在公司主流业务之外的一家相对较小的企业。

"这就像是去参加一场战争,"马尔卡希回忆说,"我知道公司的决定是对的,而且这对公司来说也是至关重要的。"

我知道,这份工作需要我竭尽全力,不过它也戏剧般地改变了我的生活。我从来没有想过自己会成为一名 CEO,也从来没有人准备把我培养成一名 CEO。

当时一个不为人知的事实是:施乐正面临一场重大危机,而且随时可能滑入破产的深渊。整个公司的收入一直在不断下滑,销售团队一片混乱,新产品线早已衰竭。当时公司的债务总额高达 180 亿美元,而且几乎已经没有任何一家银行信任施乐了。随着股票价格的一落千丈,公司内部的士气也开始变得一蹶不振。施乐的流动资金只能维持一个星期,所以许多经营顾问都建议公司申请破产。更糟糕的是,施乐的 CFO(首席财务官)当时把全部的精力都用在处理证券交易委员会的调查上,根本无暇考虑公司的现金流状况。

随着形势的恶化,马尔卡希开始意识到公司真的已经走到了破产的边缘。

我最担心的是自己可能正站在泰坦尼克号的甲板上,眼睁睁地看着这艘"大船"驶向海底的深渊,这并不是一个值得骄傲的时刻。每天夜里我都会从梦中惊醒,想着我们的 9.6 万名员工,还有那些退休人员。如果公司宣布破产,他们该怎么办?

当时马尔卡希根本不了解任何金融知识，那么她是如何应对这场危机的呢？当时她所能依靠的，只有自己 25 年来积攒起来的各种人际关系，以及她对整个组织业务的完整理解。为了施乐公司，她愿意做出任何牺牲——所有人都知道这一点。为了弥补自己知识的不足，她开始聘请顶级金融专家为自己补课，并与各个部门的领导人物保持紧密联系。

马尔卡希对公司所面临的问题理解得越深刻，她的目标就变得越清晰：将公司从破产边缘挽救回来，恢复施乐公司昔日的辉煌。她所面临的挑战是：将士气低落的员工重新团结起来，激励整个公司的领导者奋起接受挑战。

"当我想做一件事情时，我首先会在公司里找到自己需要的人，然后给予他们充分的信任。在日常工作中，我最关心的是如何建立一支优秀的团队，然后让他们来领导公司。"

她亲自逐一接见了公司前 100 名执行官，询问他们是否愿意在这种情况下继续与公司并肩作战。"我知道并非所有人都会表示支持。"她说。

所以我会直接面对他们，"嘿，不要拐弯抹角，我们还是开门见山吧。我们的情况并不妙。如果你想留下，就必须和大家保持一致；不过你也可以选择离开，因为我现在根本没有心思去管理具体工作。我们现在面对的是整个公司的命运。"

她所接触的前两名执行官——两人都负责比较大的部门——决定离开施乐，但其他 98 个人表示愿意留下。他们之所以做出这样的决定，是因为马尔卡希谈到了他们的人品，并表示希望他们能留下来拯救自己深爱的这家公司。其中一位名叫乌尔苏拉·伯恩斯的管理者说："我在施乐度过了一段非常美好的时光，也交到了许多好朋友。当情况变得艰难时，你该怎么办呢？谢谢，再见？我的母亲可没有这样教过我。"

与马尔卡希进行了初步交谈之后，团队迅速地团结起来，很多同事都留了下来，"我们都直接在会议室里吃饭，"伯恩斯说，"我们看了看四周，很开心地看到留下来的人很多，我说，'好了，大家都在这儿，那就开始吧。要想幸免于难，我们该做点什么呢？'"

虽然需要面对巨大压力，每天都要参加数不清的会议，马尔卡希还是决定亲自前往客户的办公室，前往销售人员的办公现场，竭尽全力阻止客户和销售人员的流失。她告诉施乐的销售人员："我愿意在任何时候赶到任何地方去挽救施乐的客户。"她的这种态度和她的前任形成了鲜明对比，后者很少会走出公司的总部大楼。马尔卡希的这种做法同时也表达了一个重要的信念，这个信念稳定了施乐的销售团队，并让客户重新对施乐建立了信心。

马尔卡希一方面不断应对挑战，一方面向员工提出了要求，她公开要求每一个人对自己的结果负责。

虽然面临巨大的压力，可马尔卡希还是力争为公司确立符合实际的目标，"单靠梦想不可能带领你脱离困境，"她说，"如果你只是为了暂时缓解股票市场的压力而随便报出一个数字，最终你能一败涂地。天哪，这可不是一件好事情。"

她鼓励公司高层管理人员之间直接沟通。"我们无话不谈，"伯恩斯说，"她所要传达的信息非常明确：要竭尽全力实现目标。"马尔卡希并不会在所有的讨论中都扮演主角，她的做法更像是在指挥一个交响乐团。"她非常善于读懂别人，并且可以让我们一起协作。"

2001年10月的第三个星期，破产问题开始被提上日程。10月初，马尔卡希坦诚地告诉股东们，施乐的商业模式并不能长久。第二天，施乐的股价立刻下滑26个百分点。马尔卡希回忆道："这对我来说就像是一场火的洗礼。"

马尔卡希通常会通过与同事交流获得支持，但成为CEO之后，她必须学会让同事坚信施乐会继续生存下去，虽然她本人对这件事情抱有一定的怀疑态度。

"我是一个非常敏感的人，对于我来说，最困难的事情就是我需要与周围的人保持一定距离，这点是我没有预料到的。"但马尔卡希并非时刻都能承受任何压力。"一天，我从日本回到办公室，发现公司的情况糟透了。"她说。

　　大约在晚上8:30的时候，在回家的路上，我突然把车停靠在路边，自言自语道："我不知道该往何方。我不想回家。根本没有地方可去。"

你有过类似的感觉吗？根据我的经验，许多领导者曾经对自己的处境感到绝望，但大多数人都没有勇气承认这一点。遇到这种情况的时候，你最需要的恐怕就是同事的支持了。

马尔卡希说："我打开了自己的语音信箱，听到一条公司首席战略家吉姆·费尔斯通（Jim Firestone）的留言：'今天似乎是我们最糟糕的一天，但我们都对你充满信心。相信公司一定会有美好的未来。'"这条信息给了马尔卡希足够的力量开车回家，迎接第二天的太阳。"我们的团队给了我巨大的支持。我们各抒己见，不停地争辩，但从根本上来说，大家对公司都非常忠诚，这给了我巨大的支持。"

当公司的外部顾问建议施乐应该宣布破产，以减轻公司的180亿美元债务负担时，马尔卡希勃然大怒。

> 我告诉他们："你根本不明白我们的感受——我们想奋起一搏，赢得这场战斗。破产绝对不是解决办法。只要还有一线希望，我就不会选择破产。我们还有很多机会。"
>
> 尤其让我感到愤怒的是，这帮人根本不懂得我们是在靠激情和动力推动这家公司，也根本无法体会到破产将会对公司员工产生怎样的影响。所有的施乐人都坚信，我们一定能打赢这场战争。

安妮·马尔卡希最终赢得了胜利。她削减了数十亿美元的运营开支，同时维持了研发和现场销售部门的完好无损，将债务总额减少了 60%，从而使公司驶离了破产的边缘。随后她通过发布 60 项新型彩色和数码技术产品，重新恢复了施乐的收入和利润增长水平。

在应对整个危机过程中，她表现出了高超的领导才能，大胆授权，引导人们接受挑战，并把所有人都团结到了"重塑施乐"这一使命的周围。

让马尔卡希如此与众不同的是她愿意授权给他人，让他人有能力迎接挑战，并让他们专注于重振施乐的共同使命。像马尔卡希这样的真诚领导者，已经意识到了团队的集体力量远远超过任何个体的力量。真诚领导者能用共同事业将团队团结在一起。

与员工交流，建立坦诚互信的关系

能够建立持久的关系是真诚领导者的一个重要特点。不幸的是，许多大公司的领导者都认为自己的工作只是制定策略、规划组织结构和组织流程等。他们把需要做的工作分配给他人，却对做事情的人漠不关心。

冷漠的领导风格在 21 世纪无法获得成功。对于员工来说，只有与上司建立了良好的个人关系，他们才能全身心地投入工作中。他们相信，只有与上司保持坦诚而深厚的个人关系，彼此才会形成信任和忠诚。

一旦与上司建立了持久的关系，作为回报，他们就会对自己的工作投入巨大的热忱，对自己的公司表现出绝对的忠诚。比尔·盖茨、史蒂夫·乔布斯和杰克·韦尔奇等人能获得如此成功，是因为他们能与员工建立直接的联系，并激发更深层次的工作责任感以及对公司的忠诚。

杰克·韦尔奇就是这方面的高手，他虽然对人很苛刻，经常向下属提出一些非常具有挑战性的问题，但这些挑战性的问题让人们明白韦尔奇对他们的成功非常感兴趣，也很关心他们的事业。

在《见证权力：美国总统的七门课》（*Eyewitness to Power: The Essence of Leadership Nixon to Clinton*）一书中，戴维·格根说："领导力的核心在于领导者与其追随者之间的关系。只有当人们认为你值得信赖的时候，他们才会把希望和梦想寄托在你身上。"真诚领导者能与组织内的人建立相互信任的关系。不管这些关系带来的回报是有形的还是无形的，都是持久的。

著名导演伍迪·艾伦（Woody Allen）曾经说过："80%的成功都是通过参与来完成的。"让人感到遗憾的是，很多领导者总是那么繁忙，以至于根本没有时间出现在一些重要场合。他们不愿意参加颁奖典礼，不愿意出席公司的野餐活动、销售会议，甚至是商业和项目评估活动。他们也不愿意去工厂、实验室，销售或服务现场。他们过于忙碌，生怕错过了重要的客户会议或行业交易会。

结果，组织成员很少有机会和他们进行私下交流。对于他们来说，唯一接触领导者的机会就是通过一些数字媒介，比如语音邮件、演讲录像或公司的网络电视。

知名零售商塔吉特公司（Target）的 CEO 布莱恩·康奈尔

（Brian Cornell）经常独自一人微服出访，视察公司的商店，与顾客会面，并用他敏锐的观察力了解高效的塔吉特团队成员如何与顾客建立联系。他视察商店得来的经验让他对整个组织有了清晰的认知，并且清楚地认识到了有哪些地方需要改进。同时，这也让他做出了职业生涯中最艰难的决定——彻底退出加拿大市场。

康奈尔不仅能依靠多方面的商业分析技能开辟前进的道路，他还在圣诞节前夕参观了加拿大的分店，发现这些商店门可罗雀，于是意识到塔吉特应该将精力全部集中在利润丰厚的美国市场。

霍华德·舒尔茨至今还记得自己在一个星期六参观一家星巴克门店时遇到的一件事：

> 我走进店里，开始根本没有人知道我是谁。可我刚一坐下，这家店的经理立刻上前来问我："霍华德，真的是你吗？"我说："是的。"然后她告诉我自己获得了星巴克的股票，以及这件事将会给她和她的家庭带来怎样的影响。最后她开始大哭起来，说道："没想到你居然能到这里来，我真是太感动了。"后来我收到了她的一封语音邮件，她告诉我那次会面对她产生了巨大的影响。我立刻给她回了邮件，感谢她对我讲述自己的故事。

这种类型的人际交往通常具有非常强大的力量，但需要领导者做的并不多，就像舒尔茨，他只是出现在一家星巴克门店，仅此而已。

对于你的团队成员来说，看到你出现在一些重要的场合将会给他们巨大的激励，这能够帮助领导者摘掉头上的"神圣光环"，让员工看到他们更加真实的一面。

激发员工最佳表现的 4 种授权方式

为了激发队友们创造最佳表现，真诚领导者必须在相互尊重的基础上和队友建立信任关系，这点是无法替代的。就像忠诚一样，尊重也是授权的重要基础。要想建立这一基础，你必须通过自己的努力来实现。以下是可以帮助领导者赢得同事尊重的 4 种方法：

> 1. 平等尊重每一个人；
>
> 2. 积极倾听；
>
> 3. 成为谦逊的学习者；
>
> 4. 分享人生故事。

平等尊重每一个人

人们总是会尊重那些能够平等对待自己的人，尤其是那些本身已经获得巨大成就的人，比如沃伦·巴菲特。无论是和比尔·盖茨，还是和没毕业的大学生们，巴菲特总是会吃同样的三明治，喝同样的樱桃可乐。

巴菲特并没有因为自己的地位而给人一种大权在握或者高人一等的感觉。他真诚地尊重每一个人，而别人之所以尊重他，与其说是因为他是投资大师，倒不如说他懂得尊重别人。虽然安妮·马尔卡希从来没有遇见过巴菲特，但她感觉自己可以随时飞到奥马哈，与巴菲特一起吃牛排，并在投资问题上征求他的建议。

积极倾听

我们总是很感激那些懂得聆听我们的人，感激那些真正用心倾听我们的人。积极倾听是那些懂得授权的领导者最重要的特点之一，因为在进行交流时，人们总是能够一眼看出对方是在认真地倾听，还是想要从我们这里得到好处。沃伦·本尼斯是一名世界级的倾听者。他会耐心地倾听你阐述自己的想法，经过深思熟虑之后，根据他的经验和智慧为你提供富有远见的建议。

成为谦逊的学习者

当人们相信他们可以从我们身上学到东西时，我们就会感觉自己受到了尊重。80高龄的沃伦·本尼斯在每年迎接南加州大学本科新生的时候，他总会告诉学生们："我知道自己可以从你们那里学到很多东西。"刚开始时，每个人简直不敢相信自己的耳朵，但他们很快发现，自己所提供的反馈的确可以帮助本尼斯更好地理解年轻一代的想法。

分享人生故事

当领导者敞开胸怀，讲述自己的故事，暴露自己的脆弱时，他们身边的人同样也会愿意分享自己的人生经历。1996 年感恩节之夜，我给美敦力的全体员工发去了一封电子邮件，感谢他们支持彭妮战胜了乳腺癌。突然之间，很多人都立刻回信给我，告诉我他们曾经也有过类似的经历。

愿意把我做的瓣膜放到儿子的心脏里——最佳生产技术员

最有利于授权的环境是整个组织为一个共同的目标而努力，每个人的激情和目标都保持一致的时候。要想做到这点并不容易，尤其是当你的组织当中有一些对现状心存不满的人的时候更是如此。但总的来说，只要能够创造一个有利于授权的环境，付出怎样的努力都是值得的。

通常情况下，每个人都会有不同的目标。如果组织的领导者能够让大家在实现组织目标的同时满足个人需求的话，就可以在整个组织内部开创出齐心协力的局面。

几年前，我曾经参观过美敦力在南加利福尼亚州的一个心脏瓣膜工厂，那里的工人们会对猪的心脏瓣膜进行改造，然后用其来取代人的心脏瓣膜。因为整个制作过程需要很高的技术性，所以它往往需要一些非常熟练的技术工人。

在工厂车间，我遇到了整个工厂技术最好的工人——一位来自老挝的移民，她每年可以完成 1 000 个心脏瓣膜。当我问她有什么秘诀时，她满眼放光地看着我说："乔治先生，我是在生产一些能够救人性命的东西啊。"

> 每次在一个完成的心脏瓣膜上签上自己的名字之前，我都会问自己，我是否愿意把这个瓣膜放到我妈妈或儿子的心脏里。除非我能给出肯定答案，否则我绝对不会让它进入下一个环节。
>
> 只要有一个心脏瓣膜出了问题，就会有人死掉。对公司来说，或许 99.9% 的合格率是可以接受的，但如果因为我的原因而让一个人丢掉性命，我一辈子都不会原谅自己。每当我晚上回到家里，躺在床上的时候，只要一想着我至今已经挽救了 5 000 个人的性命，我就会睡上一个好觉。

如果说这样的人会在自己的同事当中成为领导者，你还会有任何怀疑吗？她对自己的工作充满了热情，而这种热情又与公司的目标保持了高度一致，她为自己确立了很高的标准，并通过自己的行动为所有的人树立了一个好榜样。

创建企业专属的授权型文化

领导者如何通过授权来创建文化？方法来自高层领导者每天的一举一动。真诚领导者不会表面宣扬授权，却在转身之后以控制式管理行为来获取短期利益，否则他们将失去组织成员的信任。真诚领导者也不会奖励受权力驱使的管理人员，更不能容忍他们像小丑一样只追求利益，在组织内玩政治游戏。要想形成内部一致的授权文化，领导者必须把这些人从组织中剔除。此外，真诚领导者要奖励那些对他人授权的管理人员，公开认可他们的能力。

真诚领导者懂得如何帮助自己的组织成员，无论后者遇到了个人问题还是职业问题，前者都会向他们提供建议，或者为他们引荐一些能提供帮助的人物。

默克 CEO 罗伊·瓦格洛斯经常会在公司食堂就餐，并在那里了解员工的工作情况，以及他们所遇到的困难。在交谈的过程中，他会记录下双方的谈话，并在接下来的几天里想出一些具体的办法帮助员工解决问题。

不妨设想一下，如果你是默克的员工，在早晨打开语音信箱时听到 CEO 的声音，你会怎么想？"我经常给他们留言，告诉他们，'这的确是个大难题，但你不妨试试……'"瓦格洛斯说，"人们喜欢和领导者建立一定的私人关系。他们会感觉你的确是想帮助他们，这本身就是极大的鼓舞。"这些互动会让研究人员意识到自己工作的重要性，并对其他员工产生诸多方面的影响。

从控制型向授权型领导改革——旅游休闲巨头卡尔森公司 CEO

旅游休闲巨头卡尔森公司 CEO 玛丽莲·卡尔森·内尔森经彻底改变了她的父亲克尔蒂斯·卡尔森（Curtis Carlson）所创建的企

业文化。老卡尔森是一个顶级销售天才，同时也是一位强硬且咄咄逼人的上司。只要一看到有人在晚上 7：30 的时候离开酒店，他就会走上前去，问对方是否对自己的工作失去了激情。"星期一到星期五的努力只能让我们和对手打成平手。"他经常说，"星期六才是超过对手的时候。"

老卡尔森教会了女儿很多商业知识，但从来不鼓励她加入自己的公司，因为他相信，办公室根本不是女人待的地方。在生下第一个孩子之后，内尔森开始在家办公，她的工作是负责公司内刊的出版。在为公司的产品制作出一份成功的目录之后，她被提拔为公司的部门主管。可是当她把这一消息报告父亲时，父亲的反应却相当冷淡："你对生意投入太多了。你应该在家里和孩子们待在一起。"然后内尔森说："父亲当场就解雇了我，让我泪流满面地离开了他的大楼。"

离开父亲公司的内尔森一边照顾家人，一边开始主持明尼苏达交响乐团协会的工作，她创办了"今日斯堪的纳维亚"，并在 1992 年一年当中最冷的时候将"超级碗"①带到了明尼苏达州。她还成为第一位任职几家大公司董事会的女性，并成为一家乡村银行的合伙人。虽然她的商业资历在不断增加，可老内尔森却一次又一次地拒绝她加入自己的公司。

当她的最后一个孩子考上大学之后，内尔森最终回到了卡尔森集团，当时她已经 48 岁了。加入公司的第一个月，她陪父亲参加

① 美国国家橄榄球联盟 NFL 一年一度的总决赛是美国最有影响力的体育赛事。

了明尼苏达大学卡尔森学院的一场 MBA 报告会，报告会的主题是
"卡尔森集团的企业文化"。内尔森记得自己曾经问这些学生："你们
是怎么看卡尔森的？"没有一个人敢回答。

最后，一位学生说："卡尔森集团被看成一座'血汗工厂'，它
根本不关心自己的员工。我们的教授并不鼓励我们加入这家公司。"
听到这个回答，内尔森呆住了。"这次会议让我受到了巨大的震撼。"
她说。也正是在这次会议之后，她终于意识到，父亲的那种自上而
下独裁式的管理风格需要改变了。

两年之后，当她担任 CEO 的姐夫突然离开卡尔森集团之后，
她 80 岁的父亲重新回到公司负责日常管理工作，内尔森这时也开
始负责一些更加重要的管理工作，却始终没有被任命为父亲的继任
者。与此同时，随着大家越来越忍受不了卡尔森的管理风格，管理
层也开始陷入混乱。

最终，内尔森接管了卡尔森内部一个相当重要的部门，并开始
着手对公司的战略和领导风格进行调整。在庆祝公司成立 60 周年
大会上，她被任命为公司的 CEO。

在宣布任命之后，老卡尔森反复警告女儿不要依赖任何人。"一
定要小心，"他告诉她，"除了自己之外，千万不要相信任何人。"
内尔森的观点则恰恰相反，她感觉在一个充满关怀的企业中，信任
才是最有力的武器。"如果你创建了一个人们彼此能够相互支持的
环境，你就能吸引那些值得信任的人，只要你能信任他们，而且你
本身也值得信赖，你就可以依靠身边的人。"她解释说。

　　和父亲的做法不同，内尔森开始把工作的重点转移到员工和客户身上。"父亲创建的是一个命令——控制型环境，"她说，"他剥夺了自己倾听不同意见的机会。"

　　　　反对意见可以迫使你更好地理解或者改变自己的立场。我希望能够建立一种相互协作的管理模式。在现在的卡尔森公司，每个人都可以贡献自己的智慧和经验。我相信，集体的智慧一定会有更大价值。当然，最后还是要由领导者来作出最终的决定。

　　内尔森认为，只有首先为员工创造出一个充满关怀的环境，才能将卡尔森改造成一家真正关心客户的公司。她将公司的管理重点从金融资本转移到人力资本，花大力气聘请那些有经验、智慧和思考能力的人才。

　　她希望自己的员工能够具备三个特点：人品、能力和爱心。"人品是非常重要的，如果一个人的人品不好，你就很难信任他；能力也是非常重要的，我们需要一些拥有全球经验，拥有一定的专业知识和良好判断能力的人，所以这个要求毫不奇怪。"内尔森解释说，"但并非每家公司都看重爱心。"

　　　　我需要那些拥有一颗"仆人之心"的人。在我们即将创造的企业文化中，拥有"仆人之心"的领导是一个非常重要的推动力。一名对自己的工作感到满意的员工会给我们带来更多预期客户。在服务业，客户很快就能感受到你是否在真心为他们服务。

内尔森知道，要想让这些观念变成所有卡尔森员工的行为准则，首先必须得到全球卡尔森员工的认可。为了达到这一目的，内尔森用了大量时间去会见全球各地的卡尔森员工和客户。"只有当员工感觉自己受到了肯定，并真正理解公司的愿景和使命时，我们才能更好地培养与客户之间的关系。"她说。

我们不能只是简单告诉员工该怎样把餐盘放到桌子上。在任何一家餐厅，只有当你真正了解客人是"想要更多隐私"还是"想要更多服务"时，你才能让他享受到真正的高质量服务。

在回想起自己9年来所进行的改革时，内尔森表示，如今再也不会有任何一项研究报告说卡尔森不关心员工了。"你不可能指望只用6个月时间就可以改变一家公司的企业文化，"她说，"如果你能够改变公司的经营模式，在公司内部提倡透明而公开的管理方法，它最终就会成为公司的企业文化，但这需要时间。"

20年前，经历丧女之痛后，内尔森铭记那个"想尽一切办法回馈社会，让身边的人生活更加美好"的人生理想。她总是表示，领导者完全可以激励员工为了一个共同的目标而努力，并授权他们去领导，从这个意义上来说，她在卡尔森所推行的改革就是最好的证明。

像马尔卡希和内尔森这样的领导者渐渐发现，当领导者懂得如何在整个组织内部进行授权的时候，整个组织所取得的成果远比培养忠实的追随者所得到的结果更好。通过给予组织成员更大的权力，他们就可以将更多的领导职责转移到其他人身上，同时又可以进一步有效地扩大自己的领导范围。

发扬小镇邻里文化关注员工身心健康——达维塔公司 CEO

在外人看来，全球第二大血液透析服务商达维塔公司的文化极其不正常，甚至有点怪异。公司会议经常充斥着运动比赛般的欢呼声，CEO 肯特·希里（Kent Thiry）则常常穿得像电影《豪情三剑客》（The Three Musketeers）那样，仿佛还要时不时地挥舞长剑。希里提倡在加州总部建立一种温馨、宾至如归的气氛，所以坚持达维塔是一个"村庄"，而他是"KT 村长"。就连希里自己都承认："刚进村的人都认为这种做法不好，非常愚蠢、很肤浅。"

每个国家都有运动队、军事组织和宗教团体，而他们各自都有自己的颂歌、欢呼方式和口号。并不是达维塔的企业文化很怪异，那些无法调动员工情绪的企业文化才叫怪异。考虑到人们在工作上投入的时间如此之长，何不让他们在找到充实感的同时感到快乐呢？

希里在离开 Vivra Specialty Partners 公司（VSP）时有过一段

艰难的经历，正是那段经历让他知道了如何创建授权文化。在 VSP 时，希里感到身心疲惫，认为 VSP 的失败意味着断送了自己在私营机构的职业生涯。他和他的妻子德尼斯·欧李尔（Denise O' Leary）都决定暂时放下工作，把精力全部投入家庭中。当希里在几个星期之后接到达维塔公司的任职邀请时，他的妻子怒不可遏。"这种武断的做法令人作呕！"她如此说道，所以希里最初拒绝了达维塔公司。不过当他的妻子看到他闷闷不乐的样子之后，又对他说："你就是个蠢货！去吧，接受那份该死的工作吧！"

希里出任达维塔公司的 CEO 后，才意识到透析中心的员工每天面临着怎么样的情感挑战：这里的病人每周都要做 12 个小时的透析治疗，而且即便接受了最好的治疗，每年病人的死亡率还是会达到20%。因此，他想尽办法在每一次透析中心创造乐观、温馨的气氛，让病人和达维塔的员工感受到浓浓的关怀。

他想通过达维塔创建一个不一样的文化，就像社区一样，"人们互相支持，就像在教堂和运动队里那样感受到彼此的热情。"希里成长于威斯康星州的一个小镇，他想将那里的老式社区复制到公司内部。于是他用自己最喜欢的电影——《豪情三剑客》做主题创建了"达维塔村庄"，自己担任村长一职。

我经常听到希里谈论他们公司的文化，便决定亲身体验一回。很快，我从每一位达维塔员工身上都感受到了激情、热情和责任感。我不觉得达维塔的文化很怪异，相反，我很同意希里的观点。很多公司都奉行枯燥无味、不带丝毫情感的文化，这才是怪异的地方。

当我们以患者为中心建立起美敦力内部强烈的社会意识时，我也问自己："为什么不是所有的公司都采取同样的做法？"盖洛普咨询公司的多项调查显示：只有 30% 的员工在真正地投入工作。这不仅是一场灾难，更是人类潜能的惨痛损失。难怪那么多员工感觉自己精疲力竭，人员流动如此之大。试想，如果大多数公司都能创建像卡尔森集团和达维塔公司那样的授权环境，我们的工作场所将多么令人振奋。

摒弃官僚主义，创造最佳客户体验——美捷步 CEO

美捷步（Zappos）CEO 谢家华（Tony Hsieh）非常在意企业文化的建设。美捷步是世界上唯一一家接受参观公司的鞋业零售商。公司建立了幽默、热情、以客户为中心的文化。谢家华的业务建立在明确的价值观和目标之上，他与公司的每一个人公开交流，尤其是一线员工。他在 2008 年 10 月的全公司裁员邮件中写道：

> 记住，这家公司不属于我一个人，也不属于我们的投资者。它是我们所有人的，下一步要怎么走也取决于我们自己。前进的力量在我们每个人的手上，只要我们团结在一起，就会比从前更强大。

无论在顺境还是逆境之中，谢家华与员工的沟通都很真诚、有趣、不拘小节。他总是开诚布公地与同事交流。他坚持自己的价值观，不用规则和官僚主义来约束员工，持续不懈地带领公司创造最佳客户体验。大多数呼叫中心都会监测员工平均处理一个来电所需的时间，以此减少通话时长，最大限度地提高生产力和员工的业绩。但美捷步取消了这一度量指标，以及呼叫范本、追加销售等方式，让员工与客户建立更直接的联系，提供更优质的服务。

谢家华对员工的授权激发了组织的惊人潜力。他说："如果你建设了正确的公司文化，其他的一切就都好办了。"美捷步在 10 年间快速发展，直到 2009 年以 12 亿美元的价格被亚马逊收购。

马尔卡希、内尔森、希里和谢家华等领导者渐渐发现，当他们懂得在组织内部进行授权时，整个组织所取得的成果远比培养忠实的追随者所得到的结果更好。通过给予组织成员更大的权力，他们就可以将更多的领导职责转移到其他人身上，同时又可以进一步有效地扩大自己的领导范围。

充分授权的前提是达成共识

"授权"一词经常被误解为"自由地做自己的事情"。其实，真正的授权必定伴随着高度的责任感，促使被授权人兑现自己的承诺。我最初加入美敦力的时候也经常大谈授权文化，于是我领教了这种误解带来的破坏力。有一天，我受到一位高管的质问，她表示我没有足够的权力去质问她的业绩。几个星期之后，她回过头来对我说："现在我们都更理解你的用意了。当你说授权的时候，其实是在说'带着责任感的授权'吧。"对此，我回答道："难道还有其他的解读方法吗？"成功的领导者会定期跟进他们的团队，确保他们取得应得的成果，并在需要的时候提供援助。

坦率沟通与定期跟进复兴福特——波音公司前CEO

艾伦·穆拉利（Alan Mulally）是一位授权型领导者，他致力于将团队团结在一起达成共同目标，而达成目标的方式是通过严格跟进，获得真实的进展报告。我曾听穆拉利的下属反映，他们对穆拉利的"微观管理"不能完全接受。被授权的领导者必须为自己的行为负责，并完全公开自己的成绩，否则不管是否有人监管，授权都无法得到好的结果。

2006年，穆拉利从波音转战福特，这位穿着运动外套和休闲裤的CEO与福特以往的高管完全不一样。当他开车进入公司的车库时发现里面没有一辆福特汽车，这对于全球最大的汽车供应商之一来说是一件很奇怪的事。随后，他马上被护送到了他那个巨大的办公室，大约30名助手向他打招呼，帮他脱掉外套、倒咖啡。不到一个月，这些助手都被辞退了，取而代之的是跟随他从波音公司出来的助理。

走进亨利·福特二世曾经工作过的巨大办公室，穆拉利凝视着全景窗外，看到了汽车行业最著名的组装工厂。他向一名助手表示他想到工厂里走一走，与员工聊聊天，但助手却告诉他："我们的管理人员从来都不与工厂的员工直接交谈。"听罢，穆拉利更是坚持立即前往工厂。最初的参观经历让他深信，福特内部的问题比巨额损失更严重。穆拉利是一位直觉敏锐的领导者，对问题的观察也不限于表露出来的那部分，他清楚自己最大的对手是亟须修复的破碎文化。

穆拉利出生于堪萨斯州，他待人温和、谦逊，让人感觉很自在。在福特他非常低调沉稳，与身边复杂、钩心斗角的环境形成了鲜明的对比。他写字条的时候会附上笑脸符，与员工亲切地交谈，时常悄悄出现在某些会议现场，经常与他人拥抱。许多福特的高管在一开始时都对他不以为意，认为他的举动陈旧老套。布莱斯·霍夫曼（Bryce Hoffman）在《美国偶像》（American Icon）一书中对穆拉利为福特带来的转变给予了肯定，他表示："由于童年生活得非常简朴，渴望在天空写下自己的名字。所以穆拉利既单纯无邪，又有不屈不挠的精神。"

穆拉利在 1969 年加入了波音公司，一路辛苦打拼，坐上了商业航空部门的主管之位，后来凭借他给波音公司带来的华丽转变而升任波音民用飞机集团 CEO。同时，波音公司 CEO 菲利浦·康迪（PhilCondit）和哈里·斯通塞弗（Harry Stonecipher）被罢免，波音董事会不得不从 3M 公司聘请了詹姆斯·迈克纳尼（James McNerney）担任波音公司的新 CEO。

尽管身居要职，但穆拉利还是很消沉。亨利·福特的曾孙比尔·福特仅给他打了通电话，穆拉利便有意出走波音。在与福特董事会成员开展了详尽的讨论之后，起先穆拉利表示拒绝加盟福特，但最终福特董事会还是说服了穆拉利，让他承担起拯救美国最具代表性公司之一的重任。

穆拉利刚到福特不久便意识到了公司问题的严重性。尽管福特面临着有史以来最大的损失——127亿美元，但穆拉利的新管理团队里没有人愿意承认公司的问题所在。穆拉利告诉我，福特与它在底特律的竞争对手通用汽车和克莱斯勒早在30年前就歇业了，只是没有人愿意面对这一事实。意识到自己需要采取决定性措施，为福特抵抗进一步问题和经济衰退提供缓冲，穆拉利提供了福特的全部资产负债表，并以标志性的福特车标作为抵押，获得了一项235亿美元的借款批准。

随后，穆拉利制定了一项以满足客户需求为核心的策略，开发一系列的高端轿车和高端卡车，不再局限于运动休旅车和皮卡；此外，穆拉利还坚持加入了工会的美国工厂的成本必须与南部的非工会工厂的成本保持在同一水平。

福特于2007年与全美汽车工人联合会（UAW）达成了里程碑式的协议，把中型汽车制造转到密歇根州。同时，穆拉利将公司的品牌缩减到只有福特和林肯，拆分了捷豹和路虎等奢侈品牌。

在每周一次的绩效评价分析会（BPR）上，穆拉利将他的直接下属聚集在一起，针对福特的业绩进行一整天的深入分析。在分析会上，他比任何高管都更关注细节，也会给出非常坦诚的评估意见。由于公司的问题太多，导致穆拉利在每次看到进展顺利的项目都很困惑。

在第 5 次绩效评价分析会上，他发现报告中显示公司进展非常顺利，这无疑与公司数十亿的损失相互矛盾。于是他问："有哪些事进展不顺利吗？"无人应答。

不到一周时间，美国福特总裁马克·菲尔兹（Mark Fields）就报告了问题项目：一款刚发布的重点新车销售停滞。菲尔兹的同事都认为他可能要被解雇了，穆拉利却为他鼓掌，说道："马克，这很了不起。"穆拉利不仅接受了问题，还有意识地将焦点转向解决问题。他在会上一直强调一句鼓励的话："是你遇到了问题，而不是问题在于你。"

值得注意的是，穆拉利并没有在登上 CEO 之位后进行大范围人事调整，而是让手下的领导者们深入业务细节，带领各自的团队一起改善业绩。福特国际总裁舒明凯（Mark Schulz）强烈抵制穆拉利的做法，拒绝深入细节，并以病假为由缺席会议，他认为自己能获取董事长比尔·福特的支持，最终却成了穆拉利团队里第一个离开的人。

福特集团之所以能够再次复兴并非偶然。穆拉利用开放和坦诚将员工聚集起来，制定愿景，然后向团队充分授权。他赋予团队成员的权力并不比他给自己的多。同时，他那种严厉的爱改变了整个行政层，团结了所有员工，增强了福特的国际竞争力。

舒明凯后来也意识到了自己的问题，并在 2014 年成了穆拉利的继任者。

确定领导风格，灵活授权、适度调整

我们之所以要把"领导风格"这个话题放在最后，是因为一位高效能领导者首先必须是一位真诚领导者。只有当你能够认清自己，了解自己的价值观，并真正理解自己的领导目标时，你才可能成为一名真诚领导者。如果在这些问题上不能保持清醒的认识，你的领导风格就很容易被外部期待左右，你就很难成为一名真诚领导者，也不可能做到真正授权。

许多组织都在努力让年轻的领导者接受公司所推崇的领导风格，甚至会通过一些培训项目改变他们的领导风格，从而让其更加适应公司的发展。这种做法存在着一个巨大的风险：你是否会为了在组织中取得成功而刻意改变自己的领导风格呢？如果答案是肯定的，那你就会感觉自己像一个冒充者，感觉你只是在努力掩盖自己的本来面目。

在本章中提及的授权领导者，包括安妮·马尔卡希、罗伊·瓦格洛斯、玛丽莲·卡尔森·内尔森、肯特·希里、谢家华和艾伦·穆拉利等，最重要的特点之一就是他们都有独特而有效的领导风格。没有人能够通过模仿他们的风格获取成功。

在反思自己的领导风格时，不妨考虑一下你属于下表（表11.1）所列 6 种领导风格中的哪一种。

○ 你的领导风格与你的领导原则和价值观一致吗？

◎ 你如何根据具体情况的变化来调整自己的领导风格?

◎ 你是否在意团队能否接受你的领导风格?

◎ 如果要调整领导风格,你是否担心自己难以胜任?

表11.1　6种领导风格

指令型	要求他人遵守和服从规则
参与型	动员符合组织共同目标和价值观的人
教练型	培养未来领导者
共识型	通过鼓励下属参与决策来达成共识
合作型	建立情感联系和和谐关系
专家型	注重能力,自我导向

　　指令型的领导风格在过去,尤其是在军队和制造业中普遍存在。在类似于"9·11"的事件当中——这时候人们往往需要在短时间内迅速做出决定——这种风格仍然非常重要。但随着多数大公司开始主要雇用知识型员工,所以在需要激励人们采取主动或者做一些创造性工作时,指令型风格就变得不再那么合适了。

　　近些年来出现的最常见的领导风格是参与型领导。其中安妮·马尔卡希和艾伦·穆拉利就是典型案例。她们会积极地与各级人员沟通,提出问题,倾听反馈,激励下属,鼓励其创造更高水平的表现:前提是符合组织的共同目标和价值观。

　　以约翰·多纳霍为代表的教练型领导懂得如何帮助人们创造最

佳表现，以及如何培养他们担任未来的领导工作。通常情况下，出于长远利益的考虑，这种领导更关心人们的长期发展而不是短期结果。以约翰·怀特海德为代表的共识型领导，会平等地对待团队中的所有人，并且会鼓励所有人积极参与决策，直至最终达成共识。他们愿意花大量的时间帮助团队达成共识，即便为此推迟决定也在所不惜。大多数非营利组织都需要共识型领导激励自己的下属。

合作型领导通常更注重在团队成员之间建立信任关系。保持团队成员之间的和谐往往需要放弃一些短期利益。这些领导者往往会让人感觉他们根本不是在领导，不过他们可以最大限度地激发团队成员发挥最佳表现。他们的领导方式一般是非常微妙而且非常克制的。

专家型领导如描绘人类基因图谱的克莱格·温特尔（Craig Venter）在很大程度上依赖于自己的专业知识。许多科学组织、咨询机构以及金融服务机构的领导者大都属于这种类型。这种领导者非常善于倾听其他专家的观点，但同时也要求自己的队友能表现出相当程度的专业知识和业务水平。

此外，你还需要根据下属的个人能力，以及他们是否愿意承担更大的权力和责任，来调整自己的领导风格。举个例子，如果你的下属需要清晰的指示，而你喜欢征求所有人的意见的话，他们很可能无法适应你的风格。反过来说，那些富有创造性或比较独立的人可能并不会喜欢指令型的领导风格。

在担任领导的过程中，你首先一定要理解自己的工作环境和整个团队的目标。正像 N.R. 纳拉亚纳·穆尔蒂所说的那样，"在选择领导方式时必须考虑到具体的背景。最好的 CEO 也未必能胜任参议员或总统的工作，因为他们所面对的是完全不同的环境。"但一旦理解了自己的工作环境，你就可以调整自己的沟通方式和领导风格，带领整个团队实现一个共同的目标。

根据需求"海拔"转换领导方式

安进公司 CEO 凯文·夏尔在 MCI 的经历让他学会了要随着环境变化而调整自己的领导风格—根据工作需要和队员的自主性变化进行调整。夏尔用"海拔"这个概念来描述手头工作的抽象或具体程度。

在最高"海拔"，你会关心一些比较宏观的问题：公司的使命和战略是什么？人们是否理解和信任这些使命？在最低的"海拔"，你会关心一些比较实际的问题：我们能否完成销售额？我们的产量如何？在二者之间，你会问一些类似下面的问题：我们是否应该投资那家小型生物技术公司？他们推出的新药是否有市场前景？我们这个季度需要聘请多少名化学家？

作为一名 CEO，你必须同时处理所有这些"海拔"的问题，要做到这一点并不容易。我从杰克·韦尔奇那里学会了如何在不同"海拔"之间迅速切换，甚至同时应付几个不同"海拔"的工作。大多数 CEO 都会倾向于用大多数时间来处理自己感觉最舒服的工作。不幸的是，一旦只关注某个"海拔"，他们就会遇到麻烦。

夏尔承认自己总是过于关注细节性工作：

> 当我进入潜水艇模式（非常深入地钻进一个问题时），我会感觉自己完全可以一个人解决这个问题，这时我可能会完全忽视专家的建议，甚至会停止交流。但能够做到在不同的领域和不同的"海拔"灵活切换对领导者来说是非常重要的，尤其是当整个组织处于快速成长的时候更是如此。

作为领导者，你必须有适合自己的风格，但是也要灵活应变，根据形势和同事的需求来改变风格。只有这样，你才能保持自己的真诚，授权他人处理各式各样的挑战。

练 习

你是否已建立授权型文化?

下面的练习将会帮助你有效提高领导效能,包括告诉你如何灵活调整自己的领导风格和使用个人权力。

1. 你是否曾经有效地激励身边的人共同完成一个目标? 如果有的话,请举出一个例子。

2. 你如今是否善于激励人们主动承担领导责任? 你如何做到这一点? 你准备采取什么措施提高自己的领导效能?

3. 你是否在授权别人和实现自己的业绩目标之间遇到过冲突。如果有的话:

   ◎ 你是如何解决这一冲突的?

   ◎ 你是更看重自己的个人目标,还是更看重你和其他领导者之间的关系?

   ◎ 将来遇到类似冲突时,你会有不同的做法吗?

第 12 章

超越真北，成为全球领导者

一家全球性公司的组织模式将与传统的西方企业模式截然不同，随之产生的文化也将发生很大变化。

——保罗·波尔曼 **联合利华 CEO**

在最后一章，我们将着重叙述全球性组织将面临的挑战。企业领导者都意识到如今互联化、国际化的世界对他们提出了新的要求。要成为全球领导者，你必须了解地缘政治，改进商业模式，以进入新生市场、建立多元团队、重新设计组织模式。只有当你的能力超越于真诚领导者，你才能从容应对复杂环境中的重重挑战。我们将会在本章介绍"全球智慧"（Global intelligence, 即GQ），以及如何发展成为一个全球智慧型领导者。

联合利华的可持续发展：成就具有未来竞争力的领导者

在CEO保罗·波尔曼的领导下，联合利华转变成了顶级国际消费品公司。波尔曼出身荷兰，在联合利华的主要竞争对手宝洁公司待了26年，在雀巢担任了3年首席财务官兼美国分公司的主管。

作为联合利华第一位外聘 CEO，波尔曼在 2009 年年初上任后就承担起了转变的任务。20 年里，联合利华的收入、利润和市场占有率持续下降。波尔曼在我的采访时说道："我们已经忘记了该如何赢得市场。"

联合利华是由荷兰 Margarine Unie 人造黄油公司和英国 Lever Brothers 香皂公司于 1929 年合并而成。作为英荷合资企业，联合利华设有两个董事会，并由英国和荷兰领导者轮流出任 CEO。这一体制使得联合利华内部斗争持续了多年，直到波尔曼成为 CEO 才得以解决。

波尔曼进入联合利华后不久，一名董事告诉他："你很出色，但是你不属于这里，因为我们通常都是内部选拔领导者。"这番话反而激励了波尔曼深入研究联合利华的历史，甚至了解到公司创始人之一利华休姆子爵（Lord Leverhulme）制造出"阳光牌"（Sunlight）肥皂是为了消灭英国的疟疾。

后来，联合利华成立了联合董事会，也设在伦敦。在波尔曼任职期间，联合利华的董事会变得更加多样化，不仅有瑞典董事长，还有来自中国、美国、印度以及南非等地的董事。

2011 年，人们都在抛售联合利华的股票，他却说："我的工作不是为股东服务，而是为联合利华的客户和消费者服务。"此外，他还中止了季度收益指导，让联合利华的高管专注长期战略，并将公司转型为全球领先的消费品公司。

波尔曼明白，联合利华的潜力在于帮助全世界的人们，其使命是建立在可持续发展之上的。从波尔曼和他的 50 名高管解决困境的表现我们不难看出，可持续发展就是联合利华的真北。

为了改变联合利华的文化，波尔曼设计了自己的指南针，即其内在使命、价值观、强调增长和市场优胜的战略。他简化了公司产品的地理结构，将联络点由原有的 200 个减为 32 个，并建立了全球分公司。"2020 年的国际化公司组织模型将会与传统的西方企业模型大不相同。随之产生的文化也将发生很大变化。"他如此说道。

首先，由于大多数高管都来自英国和荷兰，他担心联合利华的领导团队过于侧重欧洲市场，所以在初到联合利华的几年里，波尔曼替换掉了 100 名高管中的 70 名，新晋高管一半来自内部选拔，一半为外部招聘。他解释道：

> 我们要找的人必须具备成长型思维模式，注重外部要求，热爱为客户和消费者服务。我问了我们的领导者 10 个关于客户的问题，想了解他们在客户身上花了多少时间。结果，他们的反应让人非常尴尬。

很快，波尔曼就将公司的新兴市场收益提升到了总收益的 41%，实在令人刮目相看。随后，他以 70% 的新兴市场收益为目标，这一目标在公司的区域业务中可谓惊人。在波尔曼任职的 6 年里，联合利华的新兴市场收益占到了总收益的 60%。

　　我们想要以人员的多元化来创造竞争优势。由于公司的重心正在转向东方，所以我们将主要执行人员、重点业务单位以及价值 4 400 万英镑的领导力培训中心都设在了新加坡。如今，我在新加坡的员工人数远超伦敦总部。

　　我认为总部并不能贴近未来的发展，所以联合利华必须有地域分布式的领导者。你拿到的产品也不再是伦敦或盎格鲁 - 撒克逊①产品了，而是分散在全球各地的产品。此外，我们还将两个大型研究中心分别设在印度和中国，并将所有工程中心都迁往印度。

　　联合利华正努力从新兴市场中挖掘更多领导者。波尔曼说："我们很幸运，比其他公司拥有更多来自新兴市场的领导者，但这还远远不够。"COO 哈瑞什·曼瓦尼（Harish Manwani）指出："如果我们 70% 的业务都在新兴市场，那我们必须有 70% 的领导者也来自这些市场。"波尔曼补充道："我们必须为未来创造新的领导文化，但必须与运营这些业务的领导者共同努力。"

　　我们需要的领导者必须对新兴市场文化更敏感，他们高度透明、乐于合作、镇定从容。将领导团队放在低谷中试炼，这样才能锻炼他们的领导素质。

---

① 通常用来形容 5 世纪初到 1066 年诺曼征服之间，生活于大不列颠东部和南部地区，在语言、种族上相近的民族。

在波尔曼的领导下，联合利华开启了一项非常有远见的全球领导者培训项目，即联合利华领导力发展项目。波尔曼说："联合利华的领导力发展项目是为了应对这个充满不确定性的世界而建立的，目的是培养大量能够适应未来竞争的领导者，到那时，企业间真正的差别就在于全球领导者的能力了。"

目前，联合利华已经培养了 600 余名全球真诚领导者。参与者在项目中提升了自己的 GQ，发现了自己的领导目的，并下定决心将自己的领导目的与联合利华的使命及策略结合在一起。正如来自南非的联合利华可持续发展负责人盖尔·克林特沃斯（Gail Klintworth）说的那样：

> 参加联合利华的培训项目让我明白了可持续发展和改善他人的生活正是我强有力的优势。我想要塑造一种角色，可以贯彻可持续发展，开创可持续的业务，向世人证明可持续才是唯一可行的模式。我的新角色完全契合我的愿望。要不是参加了培训项目，我想我永远都没有勇气踏出这一步。

波尔曼推行的一项高管改革举措就是提拔莱纳·奈尔（Leena Nair）为全球人力资源总监。奈尔来自印度斯坦联合利华，虽然曾任职南亚人力资源主管，但前往伦敦对她来说仍是一个不小的挑战，她说道：

我的丈夫在印度经营了一家成功的公司，我不能轻易离开，所以我一直害怕这一刻的到来。但保罗说服我去建立自己的人脉网，与高层领导者和董事会建立联系。如今，我和两个儿子住在伦敦，丈夫偶尔抽空过来看我们。

联合利华对领导力的需求反映了世界市场的未来趋势。我们的领导队伍需要更多的女性，需要更多来自全球各地的领导者。为了提升组织在未来的竞争力，我们还需要具备全球智慧、了解复杂的全球化组织并能充分利用其优势的人。

4 个方面把握快速发展的新兴市场

从长远来看，由那些能够有效开展全球业务的领导者所管理的组织将更具竞争力、更有生产力和更有赢利能力。在当今这个讲究沟通效率和供应链遍布全球的世界里，要想利用新兴市场的优势，领导者就必须从以下 4 个方面了解他们所处的快速变化的全球环境。

善用组织成员和产业链的地缘特征

如今，世界比以往更让人捉摸不定，主要是因为新兴市场的兴起带来了更大的不确定性，加快了信息技术的发展，加深了国家之间的相互依赖性。

要想适应这个瞬息万变的世界，企业必须清楚地认识到其业务的地缘特征，对地缘政治事件如何影响企业的业务有着深刻的洞察力。埃及的政治动荡会不会延误货物的供应？乌克兰冲突是否会影响天然气的价格？印度的数据中心出现状况是否会给你在上海的研究中心带来问题？

如果你的组织在全球各地的跨职能团队都有国际化的员工，那你就能用世界一流的人才增强企业的竞争力，提高生产力，并从组织结构的相对优势中受益。

我在美敦力时，明尼阿波利斯的软件团队每天晚上都将编程内容传给印度同僚，让他们继续开发，如此一来，产品开发周期就缩短了 40%，不仅降低了成本，也提高了质量。

然而，这种全球价值链也增加了意外的质量问题和项目延迟的危险性。剧烈的外汇动荡、区域性军事冲突或新的地域性法规出台都有可能对全球业务造成不利影响。应对这些挑战也非易事。

顺应新兴市场，重塑商业模式

在成熟市场里，行业结构通常都很明确。例如，在美国，医疗设备制造商和医疗人员之间是简单的供应商和客户关系，而医生为病患选择医疗设备后，患者医疗体验的相关责任就转嫁到了医生头上。但新兴市场的出现为新的商业模式创造了机会。

奥马尔·伊什拉克在 2011 年出任了美敦力 CEO，他从新兴市场中看到了许多加速企业发展的机会。伊什拉克生于西孟加拉邦（现孟加拉国），在伦敦接受教育，是一位典型的全球领导者。他在荷兰飞利浦集团工作了 8 年，辗转超声波仪器领军泰索尼公司，再到通用电气。"因为飞利浦是荷兰公司，"他解释道，"所以只有荷兰人才能获得提升。我感觉自己能在美国公司有更大的作为。"

起初，他扩大了以美国人为主的领导团队，增加了 6 名非美裔执行委员会成员。这项举措立即改变了高层管理的决策能力，并加大了公司对新兴市场的重视度。随后，他的领导团队引进了革命性的新商业模式，重新设定了医疗技术生态系统。

伊什拉克解释道："我在美敦力所学的东西让我对国际化有了不一样的想法。"

> 传统的做法是在当地产品中心制造低成本产品，降低产品价格，然后你就能走向国际。然而，我们产品的使用者并不是能买得起这些产品的人。所以，我的首要任务在于改变教育和培训中病患和医生的意识，同时建设基础设施。

意识到这一点，美敦力在北京成立了美敦力大学，旨在培训医生；在中国其他地区建立了患者中心，帮助病患认识自己的疾病；此外，美敦力还在印度建立了诊断营，为病人支付医疗费用向银行担保；即使是在欧洲，美敦力也创造了新的商业模式，如用美敦力的产品建立了心脏导管插入术实验室。

注重本土化创新以增强全球竞争力

大多数跨国公司都部署了矩阵结构，试图平衡战略事业单位和地域组织。在过去，跨国公司会从总部派出拥有超强能力的高管管理区域公司或地方单位，并将总部的标准、流程、控制系统以及营销方式运用在当地公司。

让外籍人士跻身决策层的跨国企业少之又少，更不用说登上企业的管理顶层了。比如，汇丰银行从英国招聘了 200 名外派雇员，委派他们前往地方银行（大部分在亚洲），并将保单寄回伦敦，这是汇丰的一贯作风。

在我担任霍尼韦尔欧洲公司总裁的几年间，公司派遣了很多美籍人员前往国外的分公司，推行美式营销方案以及工程和制造技术。然而，美国同事经常对欧洲、中东和非洲市场与美国市场的巨大差异无动于衷，强行在这些地方推行美国风格的策略。

我就此咨询了英士国际商学院（INSEAD）的安德烈·劳伦特教授，请求他就文化差异和桥接不同文化等主题为我的同事设计领导力培训项目。劳伦特教授的培训安排是前两天注重讲解美国文化，接下来两天主要讲解欧洲文化，他说："很少美国人会意识到自己的文化偏见，而且认为别人理解了美国文化就一定会认为美国人的方式更胜一筹。"

不少公司都慢慢发现，一味地推行总部的标准和营销方案在新兴市场很难收到任何成效。许多消费品公司都在将产品推向全球的过程中遭遇阻碍，他们发现自己的产品并不适合外国消费者的口味。因此无法在日本、韩国、印度、巴西和俄罗斯等国家与那些深入了解消费者的本土公司正面交锋。

向服务于全球客户群的多样化领导团队转变

为了使决策更出色，公司需要多样化的领导层。正如西门子 CEO 彼得·罗旭德（Peter Loescher）所说的："因为管理太过白人化、德国化和男性化，西门子并没有在国际舞台充分发挥潜力，我们过于单一了。"罗旭德坚称多样化对西门子的未来至关重要，他指出："如果你的领导能力不能服务于全球客户群，那你就无法发挥出全部潜能。"

以此，公司对于来自世界各地的优秀领导者开放了晋升至最高管理层的机会，不限国籍。

可口可乐公司率先做出了表率，其历届 CEO 有 5 位来自美国以外的国家或地区；另外，将诺华制药从瑞士人主宰的公司变成国际公司的梦想家丹尼尔·魏思乐，把诺华制药的研究总部从瑞士巴塞尔迁往马萨诸塞州剑桥，并从麻省理工学院和哈佛大学吸收了大批顶级科学家。魏思乐还有预见性地让瑞士人占据主导地位的管理团队和董事会向全球领导团队转变，不设国籍限制。

尽管它们奋力前进，像诺华制药这样的发展型企业，仍在苦苦地培养全球顶尖的新兴市场领导者。

诺华制药公司 CEO 乔·希门尼斯（Joe Jimenez）表示："这个过程极其艰难，你们看我们的执行委员会，里面还没有一个来自巴西、中国或者俄罗斯的成员。并不是我们没有找到来自这些地方的人才，而是我们还没能培养出来。"

全球智慧型领导者的 7 种品质

要想在新的全球环境中取得成功，一家公司至少需要 500 名具有全球领导才能的高管。培养新领导者需要有独特的计划，最好能将新兴市场和不同于企业培训项目的领导力发展计划相结合。一般来说，领导力发展项目主要侧重于提高管理技能和增强自身的业务知识。然而，领导者的缺点和随之而来的失败通常会导致他们缺乏一种具备全球智慧的领导力，即 GQ。

要想成为全球领导者，以下组成 GQ 的 7 种领导品质缺一不可。

- ◎ 适应性；
- ◎ 好奇心；
- ◎ 同理心；
- ◎ 一致性；
- ◎ 自我意识；
- ◎ 合作性；
- ◎ 整合性。

其中一些特性，比如自我意识与我们在找到真北的过程中需要做的努力是分不开的。全球性的互动增加了领导者的压力，环境越国际化，对领导力的要求就越高。由于语言、文化、客户喜好、谈判策略、商业惯例、法律和道德的差异如此之大，使得领导者面对新兴市场时所面临的复杂性也成倍增加，同时，他们在这些国家的生活也会随之受到影响。这就是为什么如此多优秀的领导者为跨国的工作分配而烦恼，被动地在新兴市场挣扎前行。

现在让我们逐一了解这些全球领导者的必备品质。

适应性

作为全球领导者，你必须了解这个变化多端的世界，预测未来几年将要发生的变化。全球领导者必须能将资源倾斜到机遇发展地区，根据地缘政治局势制订应急预案，快速适应高速变化的全球环境。尤其是在政治变革、汇率变动、金融危机、种族冲突、战争和恐怖主义等频繁爆发的新兴市场，商业环境的变化可能就在旦夕之间。近年来，我们已经目睹了希腊、埃及、伊拉克、巴基斯坦、乌克兰、俄罗斯和印度等国家发生的此类事件。全球领导者必须时刻准备改变战术以适应变化。

好奇心

全球领导者必须对他们遇到的异域文化充满好奇心。这包括了个人对多样化体验的热忱和孜孜不倦地学习其他文化的欲望。他们还必须承认，有些时候其他文化准则和处事方式比他们自己的文化更胜一筹。当你入驻一个新兴市场，如中国或印度，你是会在豪华酒店的西餐厅用餐，还是到该国各地去见识各式各样的人、逛一逛当地的超市和商店、参观老百姓的家并且了解他们的生活？本土领导者和全球领导者的差异在于：本土领导者漂洋过海去出差，而全球领导者则到世界各地收获体验。

同理心

同理心就是从他人的角度出发，设身处地地为他人着想。要做到这一点，领导者必须保持谦卑，与来自不同文化的人打交道，而不是自我保护，然后对他人品头论足。同理心能让人际关系融洽、亲密、持久，让领导者能与来自不同文化的人亲密接触，进而为出色的业绩打下基础。

一致性

全球领导者若能从容应对挑战，就可以带领全体员工在公司使命和价值观面前超越民族和文化差异，保持一致。由于新兴市场中的商业实践和道德准则与发达国家不同，所以要想在全球化背景下达成一致就显得更加困难。

因此，全球领导者都会要求当地的员工把伴随他们成长的商业实践和价值观先放在一边，将公司的使命和价值观置于首要位置。但鉴于国家之间的文化和准则差异极大，这并不意味着他们要放弃自己的文化和准则。

自我意识

领导者需要了解周围的世界和自己，包括自己的优势、弱点和偏见，也需要察觉自己遇到显著文化差异时的反应。发达国家的人生活在新兴市场会加强自我意识，并在了解到其他语言的复杂性、文化和准则的差异性，以及自己独在异乡的孤独感后，避免惶惶不安。

合作性

在国际化背景下，合作能创造跨越地域的横向网络，将人们团结在一起，追求共同的目标，创造出超越地域准则的工作方法。在真诚的全球合作中，参与者会把公司和项目的目标放在首位，与合作者共同努力，实现这些目标。促成最成功跨地域合作的全球领导者通常对每一个区域团队的优势和弱点都了如指掌，懂得按照团队成员的优势分配工作。

整合性

全球领导者面临的最大挑战之一，就是结合本地和全球性问题制定整合性企业策略。整合性策略能让领导者充分利用自己在新兴市场的地位，建立起可持续的竞争优势。

要想做到这一点，领导者必须清楚了解新兴市场，保持全球视野，发现公司应如何利用企业优势，以更出色的方式满足客户需求。跨国公司要想胜过具有成本优势的本土公司，这是唯一可行的办法。正如联合利华COO曼瓦尼解释的那样："我们拥有一个国际化组织模式来平衡本土和国际优势。"

我们都不相信"本土化思维，全球化行动"。相反，我们信奉"全球化思维，本土化行动"。公司在一开始都是本土化行动，通过深入了解当地顾客的需求以及当地文化来创造相关性。

然后我们利用联合利华丰厚的全球资源，为他们提供优秀的产品，满足这些需求。这就是我们获得超越当地生产商的竞争优势的原因。我们致力于将匹配的产品和技能带到当地市场。

提高 GQ 的最佳途径之一就是到新兴市场的所在地居住。你越早这样做，尤其在你对新文化和风险都保持开放态度时，你对新兴市场的了解就越深入。如果你无法迁往国外，那至少去拜访一下，在那些不那么国际化，却更真诚的乡村待上一段时间。

诺华制药的希门尼斯认为，真实地体验不同国家的生活对领导者的全球化至关重要。他解释道：

当我们把领导者从他们在美国的舒适区拉到中国或印度这些国家时，他们需要弄清楚如何在当地买菜、看病甚至生存。他们的思维将发生巨大转变，自我意识和同理心将得以加强，并学会尊重其他文化。如此一来，他们就知道该如何利用不同的商业模式来发展自己的业务，而不是盲目地推行他们熟悉的商业模式。

在一个语言、风俗习惯、文化、法律和喜好完全不同的新兴市场，领导者必须敢于质疑过去对自己的认知。全球领导者必须观察为什么他们对极端差异存在某些特定的反应。如果他们对全新的体验敞开胸怀，保持学习的欲望，自我意识就将得以提高。

最出色的跨文化工作团队还对文化差异有着更深入的了解。学习当地的语言在与当地居民沟通的过程中也同样很重要。通常，文化的独特之处都是通过其语言体现出来的，如果当地居民把他们的语言转换成你的语言，一些微妙之处就无法顺利地传达出来。

在人际交往方面，全球领导者必须运用 GQ 为世界各地的管理者授权。如果缺乏 GQ，那他们对新兴市场的同事和客户就会更加严格和挑剔，也会限制自身的学习能力。这不仅会削弱他们的同理心，还会导致他们无法建立亲密的人际关系。

没有 GQ 的领导者与来自不同文化的团队共事时，非但不能创造出协作环境，激发团队成员的最佳潜能，还会强迫他人接受公司的主流文化。

此外，他们不但没有强化学习力、创造力和创新力，反而还会扼杀它们。因此，在最容易接受全新体验的早期培养 GQ 对领导者而言至关重要。

新一代领导者正在改变世界的商业模式

从很多方面来讲，新一代领导者正在为全球领导树立新标准。

为了更好地了解他们培养 GQ 的过程，让我们先看几个已经国际化的年轻领导者。

新一代移民连续创业者——越南连锁品牌高地咖啡创始人

戴维·泰（David Thai）1972 年出生于越南。早年的泰随着家人搬了十几次家，最终在华盛顿州雷德蒙德定居。泰在很小的时候就表现出了创业才能。当他只有 12 岁时，就挨家挨户推销糖果，并且很快意识到将糖果卖给商人会带来更大的赢利机会。他在高中时期和就读于伦敦大学期间创立了多项业务。

为了寻根，即便语言不通，他还是不顾父母的反对回到了越南。"在大学即将毕业的时候，"他说，"我有一种强烈的欲望，想要了解自己。返回越南不仅帮我了解了自己，也点燃了我为越南和东南亚的下一代创造永久遗产的热情。"

星巴克在越南取得了莫大的成功，这也激励了他在 25 岁时创立了第一家正式公司——通过零售店贩售本土咖啡的高地咖啡公司（Highlands Coffee Company）。高地咖啡公司的成立开启了漂泊在海外的越南人在越南注册成立私人公司的时代。随着品牌不断壮大，他在胡志明市和河内开设了高地咖啡专卖店，建立了零售连锁企业。

如今，越南成了仅次于巴西的咖啡生产国。泰还创立了越泰国际联合股份公司，掌控了包括 Pho24 越南米粉（Pho 24 Vietnamese noodles）在内的多家附属公司。

在 2009 年世界经济论坛上，泰被评为全球青年领袖。尽管获得如此成就，他还是非常谦虚，依旧在越南政府的支持下坚决地做一名致力于创建自由企业的连续创业者。

"我在亚洲学会了少说多听"——联合利华的多文化背景领导者

联合利华的塔玛拉·罗杰斯（Tamara Rogers）的父母离开伦敦时分别为 21 岁和 18 岁，他们在赞比亚生下了罗杰斯。她说："自我出生的那一天起，我就一直在旅行。到了 10 岁，我就去过了非洲大部分城市，还有泰国、新加坡、美国和大多数欧洲国家。我对不同的语言、文化、面孔、肤色和信仰面前都应对自如，我非常喜欢这种感觉。"罗杰斯在英国接受了高中教育，但在那之前，她花了一年时间背着背包探索拉丁美洲的国家，每天只花 3 美元。

在旅途中，一场严重的车祸造成了她的盆骨五处骨折，在回到学校后，她想方设法让自己的每一天都过得充实。大学毕业之后，她逛遍了整个亚洲，随后加入了联合利华。在联合利华，她总是能将来自不同背景的领导者团结在一起，挖掘每个人的潜能，促成他们合作，开发出创造性的解决方案。

罗杰斯优秀的领导才能让她在联合利华平步青云，仅在近几年就被提拔数次。她解释道："我在亚洲学会了少说多听。"

美国人和德国人都会给予明确和直接的信息，但是在亚洲，如果你不竖起你的信号接收器，可能听不全对方在跟你说什么。我非常喜欢这种差异。在我的团队里面，我们鼓励大家发表自己的观点，以确保每个人的观点都为人所知。我们鼓励人们走出自己的舒适圈，那样他们才能学到更多，当然，我们还是会给他们一张安全网。

在异国走出自己的路——软银中国投资公司主席

李培龙（Peilung Li）年仅 39 便成了软银中国投资公司（SoftBank Investment China）的主席，但在工作初期他也遇到了许多困难。他明白，只有走出自己的路才能取得成功。李培龙出生于中国台湾，5 岁时父母离异，继父对李培龙非常严苛。同时由于与导师的看法大相径庭，所以他在学校也感到非常无聊，逐渐成了远近闻名的叛逆者和捣蛋鬼。从那时起，李培龙开始转变自己的方向，用艺术来表达自己的想法。

他在 15 岁时搬到加利福尼亚与叔叔同住，也是在那里学会了独立。因为不会英语，他把大部分时间都用来绘画。当母亲移民到美国开餐厅之后，他们搬到了一个下层社区。在那里，他每天都要面对抢劫餐厅的人，后来甚至在学校卫生间遭到持枪袭击。"我吓坏了，当劫匪看到我出庭作证后，又打了我一顿。"他说道，"为了保护自己，我决定乔装打扮一下。"

从加州大学圣塔芭芭拉分校毕业后，他获得了前往日本留学的奖学金，于是他再次踏上语言不同的土地。不过，他在日本的学校取得了优异的成绩，毕业后留在日本做咨询工作。在那里，他一次次地对上司的品德提出疑问。加入东京大和证券集团（Daiwa

Securities）后，他被派往中国促成一项四方合资项目，却频繁地因为合作伙伴滥用资金而产生纠纷。

短居美国后，李加入了软银投资集团，起初被派往日本，后来调往中国北京，运用他流利的国语和对中国文化的理解能力在中国建立起了软银中国分公司。李很快获得了软银集团主席的信任，并在上海成立了一系列合资企业，成功升任软银中国投资公司主席。

为何李能在 40 岁之前就获得如此成就？很可能是他早期的经历让他保持自己的个性，敢于踏上语言不通、举目无亲的异国他乡。这些经历促使他形成了现在的性格、价值观以及敢于接受挑战的勇气。独立的思想和精神不仅是李的性格特征，也是新一代全球领导者的特征。

激发他人潜力是领导天赋——会讲故事的倍增型领导者

罗德里戈·马什卡雷亚尼什（Rodrigo Mascarenhas）成长于巴西，曾梦想成为一名天体物理学家。他在戴尔·卡耐基培训课程的演讲中说道："我内心有东西被点中了，然后我就完全改变了。我学会了如何通过讲述自己的故事连接到别人的心灵和体验，这让我充满自信。"

马什卡雷亚尼什不满足于在父亲的轮胎企业的工作，于是他参加了霍夫曼的"发现自我计划"，学到了如何让自己的情绪与理智、身体和精神保持一致。这让他鼓足勇气摆脱父亲的公司，前往凯斯西储大学攻读 MBA。他的工作足迹一路从巴西延伸到西班牙再到捷克，最后是伦敦。马什卡雷亚尼什有一种能让别人事半功倍的能力。他说："我的天赋就是在人与人之间建立起信任的桥梁。"

> 我能触碰到他们内心深处的东西，帮助他们看到自己的潜力和能力。当他们与周边的人做同样的事情时，效果也会倍增。每次，他们都能展现出自己的能力，满怀信心地成为强大的领导者。这对他们的生活、家庭以及对人生的看法甚至身体状况都有积极的影响。
>
> 我拥有任何人都可以拥有的最了不起的礼物，它是一把能开启宝箱的钥匙，宝箱中是每个人真实的自己。大多数人都想从外部寻找自己的那个宝箱，却浑然不知这个宝箱已经在他心里了。我们生活在一个复杂的世界里，有很多的选择，所以我们很容易为了名利、金钱和地位出卖自己的灵魂。而我选择用积极的方式来影响人们的生活。
>
> 纵观我的职业生涯，我是一个倍增型领导者，所以我一直在晋升。接触他人，不分国籍地进入他们的内心深处，这就是我的天赋，这种天赋让我超越了自我。还有什么样的人生会比这更美好？

改变培养年轻全球领导者的方式——非营利组织"全球公民年"创始人

艾比·法里克（Abby Falik）27 岁创立了非营利性全球间隔年项目——全球公民年（Global Citizen Year），主要接收即将踏进大学并且有志服务于新兴市场的高中毕业生。法里克是一位多才多艺的女性，年轻时就开始接触新兴市场。13岁那年，她的父母便将她带到印度尼西亚，让她见识到了极端的贫困，内心的困惑和内疚让她不知所措。

法里克说："用我的一位导师的话来说，一旦触碰到了社会正义的神经，你永远都无法漠视它。"与年轻人的互动让她感到深深的不安。"我所出生的时间和地点赋予了我想做什么就做什么的权力。与那些在完全不同背景下成长的年轻人交谈，我意识到仅仅因为出生地的不同，他们就无法享受我所拥有的权力。"

法里克的国际化经历塑造了她的性格。高中时期，她在尼加拉瓜的一个家庭里度过了整个夏天，为当地人提供教学。"那次经历让我下定决心在全球化背景下运用我的领导力，"她说道，"我还从那次经历中学到了领导者需要保持谦虚、耐心，倾听他人。"离开尼加拉瓜后，她开始致力于自我发展。法里克在大学期间曾休学1年，再次回到尼加拉瓜，决定建立一个图书馆。"因为书本很少，所以我16岁带过去的书依旧在社区里传来传去。5年了，还有很多人排着队等着看这些书。"

然后，法里克的理想主义遭到了狠狠的打击。"那是最艰难也是我人生中最震撼人心的一次经历。我已经带了一些资源过去，却完全不知道如何着手去做。"社区里的分歧也让图书馆工程放慢了进度。她解释道："我从来没有在语言和文化都不同的地方当过女工头。每天结束工作之后，我都会发现项目并没有任何进展，我气坏了。但我从中学到一点，那就是失败也可以富有建设性。"

创立全球公民年之前，法里克曾向"为美国教书"（Teach for America）项目的温迪·科普（Wendy Kopp）征求意见。她梦想着自己的组织能像火箭冲天一样快速发展，但项目的捐赠者市场和研究成果并没有想象中的那么充分。

尽管前进的步伐比预期的慢，法里克的目标也没有丝毫动摇。她的一名董事会成员指出："我从未见过一个人能像她那样坚持自己的使命。她不断推动捐助者和学生报名，相信我们必须改变培养年轻人成为全球领导者的方式。"

法里克在新兴市场的生活经验促使她成立了"全球公民年"组织。她运作的项目是一个名为"桥梁年"（Bridge Year）的免学费国际交流活动，该组织会甄选高中毕业生到发展中国家做一年的交流培训生。2015年，法里克派了100名毕业生前往巴西、塞内加尔和厄瓜多尔等地参加了为期一年的服务项目。她表示：

> 研究员在早期都需要面对寄宿其他家庭的孤独感，并且在一个语言不通的地方接受服务工作分配，这将迫使他们挖掘出内在的自己。面对让你不适应的全新事物时，你可以通过全新的视角看到不一样的自己。

现在，"全球公民年"组织的全球服务人员已经增至过去的10倍，他们凭借其服务和国际经验在高等教育领域掌握了越来越大的话语权。法里克则转向幕后，为政府领导者和大学校长提供培养全球领导者的建议。"这个机会比我想象的更大，"法里克说，"未来10年，我希望'全球公民年'能推动所有年轻人去国外生活，在海外任职，成为真诚的全球领导者。"

从保罗·波尔曼到李培龙，再到艾比·法里克，新一代的全球领导者正在改变世界的商业模式。这些领导者比我那个时期的领导者视野更宽广，他们将来一定能意识到，只有在为社会做贡献的同时平等地为全球人民服务，那才算真正的成功。

练 习

你该如何培养组织未来的竞争力？

下面的练习将会帮助你认清全球化对你个人和组织的影响。

1. 你是否曾踏入一个完全陌生的环境？如果有，你的感受是什么？脆弱？孤独？还是不安？

2. 全球化将如何改变你的公司看待客户和产品的方式？你需要如何成长，采用何种领导方式来领导组织的未来？

3. 你的 GQ 有多高？你采取了哪些具体的行动来提高 GQ？

为社会和股东创造共享价值

在本章中，我们将以 21 世纪全球化社会中非常有争议的商业角色——全球领导者——结束本书。当今时代，我们渐渐忘记了商业的真正目的。事实上，商业的真正目的并不是要给股东以短期回报，而是要建立一个能够为所有成员提供持久价值的实体。

商业的本质是股东价值还是社会利益？

近年来，包括对冲基金在内的短线交易的地位逐步提升。那些活跃的投资者收取高额费用，另外抽取现实利润的 20%，给资本主义带来的潜在危害不容小觑。随着市场陷入狂热，大家普遍追求短期的股东价值最大化，忘记了商业的真正目的。他们迫使公司削减研发成本和其他长期投资，这将彻底摧毁公司的经济价值和未来的生存能力。

然而，关于公司应该将股东和所有者的利益最大化，还是应当承担起对所有利益相关者的责任的辩论依旧火热。2014 年 10 月，我作为客座讲师为哈佛法学院的 3 年级学生开了一次讲座，我问他们："企业是为社会服务的机构，还是为了最大化投资者收益而组织在一起的资产集合？" 30 名学生一致赞同后者，即为投资者创造最大的回报，这让我既惊讶又失望。他们的看法非常坚定，最后我们围绕这个话题展开了激烈的辩论。

事实上，在大多数国家，开放式公司以及有限责任公司都是以服务社会为宗旨而批准成立的。然而在过去 30 年里，股东团体给企业施加了巨大的压力，迫使大多数投资者和商务人士转变自己的角色，职责也从管理资产变为了保证股东短期利益的最大化。

可悲的是，许多投资者和企业都将自由运作当成是理所应当的，完全没有意识到当他们的行为过失给公司造成损失的时候，是社会拯救了他们。其中掩藏了不少威胁资本主义的因素：安然公司在 2003 年陨落，全球金融体系在 2008 年几近崩溃。

从这些事件中，我们不难看出无界资本主义即将走向自我毁灭。这也是美国为什么要在 2003 年通过了《萨班斯 - 奥克斯利法案》(Sarbanes-Oxley Act) [1]，并在 2011 年出台《多德 - 弗兰克法案》

---

[1] 美国立法机构根据安然有限公司、世界通信公司等财务欺诈事件破产暴露出来的公司和证券监管问题所立的监管法规，简称《SOX 法案》或《索克思法案》。

（*Dodd-Frank*），目的就是要约束自由市场。但仅靠法律解决不了全部的问题，我们真正需要的是企业和政府领导者同心协力，将资本主义重新带回为社会服务的轨道上，重拾为所有利益相关者服务的使命。

Infosys 科技公司的创始人纳拉亚纳·穆尔蒂相信，商业的真正目的并不只是简单地实现股东价值最大化。他说："除非能够为客户创造持久的价值，同时确保对所有利益相关者，包括客户、员工、投资人、经销商伙伴、政府部门，以及社会保持公正，否则你的公司不可能实现长期发展。"

衡量成功的最好指标就是其存在时间。如果你的公司已经存在了很长时间，那说明你已经经历过了各种高潮低谷，学会了如何让自己变得更加坚强，懂得了如何关注客户，如何节省开支。这样你才会更加强大。

20 多岁时，穆尔蒂在巴黎待过一段时间，期间接触到的新思潮逐渐形成了他的 4 个指导原则。

1. 要想消除贫穷，唯一的方式就是创造更多的工作岗位，创造更多的财富；
2. 只有少数一些人能够建立企业，创造工作和财富；
3. 这些人需要有动力采用公平的方式去创造财富；

4. 创造工作或财富并不是政府的责任。政府的任务是创造一种富有激励性的环境，鼓励人们去创造更多的工作和更多的财富。

穆尔蒂解释道："当回过头去想想我年轻时代的理想主义时，我意识到人们需要机遇、动力和竞争让自己变得更好。这就是资本主义的精髓。只要把资本主义的精神与公正、透明和诚实等原则结合起来，就会创造慈悲的资本主义。"全食食品公司创始人约翰·麦基在其 2013 年出版的《自觉资本主义》中直言不讳：

自觉资本主义的目的是要激励商务人士以"为所有利益相关者服务"的崇高目标为己任；为公司的目标、客户和世界服务……如此，领导者就能释放出企业的非凡竞争力，创造一个充满爱心、自由自在的繁荣世界。

经验告诉我，支持股东价值最大化的人大多不理解（或根本就不关心）企业如何创造可持续的股东价值，因为他们只是股票交易者，并非公司的长期投资者。创造可持续价值必须以所有利益相关者的利益为出发点，围绕共同的使命和价值观为企业的客户以及所有与企业的成功有利害关系的人服务（如图Ⅱ.1）。

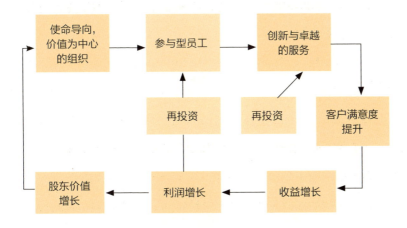

图Ⅱ.1　可持续增长的良性循环

　　使命激励员工创新，为客户提供卓越的服务；使命创造了价值观，将国际化企业黏合为一个整体。反过来，创新和卓越的服务为企业创造收益，促进利益增长；而丰厚的收益又能创造可持续的股东价值，为公司提供长期资本，维持其成功。因此，所有利益相关者的利益都是一样的，那就是让企业实现可持续发展。

创造共享价值

　　现如今，企业和领导者的公信力非常弱，因此，企业应该把关注点放在如何用自己的业务为社会服务上。

　　长期以来，世界经济论坛创始人兼主席克劳斯·施瓦布一直在倡导企业领导者应该帮助社会解决问题。在哈佛的一次晚宴上，施瓦布提出："与其将社会看成企业的利益相关者，不如将企业作为社会的利益相关者。"

哈佛商学院教授迈克尔·波特（Michael Porter）和马克·克莱默（Mark Kramer）在《哈佛商业评论》上发表了开创性的文章《创造共享价值》（*Creating Shared Value*），其中就针对这个问题提出了解决方案。他们指出，企业的作用就是运用它们的主流业务为社会创造价值，而不是用它们的慈善基金会为社会打一道侧光。

联合利华的保罗·波尔曼评论波特的文章时说道："我的哲学认知又进了一步。"

单纯为社会做贡献，让社会变得更美好，这还远远不够。你必须成为解决方案的一部分，真正地解决一些问题，让社会发生转变。与其想着如何利用社会获取成功，还不如想想如何为社会和环境做点贡献，这才是真正的成功。要实现这一点，你必须坚持原则，不轻易屈服于股票交易者强加给你的压力。

发现真北之所以对我有所帮助，是因为我们行走在一片他人从未踏足的土地上。坦白说，如果不能彻底改变人们用外部和金融市场的成功来衡量一个人的习惯，我们就会一直被这些习惯引发的问题而困扰。

波尔曼认为，一个有社会责任感的企业对社会许下的承诺更大，所以一定要有更好的表现。

我们需要决心和勇气去挑战未来的领导者，让他们塑造一个全新的商业模式。企业必须成为挑战战略的一部分。乱砍滥伐和食品安全等问题不是只靠某个公司单独行动就能解决的，杜绝这些问题需要整个行业的相关部门相互协助。在一个贫瘠的世界里，既要为少数人创造财富，又要让所有人受益，企业无疑会面临更大的压力。

波尔曼总结道："联合利华的目标就是建立可持续的商业模式，提供更优质的服务。就那么简单。"

如果所有企业都沿着这些路重新设定目标，会有怎样的结果？试想，不管是营利还是非营利性的国际企业和当地企业，重设目标会让它们对解决世界最紧迫的问题造成什么影响？毫无疑问，国际卫生、食品和饮用水供应、人口控制、能源和环境、就业、财富分配都会受到影响。

只有当领导者能够激励员工为一个共同目标去努力时，他们才能持久地发挥领导力。作为一名领导者，你必须保持整个组织的使命清晰，同时不断地向组织注入激情。

我相信，你也能和肯·弗雷泽、卢英德以及其他新一代全球领导者一样找到自己的真北，成为一名真诚领导者。这个世界上还有许多重要问题亟须解决。你与其他有共同目标的领导者联合发挥作用，就能构建起可持续发展的企业、政府和非营利组织，让这个世界变得更美好，让地球公民更幸福。

30 个问题帮你找到真北

无论是领导者个人还是组织整体，都需要发展符合自己独特原则的真北。如果试图"演久成真"，不但不会成功，反而会在表演中迷失自我。

如何才能找到你的真北，让你的人生到达新的高度？你必须明确自己的价值观，以及什么对你来说最为重要。为此，我准备了30道问题，不过别一次答完，你可以花一天时间仔细思考其中一个问题。记住，如果你不知道目的地在哪，那就只能随波逐流，做一个跟随者而非领导者。

1. 你希望自己留下什么遗产？从现在起的 10 年、20 年，甚至 50 年后，你希望自己的名字有什么意义？

2. 你认为他人会用哪个词形容你？你希望他们用哪个词？

3. 如果不考虑金钱，你会如何安排每一天？

4. 填空：我将穷尽一生追求 _____。是什么激励了你？金钱？爱情？还是别人的认可？

5. 如果要你付出所有，你会将其投入哪一项事业中或捐献哪一个慈善机构？

6. 你最大的遗憾是什么？如果回到过去，你想改变什么？

7. 你最后一次撒谎是什么时候？为什么？如果当时你说实话，会有怎么样的结果？

8. 到年终时完成哪件事对你的幸福感影响最大？

9. 你觉得人生的意义在于什么？你是否在按照你对人生的理解生活？

10. 别人口中你最大的优点是什么？最大的缺点呢？请诚实回答。

11. 你 10 岁时喜欢做什么？成年后最近一次做那件事是什么时候？

12. 你最喜欢现在工作的哪一点？你希望能多做些什么？

13. 你对"每个人来到这个世界都是为了学习"怎么看？你是否为教导别人而来？

14. 在本该进入梦乡的夜晚，是什么让你无法入睡？又是什么让你第二天早早起床？

15. 写下你的核心价值观，以及你所在组织的核心价值观，二者相吻合吗？

16. 人们经常称赞你的哪些技能？其中有你认为自己并不擅长的技能吗？

17. 如果你有机会向一大群人传递信息，你会说什么？

18. 你希望别人了解你什么？在答案中找到令你感到不安的方面，征服它。

19. 列出 5 个与你互动最频繁的人（不一定是朋友）。他们如何帮助（或阻止）你达成目标？

20. 如果你今天遇到 10 年前的自己，他 / 她会为你的成就感到满意吗？为什么？

21. 什么让你烦心？如果一件事让你抓狂，那你一定对这件事充满激情！你能将愤怒转化为生产力吗？

22. 快进 10 年或 20 年，你会因当下没有追求什么目标而悔恨？

23. 你最后一次出丑是什么时候？展示你的脆弱，从中找到你的目标。

24. 什么人或哪些事物能赋予你能量？是什么让你精疲力竭？你更喜欢热闹嘈杂，还是更偏爱井然有序？

25. 你敬仰谁？谁是你的导师？不管是亲自指导还是远程协助，只要能激发你灵感的人就是你的导师。

26. 想一想你的才能、激情和价值观。你如何运用它们服务社会？

27. 你为什么想要找到自己的目标？把答案写下来，放在你目光可及的地方。要知道，探寻目标的旅程可不轻松。

28. 你人生中哪些事是被"暂时搁置的"？为什么？你在等什么？

29. 多少钱能让你放弃梦想？你愿意花多少钱实现梦想？

30. 现在已经回答完了全部问题，你有什么行动计划吗？

如果你想了解更多能帮助你发现真北的洞见和练习，请继续阅读《找到你的真北》的正文部分。书中提供了充分而全面的方法，能够指导你辨别和发展属于自己独一无二的真北。

《找到你的真北》新增领导者

姓　名	头　衔
艾比·法里克（Abby Falik）	全球公民年创始人
艾伦·穆拉利（Alan Mulally）	Hi 福特 CEO
阿里安娜·赫芬顿（Arianna Huffington）	《赫芬顿邮报》创始人
布拉德·加林豪斯（Brad Garlinghouse）	Hightail 公司创始人
布莱恩·康奈尔（Brian Cornell）	塔吉特公司 CEO
陈一鸣（Chade-Meng Tan）	谷歌"开心一哥"
戴维·泰（Davtid Thai）	越泰国际联合股份越南创始人
唐纳德·格雷厄姆（Donald Graham）	华盛顿邮报公司 CEO

姓　名	头　衔
埃伦·兰格（Ellen Langer）	哈佛大学心理学教授
厄斯金·鲍尔斯（Erskine Bowles）	总统财政稳定委员会联合主席
盖尔·克林特沃斯（Gail Klintworth）	联合利华可持续发展负责人
汉克·保尔森（Hank Paulson）	高盛集团前主席兼 CEO；美国财政部前部长
哈瑞什·曼瓦尼（Harish Manwani）	联合利华首席运营官
卢英德（Indra Nooyi）	百事可乐公司 CEO
杰斯·利普森（Jes Lipson）	ShareFile 公司创始人
吉姆·沃利斯（Jim Wallis）	寄居者（Sojourners）机构创始人
乔·希门尼斯（Joe Jimenez）	诺华制药公司 CEO
约翰·霍普·布莱恩特（John Hope Bryant）	"希望行动"创始人
约翰·麦基（John Mackey）	美国全食食品超市创始人及联合 CEO
肯·弗雷泽（Ken Frazier）	默克制药公司 CEO
兰斯·阿姆斯特朗（Lance Armstrong）	自行车赛手
莱纳·奈尔（Leena Nair）	联合利华人力资源副总裁
约翰·布朗勋爵（Lord John Browne）	英国石油（BP）公司 CEO

姓　名	头　衔
马克·扎克伯格（Mark Zuckerberg）	Facebook 创始人兼 CEO
迈克尔·布隆伯格（Michael Bloomberg）	前纽约市市长；现彭博创始人兼 CEO
纳尔逊·曼德拉（Nelson Mandela）	南非前总统
奥马尔·伊什拉克（Omar Ishrak）	美敦力 CEO
保罗·波尔曼（Paul Polman）	联合利华 CEO
佩德罗·阿尔戈塔（Pedro Algorta）	1972 年安第斯空难幸存者
李培龙（Peilung Li）	软银中国投资公司主席
彼得·罗旭德（Peter Loescher）	西门子 CEO
拉吉特·古普塔（Rajat Gupta）	麦肯锡公司前全球总裁
小理查德·福尔德（Richard Fuld Jr.）	雷曼兄弟公司 CEO
罗伯特·格林里夫（Robert Greenleaf）	"仆人式领导力"创始人
萨莉·克劳切克（Sallie Krawcheck）	花旗集团首席财务官
彭明盛（Sam Palmisano）	IBM 公司 CEO
谢丽尔·桑德伯格（Sheryl Sandberg）	Facebook 首席运营官
史蒂夫·乔布斯（Steve Jobs）	苹果公司创始人

姓　名	头　衔
塔玛拉·罗杰斯（Tamara Rogers）	联合利华高级副总裁
泰勒·卡罗尔（Taylor Carol）	哈佛大学学生
蒂姆·库克（Tim Cook）	苹果公司 CEO
谢家华（Tony Hsieh）	美捷步（Zappos）CEO
特雷西·布里特（Tracy Britt）	Pampered Chef 公司 CEO
沃伦·巴菲特（Warren Buffett）	伯克希尔·哈撒韦公司 CEO
扎克·克莱顿（Zach Clayton）	Three Ships 数字营销公司创始人

注：上述名单中的头衔是指此人接受采访时或本书所用故事发生时的头衔。

致 谢

在此，我非常感激所有参与本书创作的人，以及接受我们采访的诸位领导者。首先，我要感谢扎克·克莱顿，他在本书的创作过程中一直毫无怨言地担任我的搭档。扎克通过采访书中提及的领导者和他本人的智慧以及洞察力，将本书内容提高了多个档次。此外，他还让我了解了年轻一代，尤其是这些年轻领导者对社会媒体的运用。

其次，我要感谢首版《真北》的合著者彼得·西蒙斯。彼得曾引导了整个访问过程，采访了许多领导者，用他们的洞见奠定了这本书的结构；他还在其最近的作品《小投注：突破性观念如何从小的发现开始》(*Little Bets: How Breakthrough Ideas Emerge From Small Discoveries*)中展现了自己的领导天赋。此外，戴安娜帮助我们对全美的众多真诚领导者进行了采访，让本书的理念变得更加完整有力，并将这些洞见运用在纽约大学和巴布森学院的教学中。

沃伦·本尼斯担任了本书的执行编辑，本尼斯是我的良师益友，他前沿的领导力作品为本书中许多理念奠定了基础。他在我前四本书中展现出了绝佳的编辑水平，用睿智的方式对我加以指导。

戴维·格根是一位宝贵的伙伴和朋友，在过去十年里一直提出各种领先时代的全新领导力理念。

我还要感谢哈佛商学院的领导力团队，尤其是院长尼汀·诺里亚（Nitin Nohria）、斯科特·斯努克（Scott Snook），以及汤姆·德隆（Tom DeLong）等人。如果没有他们的真知灼见、潜心研究和谆谆教诲，本书或许难以问世。

在本书的编辑过程中，迈克尔·波特（Michael Porter）、罗伯·卡普兰（Rob Kaplan）、杰·罗什（Jay Lorsch）、克里士纳·佩勒普（Krishna Palepu）、克莱顿·克里斯坦森（Clayton Christensen）、兰杰·古拉蒂（Ranjay Gulati）、艾米·埃德蒙德森（Amy Edmondson）、乔舒亚·马戈利斯（Joshua Margolis）、罗莎贝斯·莫斯·康特（Rosabeth Moss Kanter）、达斯·纳拉扬达斯（Das Narayandas）、莱斯利·佩罗（Leslie Perlow）、林恩·潘（Lynn Paine）、乔·鲍威尔（Joe Bower）等多名同僚提供了自己的洞见、智慧，帮助我更好地理解了领导力这个课题，并为我的研究提供了大量的支持。

尤其感谢新加入的 47 位领导者以及先前的 125 位领导者，他们跟我们分享了自己的人生故事，还在如何发展领导力，以及如何成为真诚领导者等问题上提供了大量的真知灼见。他们是真诚领导力的典范，用实际行动证明了这一理念行之有效。

感谢香农·瓦戈（Shannon Vargo）、迈克尔·弗里德伯格（Michael Friedberg）、蒂芙尼·科隆（Tiffany Colon）、卡伦·墨菲（Karen Murphy）以及约翰威立出版社的其他员工为本书英文版的顺利出版付出的一切。Three Ships 公司的劳伦·施文克在本书的编辑和设计上功不可没。

乔治家庭办公室（George Family Office）的戴安娜·温霍尔德（Diane Weinhold）和史黛西·瓦尔歇斯基（Stacy Walcheski）为本书提供了有力的支持，并确保了该项目沿着正确的轨道前进。

如果没有我的妻子彭妮的支持和鼓励，本书也绝对不可能问世。我们的儿子杰夫和乔恩以及儿媳蕾妮·威尔和珍妮特·拉格尔将真诚领导力运用在实际工作中，也为本书贡献了自己的力量。

对于所有向我们提供过帮助的人，我在此对你们表示深深的感谢，谢谢你们用你们的领导力让这个世界更加美好！

GRAND CHINA

中 资 海 派 图 书

[美]丹·斯柯伯尔　著

王正林　译

定价：89.80 元

《价值激活》

数字化时代引领企业价值、
全流程提升工作效能的实践指南

《价值激活》揭示了为什么虚拟交流虽然重要且有用，但实际上比以往任何时候都加剧了员工的孤立感，以及我们要如何改变这种文化。

经过 10 年深入职场的独家研究，丹·斯柯伯尔认为，良好的工作场所应该让每个人都建立真正的联结、拥有参与感、获得充分的授权，且不过度依赖数字技术。

因此，丹在本书中提供了"工作联结指数"（WCI）评估工具，用于衡量团队关系的强度，并匹配了提高个人、团队和组织联结程度所需的具体方法，包括效率评估表、目标制定表、应聘者问答表、远程办公沟通练习、办公室冲突调节练习等。通过翔实的操作指南，管理者们能够在防止员工倦怠和离职的同时，打造一支极具凝聚力和生产力的队伍。

[美] 道格拉斯·W.哈伯德　著

邓洪涛　王正林　译

定价: 98.00 元

扫码购书

《数据化决策》(第三版)

在数字新经济环境下，
量化各种"无形之物"的思考逻辑与实施路径

万事万物皆可量化。今天的管理者和决策者不缺乏数据，不缺乏信息，缺乏的是依靠量化做决策的态度和方法。

本书兼具实用性、可读性和趣味性，提出了一套完整的量化方法论，一套不亚于专业咨询公司的行动计划，通过对重大决策进行定义，对变量、不确定性与价值建模，可以为企业、政府或其他组织机构的任何投资与决策进行风险量化分析，从而做出正确决策。

《数据化决策》(第三版)尤其适用于政府官员、公共政策制定者、投资人、首席执行官、首席财务官、首席信息官、风险管理者、大数据与商业智能从业者等各行各业的人员。

GRAND CHINA

中 资 海 派 图 书

扫码购书

［美］埃斯瓦尔·S. 普拉萨德　著

刘寅龙　译

定价：98.00 元

《美元陷阱》

一部正式拉响美元陷阱警报的作品
探究大国货币暗战更优解

　　《美元陷阱》回顾、分析了美元获得全球经济和货币体系核心地位的过程，并阐释了为什么在可预见的未来，美元作为避险货币、储备货币的霸权地位仍旧坚不可摧。此外，本书还披露：新兴市场日益增长的影响力、货币战争、中美关系的复杂性以及国际货币基金组织等机构的作用，并为修复有缺陷的货币体系提供了新思路。

　　值得一提的是，《美元陷阱》中大量的数据资料和研究成果，有作者埃斯瓦尔·S. 普拉萨德在国际货币基金组织一线工作 17 年的洞察与分析，有他与康奈尔大学和布鲁金斯学会知名学者的共同研究成果，甚至还有维基解密曝光和披露的档案，这些数据资料与研究成果让读者得以窥见国际金融政策中一些匪夷所思的内幕……

[美] 鲁奇尔·夏尔马 著

鲍 栋 刘寅龙 译

定价：89.80 元

扫码购书

《国家兴衰》（大趋势前瞻版）

评判新兴市场荣枯经验法则
全球化视角读懂投资新形势

在鲁奇尔·夏尔马看来，全球经济市场像是一片危险又充满机遇的热带丛林，要想在这里存活下去，就需要排除一切杂音和噪声，准确地识别出新兴市场国家即兴或将衰的信号，从周期性的投资疯狂与痛苦中抽离。

夏尔马长达数十年游遍全球的经历，为他判断一国经济走向提供了实际依据，也降低了因市场随机性导致预测谬误的可能。他提出的 10 项规则跳出了传统经济学家的思维框架，以更接地气，也更独特的视角洞察未来 5~10 年的国际经济新形势。

无论是想了解全球经济趋势，还是预判下一轮投资热潮，本书都能给你不一样的解答。

扫码购书

[美] 文卡·文卡查曼 著

谭 浩 译

定价：89.80 元

《数字商业底层逻辑》

构建"规模—范围—速度"生态系统
掌控数字经济的创新变革

　　《数字商业底层逻辑》将帮助你了解传统企业、科技型创业公司和数字巨头这三类玩家如何构建和参与数字生态系统。你将学会如何通过合作共赢，在动态的商业网络中创造和捕获价值，利用强大的技术驱动组织和人才架构，创建自适应理论，组建数字化团队，构建自己的数字商业规则矩阵。

　　《数字商业底层逻辑》包含数字化商业战略研究奠基人文卡·文卡查曼三十余年教学、研究与咨询工作的丰富案例与实践经验，涉及金融服务、制造和汽车、交通物流、医疗保健、消费品和零售、媒体和娱乐等多个行业。书中提出的分析和预测已经在全球经济中发挥了作用，向我们证明了数字化转型是对商业领导力的挑战，企业的未来取决于其驾驭数字技术的能力。

[美]马克·佩恩 著

易 伊 译

定价：89.80 元

扫码购书

《乔布斯商业创新底层逻辑》

《财富》500 强新兴企业跨行业、全过程践行
2M 双螺旋式商业创新的解决方案

- 泰熙堂酒庄如何从寂寂无闻一跃成为手工酿酒标杆？

- 三星液晶屏如何做到仅用 9 个月一跃成为市场黑马？

- 时代华纳怎样凭借现有能力，成功进军 SCMA 和云计算市场？

后乔布斯时代的商业世界，极少有创新者能像马克·佩恩一样，深谙且影响了诸多行业的竞争格局。佩恩认为，能够解决技术局限性和商业环境中的难题，同时兼顾战略吸引力且充分利用公司资本的创新，必须基于"魔法"与"金钱"两个维度综合考量。2M 双螺旋式商业创新解决方案，已被反复证明是企业创新驱动增长的利器，能借其壮大竞争优势、创造更大商业生态，开辟规模和利润并存的广阔蓝海。